맘보 김인건

맘보 김인건

허진석

2016년 10월 25일. 화요일이었다. 오후 3시에 김인건을 만났다. 장소는 서울 충무로에 있는 내 사무실 근처 전통찻집이었다. 정확하게는 중구 초동이다. 그 찻집은 2층에 있는데 십전대보탕이나 수정과가 맛있다. 내가 그 찻집을 즐겨 이용하는 까닭은 전통차를 진하고 향기롭게 끓여내는 주인아주머니의 솜씨 때문이기도 하지만 무엇보다도 조용하고 자리가 편안하기 때문이다. 연세 높은 우리 농구의 전설을 내가 일하는 사무실 근처로 불러 미안했다. 그러나 그는 굳이 내가 있는 곳으로 오겠다고 했다. 나는 생각했다. '아, 이거 심상치 않다….'

나는 중고등학교에 다닐 때 농구를 좋아해서 쉬는 시간이 되면 친구들과 어울려 농구 경기를 자주 했다. 그러나 결코 농구를 잘하는 편은 아니었고 규칙이나 기술에 대해서도 깊이 알지 못했다. 약간 과장을 하자면 농구 경기에서 한 팀이 몇 명인지 자신 있게 말하지 못하였다. 알다시피 농구는 한 팀 다섯 명, 양 팀 열 명이 실력을 겨루는 경기인데, 나는 한 팀 여섯 명이 뛰는 배구와 곧잘 헷갈렸던 것이다. 그래서 나는 오랜 시간이 지나 스포츠를 취재하는 기자가 되어 어린 후배들을 맞았을 때 곧잘 허풍을 쳐가며 용기를 북돋곤 했다. "나는 농구가 몇 명이서 하는 경기인지도 몰랐지만 지금까지 농구 기자를 하고 있다!"

아주 어릴 때는 아버지가 사용하는 라디오로 국제대회 중계방송을 들었다. "고국에 계신 동포 여러분 안녕하십니까. 여기는 상하의 나라, 비율빈의 수도 마닐라입니다. 지금으로부터…" 그때 '신동파'라는 이름이 귀에 와서 박혔다. 김인건은 신동파와 동시대의 인물이다. 훗날 내가 연구자로서 우리 농구의 역사를 공부할 때, 1969년과 1970년 두 차례에 걸쳐 한국 남자농구가 아시아의 정상을 등정하는 과정에서 주축이 되는 선수가 바로 신동파와 김인건이며 여기에 김영일, 이인표, 유희형 같은 당대의 슈퍼스타들이 나란히 이름을 올리는 것이다. 아무튼 한밤에 아버지의 라디오에서 흘러나오는 그 이름을 틀림없이 들었을 터인데, 김인건은 이 시대의 기억 속에 남아 있지 않았다. 내가 김인건의 이름을 뇌리에 새기고 깊은 존경심과 함께 기억하는 시기가 되려면 사뭇 긴 시간이 흘러야 했다.

나는 중학생이 된 다음부터 텔레비전으로 농구 중계를 시청했다. 그러면서 신선우와 박수교, 이충희와 임정명 같은 이름이 익숙해졌다. 박찬숙, 조영란, 송금순 같은 여자 선수들의 경기도 기억이 난다. 여자선수들 가운데 나의 스타는 김화순이었다. 언제나 서늘했다고 기억하는 문화체육관에서 손등만 덮는 장갑을 끼고 코트를 누비던 그녀의 아름다운 모습을 지금도 기억한다. 고등학생일 때 장충체육관에 가서 신일고등학교에 다니는 김진의 경기를 본 기억도 난다. 김진은 김현준이라는 이름과 동시에 떠오르곤 하는데, 두 선수는 실업농구 시절 명문의 입지를 다진 삼성전자에서 멋진 호흡을 이루면서 이충희-박수교와 같은 뛰어난 선수들이 이끄는 현대와 경쟁관계를 이룬 소속팀의 간판으로 활약했다. 김진과 김현준의 농구는 전성기 삼성의 경기력을 조탁해낸 한 인물로 수렴한다. 그가 바로 김인건으로, 나는 그를 방열과 더불어 우리 남자 농구의 한 시대를 완성하고 규정했으며 결정해 버린 인물로 꼽기를 주저하지 않는다.

김인건의 시대, 그리고 시간을 거슬러 김영기의 시대와 이성구의 시대는 현재의 기준 위에서 관찰할 때 자칫 비루할 수 있다. 내가 나의 내면에 잠복한 이러한 의식을 스스로 전복하는 데는 그다지 긴 시간이 필요하지 않았다. 인식의 전복은 공교롭게도 미국의 농구와 세계의 농구를 관찰하고 체험하면서 더 구체화되었다. 김영기와 한창도가 해설한 텔레비전의 미국프로농구(NBA) 중계방송을 시청하면서, 기자가 되어 여러 국제대회에 나가 위대한 전설이 만들어져 가는 과정을 지켜보면서 나의 사고는 점점 구체화되어갔다.* 우리

---

* 예를 들면 오르텐시아 마카리(Hortência MARCARI). 그녀는 내가 본 여자농구선수 가운데 최고였다. 그녀가 하늘색 원피스를 입고 파티에 참석한 1992년 6월 비고의 밤을 잊을 수 없다. 그녀는 그날 밤 MVP 트로피를 받았다. 드리블, 슈팅, 수비, 리더십, 투지 등 모든 면에서 최고였다. 1992년 프리올림픽 본선티켓 결정전에서 호주를 상대로 43득점했다. 집중력이 엄청났다. 야투율이 무려 86.7%나 되었다. 브라질 농구의 위대한 전통 위에 우뚝 선 오르텐시아에 비견할 남자선수

농구의 처연하면서도 위대하다고밖에 다른 표현으로는 갈음할 수 없는 본질을 수용하지 않을 수 없었던 것이다. 모든 것은 한 순간에 결판이 나기도 한다. 예를 들어 매직 존슨과 래리 버드의 라이벌 대결을 보며 성장하고 미군방송을 통해 마이클 조던의 비행을 목격한 젊은이에게는 1992년 6월 초 마드리드의 작은 호텔에서 혼자 보낸 하룻밤으로도 충분했던 것이다. 거기서 나는 밀라노에서 뛰는 (사실은 배가 볼록 나온 모니터 사이즈의 객실용 텔레비전 안에서 꼬물거리는) 대럴 도킨스를 보았고, 이내 닥터 제이와 카림 압둘자바를 추억하였다.

나는 김인건을 뛰어난 농구코치로서 만났을 뿐 그의 선수 시절에 대해서는 잘 알지 못했다. 그다지 큰 관심도 없었다. 그러니까 나를 기준으로 생각할 때 김인건은 지금까지 내가 이야기한 스타(또는 레전드)들과 다른 인물이다. 그가 우리 농구역사에 한 획을 그었다는 데는 의심의 여지가 없다. 그러나 나는 훗날 대학교를 졸업하고 스포츠를 취재하는 기자가 되어 그를 인터뷰하기 전까지 아니, 더 정확하게 말하자면 그 뒤에도 그에 대해 자세히 알지 못했다. 내가 아직 기자가 아닐 때, 그러니까 프로농구는커녕 농구대잔치도 시작되지 않았거나 막 시작되었을 때 텔레비전에 비친 그를 분명히 보았다. 김인건은 삼성의 감독이었고 가끔 남자농구대표팀의 감독이기도 했다. 그래서 그는 낯선 사람이 아니었음에도 나는 일정한 거리

로 오스카 슈미트가 있다.

를 느꼈다. 여기에는 내가 정하지 않은 길을 만나 적응하고 그 길의 나그네가 되어 걸어가게 된 과정이 관계되어 있다.

　나는 김인건을 언제 어디에서 처음 만났을까? 기자로서 그를 일대일로 만난 시기는 1990년 8월 마지막 주다. 나의 취재수첩에는 그 무렵 거의 매일 '태릉' 또는 '아시안게임'이라는 일정이 씌어 있다. 스포츠 기자들은 그 해 9월 22일부터 10월 7일까지 열린 베이징 아시안게임을 앞두고 기반취재를 하느라 분주했다. 나는 몹시도 더운 여름날 태릉선수촌을 찾아가 남자대표팀 감독 김인건을 인터뷰했다. 농구 훈련장이었는데, 그는 나와 동행한 사진기자가 사진을 잘 찍을 수 있도록 몇 가지 연출 요청에 순순히 따라 주었다. 농구 코트를 그린 칠판에 백묵으로 다이어그램을 슥슥 그려가며 작전을 설명하는 장면이었다. 큰 키에 잘생긴 얼굴, 작고 단정한 두상에 고수머리가 유쾌한 곡선을 그린 김인건이 물 흐르듯 훈련을 지휘하는 모습을 보고 보비 나이트를 떠올리기도 했다. 사실 그때 김인건은 속이 편안하지 않았을 터인데 여러 가지 악재가 대표 팀을 괴롭히고 있었기 때문이다. 가장 큰 문제는 대표 팀에서 가장 득점을 많이 해주어야 할 이충희가 무릎 부상으로 정상적인 훈련을 하지 못하고 있는 점이었다. 그는 그해 8월 8일부터 20일까지 아르헨티나에서 열린 제11회 세계남자농구선수권대회에 한국 대표선수로 참가했다가 8월 10일에 열린 미국과의 경기에서 왼쪽 무릎을 다쳤다.* 설상

---

* 이 부상은 고질이 되어 훗날 그가 은퇴를 결정하는 계기가 되었다.

가상으로 당시에는 우리 대표 팀에서 최장신 센터였던 한기범이 무릎을 다쳐 대표 팀에 합류하지 못했다. 그뿐인가. 당시는 실업농구의 전성기로서 농구대잔치가 인기를 구가하고 있었다. 삼성전자, 현대전자, 기아자동차가 각축하는 가운데 경쟁심이 격화되어 코트에서 주먹다짐을 하는 등 감정의 골이 깊어 대표 팀에 모아 놓아도 분위기가 좋지 않을 때였다. 사정이 이렇다보니 각 팀의 감독들이 대표 팀 맡기를 기피했고, 지휘봉은 우여곡절 끝에 김인건의 손에 들어갔다. 남들이 피하려는 일을 기꺼이 맡아 괴로움을 짊어지는 태도는 김인건에게 어울리는 미덕이다.

오랜만에 만난 김인건은 나에게 '자서전'을 쓰려고 한다면서 그런 결심을 하게 된 동기를 '친구들의 권유'라고 했다. 겸손한 그는 '나 같은 사람이 무슨 자서전을 쓰느냐'며 대수롭지 않게 듣고 넘기려 했다. 그러나 주변 사람들이 꽤 진지했던 모양이다. 김인건은 결국 '한번 생각해 보기로' 했고, 그의 경험이 곧 우리 농구와 스포츠 역사의 일부일 수 있다는 주변의 설득을 진지하게 받아들이기로 결심한 것 같다. 곧 행동에 들어간 그는 몇몇 은퇴한 언론인이나 농구인들과 상의했는데 그 과정에서 내 이름이 나왔다고 한다. 특히 내가 중앙일보에서 근무할 때 데스크로 모신 이민우 국장이 "그런 일이라면 허진석과 상의해 보라"고 권유했다고 한다. 농구계에는 내가 중앙일보 기자로 일하는 한편 농구 관련 책과 논문을 꾸준히 발표해온 사실이 잘 알려져 있다. 그러니 그 구성원들이 나를 떠올리고 김인건의 자서전 집필을 도울 수 있으리라고 생각했어도 이상한 일은 아니다. 도리어 나로서는 감사할 일이다. 그동안의 노력을 보상받는다는 의미가 있기 때문이다. 나는 동국대학교 대학원에서 공부하면서 제3공화국의 체육정책과 대한체육회장 민관식을 주제로 한 논문 「한국 스포츠-체육 정책사적 주요 인물의 역할 고찰」을 써서 박사학위를 받았다. 정책 연구로 학위를 받았지만 학회지 등에는 인물 연구에 기초한 미시사 연구 논문을 주로 발표했다. 그 중에 농구를 다룬 논문이 적지 않다. '한국농구의 이데아', '1960년대 한국농구의 미국농구 체험', '제프 고스폴의 한국농구대표팀 코치 활동(1967~1968)에 대한 구술사적 연구', '한국남자농구 대표 팀 최초의 미국인 코치 찰리 마콘에 대한 구술사적 연구', '신동파의 생애와 경기력에 대한 입체적인 연구', '1971년 아시아남자농구선수권대회 한일전 동영상 발굴취재기' 등이다. 이 외에 '아메리칸 바스켓볼', '우리 아버지 시대의 마이클 조던, 득점기계 신동파'와 같은 책도 썼다.

하지만 나는 김인건의 자서전을 '대필'할 생각은 없었다. 해본 일도 아니고, 하고 싶은 일도 아니었다. 하지만 면전에서 단칼에 거절할 만큼 낯이 두껍지는 못했다. 그래서 '생각을 해보고' 전화하겠노라고 했다. 사실은 시간끌기였을 뿐이고, 내가 할 일이 아니라는 생각에는 변함이 없었다. 나는 2014년에 신동파를 소재로 삼아 '우리 아버지 시대의 마이클 조던, 득점기계 신동파'를 쓴 직후에 앞으로 어떤 식으로든 농구에 대한 책을 더 쓰기는 어렵겠다는 생각을 했다. 이 책에 그동안 내가 한 연구의 성과를 대부분 쏟아 부었고 수많은 사람을 만나 인터뷰하면서 모은 정보가 집약되었다. 농구에 대해 글을 쓸 에너지가 더 남아 있지 않다고 생각했다. 또한 스포츠 저널리스트로서 내 커리어는 2006년에 끝났다고 생각해왔다. 그 해를 마지막으로 나는 농구장이든 축구장이든 취재를 하기 위해 가지 않았다. 또한 내가 기자 생활을 하면서 그 미래에 대해 기대를 걸었던 현장의 농구인들(행정, 지도자, 선수)이 거의 대부분 내가 예상한 대로 성공의 길을 가고 있었다. 그러므로 나는 적으나마 나의 그릇을 채웠으며 가능한 목표는 대부분 이루었고, 저널리스트로서 큰 실패는 하지 않았다는 안도감을 가지고 서둘러 코스튬을 벗어던지려 했던 것이다.

그러나 모순되게도, 나는 신문사에서 이런 저런 글을 쓰면서 근근이 밥벌이나 하는 요즈음에 이르러서도 '농구기자'라는 자의식으로부터 자유롭지 못하다. 하고많은 스포츠 중에서 농구는 나의 출입처이며 나의 종목이라는 인식이 늘 나의 뇌리에 머물러 나를 멀리 가지 못하게 만드는 것이다. 그리고 이런 인식과 자의식이 나로 하여금 김인건의 계획에 어떻게든 참여하지 않을 수 없게 했으리라고 믿는다. 나에게는 어렴풋하나마 새 책을 써야 할 이유가 일종의 동기로 작용하였다. 이미 쓴 책과 논문에서 몇 군데 상호 모순되거나 미처 확인하지 못해 다루지 못했거나 의문부호(?)로 남겨둔 부분이 적지 않았던 것이다. 예를 들어 나는 우리 남자농구대표 팀이 1968년에 미국전지훈련을 감행했을 때, 현지 팀들과 경기한 내용과 결과를 충분히 설명하거나 규명하지 못했다. 지료가 부족한데다 참가자들의 증언이 엇갈렸기 때문이다. 이런 부분을 바로잡고 채워 넣을 마지막 기회일 수 있다는 생각이 머리에서 떠나지 않았다. 그리고 그 생각은 시간이 갈수록 구체적으로 자리가 잡혀 갔다. 결국 나는 결론에 도달하지 않을 수 없었다.

나는 김인건과 전화하면서 매우 까다로운 제안을 했다. 첫째, 자서전을 써줄 수는 없다. 다른 분을 찾아보되 여의치 않다면 전문가를 소개해 줄 수 있다. 둘째, 반드시 내가 써야 한다면, 즉 많은 분들이 내가 쓰는 게 좋겠다고 생각하고 있으므로 집필을 한다면 그 책은 '김인건의 자서전'이 아니라 '허진석의 저서'가 되어야 한다. 그러니 책에서 '나'라는 1인칭 인칭대명사가 등장한다면 그 '나'는 김인건이 아니고 허진석이다. 김인건은 "생각을 해보겠다."고 했지만 곧 전화를 걸어 그렇게 하자고 했다. 겸손한 그는 자서전 형식으로 책을 내는 데 부담을 느끼고 있었다. 나의 제안을 받아들이는 것만으로도 그가 책을 남기겠다고 생각했을 때 정한 목표를 이룰 수 있다고 판단했을 것이다. 그래서 위대한 농구인, 김인건의 생애와 업적을 상찬(賞讚)하지 않을 수 없는 이 작은 책자를 만드는 일은 온전히 나의 몫이 되었다.

나는 2017년 봄에 원고를 쓰기 시작해 9월초에 초고를 완성하였다. 서울 세검정에 있는 서재와 행촌동에 있는 작업공간에서 주로 일했다. 마지막 몇 주 동안은 초동에 있는 사무실에서 속도를 내 써 내려가고 마무리했다. 그동안 쓴 논문과 책을 다시 읽고 농구인들과 면담하며 녹음한 내용을 다시 들었다. 김인건은 나에게 그가 가진 각종 기록과 손수 쓴 원고 일부를 넘겨주었다. 이 자료는 지나간 사실을 구체적으로 확인하는 데 큰 도움이 되었다. 또한 김인건은 나를 만나기 전에 탁월한 체육사학자인 김재우 중앙대학교 교수와 면담하여 그 기록을 국민체육진흥공단에서 발간한 '2016년 스포츠 발전 공헌 원로 구술 자료집'에 남겨놓았다.* 이 또한 소중한 자료가 되어 주었다. 또한 유희형 박사가 김인건을 통하여 제공한 우리 남자농구대표팀의 미국전지훈련 내용과 경기 결과는 내가 앞서 발간한 책에서 잘못 기술했거나 마무리하지 못한 공백을 거의 대부분 메울 수 있는 결정적인 자료이다. 당대를 주름잡은 위대한 체육기자고 조광식 선배의 저서와 저술, 농구인들이 사명감을 가지고 엮어낸 '한국농구 80년사'와 '한국농구 100년사', '연세농구 50년' 등이 없었다면 부족함 많은 나의 원고가 더욱 허술했을 것이 틀림없다. 또한 이 책에는 전작(前作)에 기술한 부분이 상당히 많이 실렸다. 그러한 선택을 한 이유는 간단하다. 독자는 내가 쓴 책을 차례로 읽으며 내용과 흐름을 이해할 리 없고 각각의 단행본을 따로 읽을 것이다.

---

* 책이라기보다는 유인물이나 거친 인쇄물에 가깝다. 내용은 훌륭하나 조악하고 비루한 편집은 매우 유감스럽다. 어떤 내용이든 정제된 형식으로 통일성 있게 집적해야 사료로서 기능할 수 있다.

그러니 각 권이 독립적인 체계를 갖추고 완결된 구조로써 독자에게 정보를 제공해야 마땅하다. '~을 읽은 독자는 잘 알겠지만…'식으로 양해를 구할 수 없는 것이다.

어느 해보다 무더운 여름의 한복판을 달려온 집필 작업의 막바지에 뒤를 돌아보니 새삼 마음이 뭉클해진다. 이 책 이후에 또 농구에 대한 책을 쓸 수 있을지 장담하기 어렵다. 낯선 길 위에서 황혼을 맞은 기분이다. 과연 길은 멀고 해는 저물었다. 그러나 나는 이 자리에서 먼저 감사의 절을 올려야 한다. 우선 나에게 글을 쓸 기회를 준 우리농구의 큰 별 김인건 전 남자농구 대표선수, 전 남자농구 대표 팀 감독, 전 태릉선수촌장에게 깊이 절한다. 언제나 변함없는 호의로써 내가 쓰는 글을 읽어 주시고 세상의 빛을 보도록 이끌어 주시는 도서출판 역락과 글누림출판사의 이대현, 최종숙 대표께 거듭 감사드린다. 언제나 의리 충일한 동지로서 나를 격려하고 이끌어주는 이태곤 이사, 부족한 글을 훌륭한 편집으로 보살펴 완성해준 안혜진 디자이너와 문선희 과장 그리고 동료 여러분의 노고 또한 잊지 않겠다. 나는 긴 터널을 빠져나와 눈앞에 펼쳐진 들과 그곳을 사행(蛇行)하듯 먼 곳까지 이어진 길을 바라보는 기분으로 마지막 점을 찍는다.

세검정의 마지막 여름과 작별하며
허진석

경복고등학교 재학 시절

부친 김정신 선생과 함께 1961년 6월 한일친선농구대회 참가 당시 김포공항에서.

김인건의 연세대 졸업을 축하하는
김영일(오른쪽)

연세대 시절 김인건(오른쪽)과 방열

1970년 유고 세계선수권대회에 참가한 남자대표팀. 왼쪽에서 네 번째가 김인건.

1962년 자카르타 아시아 선수권 대회에 참가한 새내기 대표선수 김인건

1968년 멕시코시티올림픽에 참가한 김인건(가운데)과 김영일(왼쪽), 최종규(오른쪽)

1970년 유고 세계농구선수권대회 참가 당시 신동파(왼쪽)와 함께

1966년 방콕 아시안게임. 방콕 대사 초청 파티에서

한국은행 선수 시절 김인건의 자유투 동작

1971년 동경 ABC대회 참가 한국대표선수단.
주일한국대사관 초청 만찬회장에서(왼쪽부터 주기선, 김인건, 신동파)

1972년 대통령배 우승 기념.
김인건(뒷줄 오른쪽에서 네 번째)은 명실상부한 한국은행의 리더였다.

김인건은 1989년 6월 1일 삼성그룹의 이사로 선임됐다.
함께 승진한 조승연, 이인표 등과 덕수궁에서.

1988년 서울올림픽에서 다시 만난 제프 고스폴.

김인건은 남자농구 대표 팀을 이끌고 1990년 베이징 아시안게임에 참가했다.
모두가 피한 자리를 선뜻 맡았다.

1987~88 농구대잔치 챔피언결정전에서 기아를 누르고
우승한 삼성 선수들이 김인건을 헹가래치고 있다.

김인건은 프로농구단 SBS에서 코치 경력의 마지막을 장식했다

SBS 감독 시절

2009년 이연택 회장 이임식에서

태릉선수촌장 시절

김인건은 체육행정에서도 뛰어난 능력을 발휘했다.
태릉선수촌장으로 재직할 때

차례

맘보
김인건

서울에서 태어난 평양 소년

김인건은 1944년 3월 11일 김정신과 양신호의 4남 중 둘째로 태어났다. 김정신은 연희전문, 양신호는 평양에서 정의여학교를 졸업하고 일본 교토에 있는 도시샤대학(同志社大學)을 나온 인텔리였다. 김인건은 "어머니 쪽은 사남매였는데 위 언니만 빼놓고 아래에 삼남매가 모두 일본 유학을 다녀오실 정도로 학문 열기도 있었고 집안 형편도 넉넉한 편이었던 것 같다"고 회고한다. 또한 "아버지는 매우 곧은 성격을 지닌 분이셨고 자식을 아주 엄하게 키우셨던 것 같다. 항상 정직과 성실을 강조하셨다. 말하자면 그 두 덕목이 가훈이었던 것이다. 나는 어릴 때부터 아버지의 가르침을 마음속 깊이 새겨두고 있었다."고 기억했다.

김인건의 원적은 부모를 따라 평양으로 되어 있지만 태어난 곳은 서울이다. 김인건은 아버지가 서울에서 직장(한국은행)에 다닐 때 태어났다.[1] 네 살 때까지 평양에서 자랐다고 하는데, 워낙 어렸기 때문이겠지만 이 시절의 기억은 그의 기억에 남아 있지 않다. 다만 세 살 터울인 형과 조그만 고무공을 가지고 놀던 기억과 냉면을 먹으러 간 기억이 조각으로 남아 있다. 김인건의 회고에 따르면[2] 그가 자란 집은 전차 길에서 가까운 주택가 골목이었던 것 같다. 또한 외가가 냉면집을 운영했는데 식당으로 사용한 건물 뒤편에 한옥으로 지은 살림집 대청에서 형과 냉면을 먹었다고 한다.

어릴 때 평양에서의 기억은 딱 두 가지가 지금도 남아 있다. 첫 번째는 전차가 다니는 큰 길과 골목으로 통하는 집 앞에서 형과 공놀이를 하던 기억이다. 공이 전차 길로 나가서 당황했던 기억이 난다. 이곳은 친가였다. 두 번째 기억은 외가이다. 외가에서는 그 당시 꽤 유명한 냉면집(양면옥)을 운영하고 있었다. 점심때쯤 형과 둘이서 그 집 안채에 있는 ㄷ자로 되어 있는 마루에서 냉면을 먹은 기억이 난다. 그래서 그런지 나는 지금도 평양식 냉면을 참 좋아하고 유명하다는 냉면집을 찾아 다니며 모임도 갖고 즐기곤 한다.[3]

---

1) 김인건 자필 수기, 2017. 7. 21. "부모님이 다 평양 분이셨지만 내가 태어난 곳은 서울 상도동이었다고 한다. 당시 아버지께서 서울에서 직장에 다니셨기 때문이라고 들었다. 그 후 할아버지와 할머니가 계신 평양으로 갔다가 광복이 된 뒤 1947년에 남한으로 나오셨다고 했다."
2) 김인건 인터뷰, 2016. 11. 25. 면담자 김재우.
3) 김인건 자필 수기, 2017. 7. 21.

일제강점기의 마지막 시기에 태어난 김인건의 유년은 해방 공간과 한국 전쟁 등 격동의 세월을 통과해야 했기에 순탄할 수 없었다. 그가 평양에서 서울로 내려와 상도동에 있는 아버지의 집으로 들어갈 무렵 남북한을 통치하던 미국과 소련은 한반도에 38선을 그었고 남북한의 왕래는 차단되었다. 그러므로 김인건의 월남은 몰래 이루어졌을 터인데, 아마도 어렸기 때문이겠지만 사뭇 고통스러웠을 당시의 기억이 그의 뇌리에 선명한 것 같지는 않다. 김인건은 주로 밤에 걸어서 남행을 했고, 그 기간은 두세 달이 걸렸다고 기억한다.

아버지는 서울 상도동에 계셨고 당시에는 형과 나 이렇게 둘이었는데 어머니가 홀로 나를 업고 세 살 위인 형과 짐꾼 몇 명을 데리고 안내인을 따라 걸어서 이루 말할 수 없는 고생을 하며 남으로 내려왔다고 한다. 뭇사람의 눈을 피해서 낮에는 쉬고 주로 밤에만 이동을 하여 걸어서 38선을 넘어 약 3개월 정도 걸렸다고 한다. 남으로 내려오는 도중 해주에서 쉬는데 저녁 때 안개가 몹시 낀 거리를 내가 자전거 뒷자리에 앉아 어디론가 달려가던 기억이 난다. 어머니는 나를 잠시 잃어버린 것이다. 차를 겨우 빌려 타고 자전거가 갔다는 방향을 물어물어 나를 다시 찾으셨다고 하니, 그때 만일 어머니가 나를 찾지 못했다면 어떻게 되었을까. 오늘의 나는 없지 않았을까. 나중에 듣기로 그때 나를 데리고 가던 사람은 무당이었다고 한다.4)

서울에 정착한 그는 학교에 갈 나이가 되자 강남초등학교에 입학했다. 그때만 해도 초등학교(당시는 국민학교) 여섯 곳을 옮겨 다니는 쉽지 않은 여정이 시작되리라고는 상상도 하지 않았을 것이다. 김인건이 입학하던 해에 한국전쟁이 터졌고, 그는 피란지 부산에서 여러 학교를 전전했다. 서울에서 남산초등학교를 졸업하였는데, 이 학교는 김인건이 다닌 여섯 학교 가운데 그나마 가장 오래(1년 6개월) 다닌 곳이었다. 그의 회고는 이렇다.

상도동에서 1950년 4월 강남국민학교에 입학하던 해 6.25가 터졌다. 상도동에서 지낼 무렵 인민군이 쳐들어와서 그들을 본 기억이 나고, 며칠 뒤부터 피난민들이 계속 내려왔다. 9.28 서울수복 때는 미군을 포함한 연합군이 와서 우리 집 마당에 텐트치고 야영했던 기억도 난다. 1951년 1.4후퇴 때 부산으로 피란을 갔다. 아버님이 한국은행에 계셨다. 은행에서 내준 트럭을 타고 한 일주일 만에 부산에 가서 피란생활을 3년 했다. 부산에서는 동래에 있는 어느 학교에 다니다 부산 시내에 있는 학교로 옮긴 것으로 기억한다. 초등학교 4학년 때 휴전협정이 됐고, 환도를 하던 1953년 서울에 돌아와 남산초등학교에서 졸업까지 했다. 그때 우리 집은 중구 필동에 있었다. 모두 여섯 군데 국민학교를 다닌 것 같다. 어린 시절 친구들은 모두 헤어지고 기억에 남는 친구도 몇 안 된다.[5]

---

4) 김인건 자필 수기, 2017. 7. 21.
5) 김인건 자필 수기, 2017. 7. 28.

김인건은 경복중학교와 경복고등학교를 졸업했다. 농구는 1956년 중학교에 진학한 뒤에 시작했다. 지금은 중학교가 없어지고 고등학교만 있지만 중학교 입학 시험제도가 있던 시절 부모의 결정에 따라 경복중학교에 진학하게 됐다. 김인건의 부모는 대부분의 우리 부모들이 그렇듯 자식들을 교육하는 데 열성적이었다. 김인건보다 세 살 위인 형은 당시 일류로 꼽히던 경기중·고등학교를 졸업했다. 경복중학교 진학은 김인건의 인생에 큰 전환점이 됐다. 훗날 우리 농구 사에 영원히 이름을 남길 김인건의 농구가 시작된 곳이 경복중학교다. 본격적인 엘리트 과정은 아니었고 방과 후 활동 정도로 시작한 것 같다. 당시 경복중학교에는 특별활동 시간이 있었는데 학생들은 토요일 오전 수업을 마치고 오후에 서너 시간 정도 원하는 활동을 했다. 특별활동에는 각 종목 운동부와 함께 영어회화반, 방송반, 생물반, 음악반, 미술반, 유엔(UN)반 등 무려 30~40개 부가 있었다. 김인건은 자연스럽게 농구부를 택하여 활동하게 됐다. 그는 농구반을 택하는 데 어릴 때 부모를 따라 농구장에 가본 경험이 영향을 미쳤다고 생각한다.

  지금도 '경복'하면 농구를 생각할 만큼 전통과 실력을 겸비한 농구부가 있지만 김인건이 농구를 배우기 시작할 때는 더 특별한 학교였다. 학교에 작으나마 농구 전용 실내코트가 있어서 이 학교 학생들이 농구 기량을 향상시키는 데 많은 도움이 되었다. 당시는 실내코트가 드물어서 대부분의 학교는 야외 코트에서 훈련을 하는 것이 보통이었다. 비나 눈이 내리면 학교 강당을 임시로 사용하곤 했다. 그러므로 당시에 농구선수들은 체육관이 아니라 운동장이나 실외에 만든 코트에서 훈련과 경기를 한 사례가 비일비재하다. 이와 관련한 신동파의 회고는 비단 휘문중학교 만의 사정뿐 아니라 당대의 일반적인 풍경을 짐작하게 한다. 중학교 1학년생 신동파는 겨울방학을 이용해 개인훈련에 힘썼는데 당시 휘문중학교에는 실내체육관이 없어서 영하 10도를 오르내리는 강추위 속에 머리에는 수건을 쓰고 귀마개를 하고 훈련했으며 "손이 얼어 터질 것 같았다. 그러나 훌륭한 농구선수가 되기 위해 이를 악물고 참았다."라고 회고하였다.[6]

베이비붐 세대의 스포츠팬들은 서울 장충동에 있는 장충체육관을 실내체육관의 상징처럼 기억하고 있을 것이다. 심지어 장충체육관조차 처음에는 실내경기 공간이 아니었다. 장충체육관은 1960년 3월 서울시에서 예산 900여만 원으로 기공하여 1963년 2월 1일에 준공하였다. 총 공사비 9200만여 원으로 대지 3293평 위에 우리나라 최초로 세운 실내체육관이다. 현대식 돔 양식의 원형경기장으로 건평 1511평, 연건평 2350평, 직경 38m로 되어 있다. 이곳은 본래 육군체육관으로 사용하던 것을 본격적인 경기장으로 개수, 보수한 것이다. 경기장 내에는 1500룩스짜리 백열등 여든여섯 개, 수은등 일흔 개로 조명시설이 갖추어져 있고, 관람석에도 전등

---

6) 일간스포츠. 1974.

마흔 개를 가설하여 야간경기에 편리하게 하였다. 관객 8000명을 수용할 수 있는 경기장 내부는 스물다섯 개 계단으로 된 관람석에 둘러싸여 있고, 각종 실내경기를 할 수 있는 경기장의 면적은 320평이다. 이에 딸린 시설로 선수탈의실, 샤워룸, 화장실 열 개, 식당 세 개, 다방, 관리실 등 방이 여러 개 있고 출입의 혼잡을 피하도록 출입구도 열네 개 마련되어 있다. 개장기념으로 제1회 동남아 여자농구대회를 개최했다. 당시 이 체육관의 건립으로 계절과 시간에 구애됨이 없이 실내경기를 할 수 있게 되었다. 또 농구·배구·탁구·권투·씨름·유도·태권도·레슬링·핸드볼·배드민턴·역도·체조 등 각종경기에 필요한 운동기구를 모두 구비하고 있어 연중 경기를 진행할 수 있게 되었다. 장충체육관을 지붕이 있는 체육 시설의 원조로 보는 이들이 많지만 1960년대 이전에도 물론 체육관은 있었다. 우선 일제 강점기에는 서울YMCA, 평양 숭실전문학교 등에 실내 코트가 있었다. 그러나 규격에 맞는 실내 코트가 없어 거의 대부분의 경기를 옥외 코트에서 했다. 광복 이후 몇몇 학교가 체육관을 지었으나 역시 경기를 하기에는 미흡했다. 국제대회를 열 만한 관중석을 갖춘 정규 규격의 체육관은 1960년에 이르러 지어졌다. 연세대학교 체육관이다. 한국과 일본의 친선경기가 벌어지기도 했던 곳이다. 연세대학교 체육관은 약간 손질만 했을 뿐 여전히 백양로 옆 그 자리에 있다.

장충체육관은 원래 그 자리에 옥외 코트가 있었다. 조금 더 시간을 거슬러 올라가면 일본인들이 스모(일본 씨름) 경기장을 세우려고 확보해 놓은 터였다. 광복 이후 서울시의 협조로 그 자리에 옥외 코트가 들어섰고, 한국은행이 농구대를 기증했다. 이후 민간 차원에서 실내 코트 건설의 움직임이 있었으나 자금 부족으로 계획은 무위로 돌아갔다. 한국전쟁 뒤 옥외 코트이긴 하지만 마루가 깔리고 관중석이 설치된 경기장이 육군의 주도 아래 건립됐다. 요즘 '다시 보는 대한늬우스'에 이따금 등장하는 마루가 깔린 옥외 코트에서 펼쳐지는 농구 경기가 바로 이곳에서 열렸다. 극난(남자), 양우(여자) 등 자유중국(대만)팀 초청 국제 경기도 이곳에서 벌어졌다. 육군체육관이다. 지붕이 없는 옥외 경기장인데도 '집 관(館)'자가 들어간 체육관이라고 한 게 특이하다. 옥외 코트에서는 기량 향상에 한계가 있을 수밖에 없다. 그러나 당시 나라의 경제력으로 볼 때 큰 규모의 체육관을 짓기는 어려웠다.

경복중학교에 실내 코트가 있었다고는 하지만 맘대로 사용할 수는 없었다. 김인건도 중학교 1학년 때는 실내 농구장은 꿈도 못 꾸고 주로 야외 코트에서 기본기를 배웠다. 공이 귀한 시절이라 공 하나에 학생 열 명 내지 스무 명이 매달려 패스와 드리블 등을 배우는 것이 전부였다. 농구 코트에 물을 뿌리고 횟가루로 라인을 긋고 농구 골대의 망을 교체하는 것이 새내기 김인건의 임무였다. 고등학교 선배들의 물 주전자 심부름이나 농구공을 간수하는 일도 김인건이 해야 할 일이었다. 특별활동 농구부에서 중학교 1학년은

20여 명에 달했다. 학생이 점점 다른 부로 가버리고 최종적으로 대여섯 명이 남아 중학교 2학년에 진급하며 정식으로 선수 생활을 하게 됐다. 그 의미는 중학교 팀 정식 선수로 농구협회에 등록이 되어 학교 대표 유니폼을 지급받고 시합에 출전하게 되었다는 뜻이다. 그는 육군체육관에 아직 지붕을 씌우지 않았던 시절 뙤약볕 아래 출전한 첫 경기를 어렴풋이 기억한다. 김인건은 이때 하도 정신이 없어서 어느 쪽으로 공격을 해야 하는 지도 모를 지경이었다고 고백했다. 고등학교에 진학한 뒤에야 본격적인 선수생활을 시작한다. 매년 춘계 연맹전과 종별 선수권대회, 전국체육대회, 추계연맹전 등 대회에 나가 우승을 하는 횟수도 많아졌다.

김인건이 특별활동으로 농구를 한 데는 아버지의 영향이 없지 않을 것이다. "농구인의 아들이 특별활동으로 농구를 했으니 당연한 일"이라고 볼 수도 있다. 그러나 김인건이 농구를 좋아하지 않았다면 다른 활동을 했을 수 있고 재능이 없었다면 역사에 이름을 새긴 농구인으로 남기도 어려웠을 것이다. 물론 김인건이 농구를 취미로 시작해 엘리트 과정에 들어서고 국가대표 스타플레이어로 성장해 많은 업적을 이루었을 뿐 아니라 지도자로서 뚜렷한 족적을 남기는 데는 아버지로부터 물려받은 재능과 농구인으로서나 생활인으로서 성공한 아버지에 대한 존경심이 크게 작용했음을 부인하기 어렵다. 사실 김정신은 '김인건의 아버지'로 간단히 정리해서는 안 될 한국농구 사에 중요한 인물이다. 그는 일제강점기에 활동한 주요한 선수였을 뿐 아니라 제2차 세계대전 이후, 그러니까 우리로서는 광복 이후 열린 첫 올림픽에 대한민국 대표선수로서 참가한 역사적인 인물이다. 지난 2007년 월간 농구전문잡지 '점프볼'은 우리농구 100주년을 기념하여 '한국농구 100년 빛낸 얼굴 100인'이라는 특집을 기획했다. 김정신은 이 특집에서 스물두 번째로 소개된다.

김정신은 1917년 평양에서 태어나 평양 광성고등학교와 서울 연희전문대학을 다니며 농구선수생활을 했다. 그는 일제 강점기에도 전조선 대표선수로 뽑힐 만큼 두드러진 실력을 과시했으며 광복 후 1948년 런던 올림픽과 1952년 아시안게임 땐 당당히 태극마크를 달고 출전했다. 그는 이미 1949년 한국은행 남자팀 창단멤버로 은퇴 후엔 감독을 역임했으며 1956년엔 한국은행 여자농구팀을 창단하여 초대 감독을 맡는 등 한국은행 농구단의 산파역할을 하기도 했다. 또 1956년 멜버른 올림픽 때는 37세의 나이로 대표 팀 사령탑을 맡아 지도력을 인정받았다. 그는 농구협회 이사를 지내기도 했다. 그의 아들인 KBL 김인건 경기본부장은 연세대와 한국은행에서 선수생활을 하는 등 아버지의 전철을 그대로 밟아 부자 농구선수로도 유명하다.

'전철을 밟는다'는 말은 이럴 때 쓰지 않는다. '이전 시대의 과오나 사람의 잘못을 되풀이하다'라는 뜻이니 아들이 아버지의 업을 잇거나 같은 행로를 걷는다는 말을 좋은 뜻으로 할 때는 쓸 수 없는 말이다. 이러한 현상은 우리 대중미디어 종사자들의 언어학습량이나 구사능력이 빈곤함을 보여주는 사례라 하겠다. 아무튼 분명한 사실은 김정신이 우리 농구 100년사에 뚜렷한 족적을 남긴 인물로서 아들 김인건이 그 대를 이었다는 사실이다. 김정신은 당시로서는 상당히 늦은 나이까지 선수생활을 했다고 한다. 김인건이 김재우와 인터뷰하면서 짐작했듯이 광복 이후의 혼란과 한국전쟁 등으로 인해 국내 스포츠의 정상적인 발전과 선수 공급이 이루어지기 어려웠을 것이고 이러한 공백이 김정신과 같은 뛰어난 선수들이 현역으로 활동한 시간을 연장했을 것이다. 김인건은 그 덕분에 아버지가 경기하는 모습을 오래 지켜볼 수 있었고 아버지가 은퇴한 뒤에는 육군체육관이나 YMCA에서 열리는 농구경기를 함께 보러 가기도 했다.

부산에서 아버지가 경기하는 모습을 보았다. 그러면서 농구에 대한 관심이 깊어졌다. 미국의 빅토리 팀이 거의 매년 와서 육군체육관에서 경기를 했고 오리온대학(오리건대학일 것이다)도 와서 국내 팀들과 경기를 했다. 또 종로에 있는 YMCA에서도 경기를 했는데 거기도 가서 보았다. 아버지는 그때마다 가드들의 플레이를 눈여겨보라고 충고했다. 왜냐하면 내가 가드였기 때문에 뛰어난 선수들의 플레이를 보고 배우며 느끼기를 원했던 것이다.[7]

농구전문잡지 '더 바스켓'의 2015년 5월호에 김인건을 인터뷰한 기사가 보인다. 1980~1990년대 스포츠전문지 '스포츠서울'에서 필명을 드날린 대기자 이병진이 인터뷰어였다. 이병진이 아버지에 대한 기억을 묻는데, 기사에는 간략한 설명도 달았다. 김인건의 아버지 김정신은 세상을 떠나기 직전까지 한국농구발전을 위해 헌신한 농구계의 큰 어른인데, 김인건은 남자실업농구 팀 삼성이나 대표 팀 감독으로 일할 때 아버지에 대해 자세한 언급은 하지 않았다. 인터뷰 등을 하면 굳이 질문해도 '그렇다'고만 할 뿐이어서 적지 않은 농구담당 기자들도 두 사람이 부자지간이라는 사실조차 몰랐을 정도였다는 것이다. 하지만 아는 사람은 다 아는 사실이었고, 그렇기에 이병진도 다음과 같이 질문을 했을 것이다.

이병진 : 대한민국을 넘어 아시아 최고의 게임 리더란 찬사에
　　　　 도 불구하고 '김인건은 김정신의 아들'이란 표현이
　　　　 1969년 아시아선수권에서 우승할 때까지 이어졌는
　　　　 데 부친에 대한 기억 한 가지만.
김인건 : 네 살 때(1948년) 부친이 런던 올림픽에 출전하셨지
　　　　 요. 이 후 몇 년이 지난 뒤 사진첩을 보니까 낙타를
　　　　 타고 있는 사진이 있는 거예요. 여쭤보니 종로 YMCA
　　　　 에서 집결해 단체 행진으로 서울역까지 걸어가서 부
　　　　 산행 기차~배편으로 후쿠오카~기차 편으로 요코하

---

7) 김인건 인터뷰, 2016. 11. 25. 면담자 김재우.

마~배편으로 홍콩~항공편으로 태국 방콕~인도 캘커타~이란(이라크를 착각했을 것이다) 바그다드~아테네~로마~암스테르담을 거쳐 런던에 한 달 만에 도착했다는 겁니다. 귀국 때도 마찬가지였지요. 최초로 동메달을 따내신 김성집 선생은 서울부터 무거운 바벨을 들고 배에서, 기차 안에서 훈련했다고 합니다. 그때는 부러웠는데 지금 생각하면 엄청 고생 많으셨던 것이지요.

이병진 : 부친께서는 사교댄스에도 능하셨는데요?

김인건 : 그런가요? 노코멘트! (런던올림픽을 앞두고 정부는 빈곤한 티를 내지 않기 위해 선수들에게 최고급 단복을 맞춰 입혔다. 또 올림픽 전후로 예상되는 현지에서의 각종 사교모임에 대비, 그나마 서양인들과 키높이가 맞는 농구선수들에게는 특별히 사교댄스도 '선수급'으로 훈련시켰다).

김인건이 아버지의 뒤를 이었다는 이야기는 지극히 결과적으로 또한 선의로 해석한 결과다. 김인건의 진술을 찬찬히 들으면 김정신이 아들에게 강력하게 농구를 배우라고 권하거나 선수가 되라고 종용한 것 같지 않다. 오히려 농구로 성공하기보다는 공부 잘하는 학생이 되기를 원한 것 같다. 이 시기에 운동을 하는 학생의 부모들에게서는 비슷한 태도가 많이 보인다. "나는 네가 운동보다 공부를 열심히 하기를 바란다. 네가 굳이 운동을 하겠다면 어쩔 수가 없구나. 그러나 어디까지나 운동 때문에 학업에 지장이 없어야 한다는 조건으로 허락하는 것이다."[8] 김인건은 당시에 일류학교로 꼽힌 경기중학교가 아니라 경복중학교에 진학한 데 대해 김정신이 불만스러워 했다고도 기억했다. 김정신의 교육방침이 영향을 주었겠지만 집안 전체에 학업을 중요하게 생각하는 문화가 있었던 것 같다. 김인건은 중학교 2학년 때 중간고사 직전에 전주에서 열린 전국대회에 참가했다가 돌아와 감기몸살에 걸리는 바람에 시험공부를 못해 반에서 거의 꼴찌를 했다고 한다. 이때 그는 담임선생은 물론이고 양친과 경기고등학교에 다니던 형에게 호된 꾸지람을 들었다.[9] 김인건은 이러한 엄격한 분위기로부터 자유로울 수 없었을 것이다. 공부에 대한 의무감과 강박이 그를 지배했을 터인데, 이러한 조건은 그가 나중에 대학에 진학하거나 은퇴한 다음에 은행인으로서 업무를 수행하는 데 적지 않은 도움이 되었다. 그는 대학입학 자격을 판정하는 국가고시에 합격함으로써 연세대학교에 진학하였고, 졸업 후 한국은행에 입사한 다음에도 현장업무는 물론 승진시험을 비롯한 여러 과정을 큰 어려움 없이 통과해 나갔다.

　한국은행 대리승진 시험도 참 힘들었습니다. 한창 선수시절

---

8) 1960년대 후반에서 1970년대 초반에 이르는 기간에 우리 남자농구의 슈퍼스타로 활동한 신동파 역시 이러한 과정을 거쳐 농구선수의 길에 들어섰다.
9) 김인건은 김재우와 인터뷰하면서 '눈물이 나도록 혼이 났다'고 회상했다.

이었는데, 외환관리부 자금과에서 대리가 되기 위해 외국어 상식 외에 전공업무인 국고, 증권, 외환, 해외건설, 계약 등 전문자료와 서적을 익히느라 반쯤 죽었던 기억이 새롭습니다. 하지만 훗날 선수촌장이나 협회 부회장, KBL전무이사 때 운영실태 파악 등에 아주 도움이 됐습니다. 공부한 대가입니다.[10]

농구선수 김인건은 중고등학교 시절에 이미 단연 눈에 띄는 재목이었다. 일례로 '경향신문'의 1960년 6월 26일자 2면, '동아일보'의 1960년 6월 28일자 2면에서 김인건의 이름을 찾을 수 있다. 대한농구협회가 '조득준기념사업회'에서 위촉한 그해의 남녀중고등학교 우수선수 표창자 및 장학금 지급대상자를 발표한 내용이다. 김인건은 이경자, 장준길, 최순옥 등과 함께 장학농구선수가되었다. 말하자면 농구영재 또는 농구우등생이었던 셈이다. 김인건의 이름은 1960년에 주요 언론에 자주 등장한다. 이듬해 경복고등학교는 광복 이후 처음으로 일본을 원정하는 뜻깊은 기록을 남긴다. 일본의 도쿄와 오사카를 방문해 일본의 우수한 고등학교 팀과 친선경기를 하는데 남자고등학교로는 경복, 여자고등학교로는 진명이 선정된 것이다. 언론은 이 원정을 두고 "3년 뒤인 1964년 도쿄올림픽에 대비하여 연부역강(年富力强)한 청소년 팀을 육성하기로 한 농협(농구협회) 당국의 방침에 따라 광복 이후 처음으로 단일팀

---

10) 더 바스켓 2015년 5월호.

이 일본을 방문하는 이번 케이스는 앞으로 한일양국농구협회의 연례행사가 될 하나의 계기가 되고 있다"고 보도하였다. 예정에 따르면 이 원정은 약 2주일이 걸리며, 현지의 일류 고등학교 팀과 10여 차례 친선경기를 할 것이다. 이 원정 팀 명단에 김인건의 이름이 보인다. 당시 경복고 선수단은 박원익 교감이 대표를 맡고 박영대 코치가 지도했으며 교사인 현우영이 주무 역할을 했다. 김인건은 주장을 맡았고 송영택, 이병구, 송준일, 최근창, 양용, 박용희, 서충원, 최수광, 박충환, 박봉근, 김원주 등이 선수였다. 김인건에게야 이 원정이 얼마나 기억에 남는 일이었겠는가. 그는 고등학교 생활을 통틀어 이 일을 가장 기억에 남는 사건으로 간직했다. 먼 훗날 그는 이 원정의 기억을 되살려 짧지 않은 글을 남겼다. 경복고등학교 37회 졸업 50주년 기념문집에 실린 '일본 원정기'다.[11] 이 원정은 고등학교 학생 선수들 사이에서 매우 큰 관심을 모았던 모양이다. 당시 경복고의 라이벌은 휘문고였다. 훗날 세계적인 스타로 성장하는 신동파가 휘문고를 대표했다. 그는 훗날 여러 수기와 고백을 통하여 당시의 분위기를 짐작하게 할 만한 기록을 남겨두었다. 일간스포츠의 1974년 1월 11일자 3면에 실린 '농구에 묻혀 15년'이라는 신동파의 수기를 예로 들 수 있다. 그는 '안정된 슛폼을 형성(形成)'이라는 부제가 붙은 이 수기에서 다음과 같이 회고하였다.

---

11) '북악 37'. 자세한 내용을 부록으로 싣는다.

고2가 되던 해 5월 한국남자고교팀이 일본에 원정 가는 기회가 생겼다. 이때 휘문의 멤버는 10년째의 강멤버였다. 라이벌 경복고에는 이병구, 김인건, 송영택, 서충원, 최근창 등 쟁쟁한 멤버가 있었다. 휘문고와 경복고는 일본 원정을 놓고 미8군 체육관에서 협회임원들만 참관하고 비공개리에 경기를 했다. 양 팀이 모두 긴장했다. 그런데 특히 우리 팀이 더 긴장했던 것 같다. 나를 포함한 모든 선수들의 플레이가 풀려 나가지 않았다. 나는 팔다리에 힘이 빠지고 발이 잘 떨어지지 않는 나를 발견했다. 그리고 이런 상태에서 풀려나려고 마음을 단단히 먹었다. 그러면 그럴수록 몸은 더욱 말을 안 들었다. 안타까운 가운데 시간이 가고 결국 경복에 지고 말았다. 외국원정의 꿈은 깨졌다. 고3 선배들은 억울해서 벤치에 돌아와 통곡을 하고 있었다. 나는 이 희비가 교차하는 순간 울지 않았다. 어쩐지 눈물이 나지 않고 침착을 유지할 수 있었다. 나는 여기서 아주 중대한 발견을 했다. 우리의 패인을 분석하고 우리가 너무 긴장했었다는 것을 알았다. 결국 경복 선수들은 우리보다 덜 긴장했기 때문에 휘문을 이길 수 있었던 것이라고 생각했다. 이후 나는 어떤 대결전에 임해서도 좀처럼 긴장하지 않도록 노력했으며 이런 노력은 실제로 효과가 있어 큰 게임에서도 긴장하지 않는 좋은 습관이 생겼다.

'경향신문'의 1961년 4월 26일자 4면에 경복고와 진명여고 농구팀이 이 해 5월 18일에 장도에 오른다는 보도가 보인다. 하지만 실제 원정은 이보다 한 달 뒤인 6월에 이루어졌다. '동아일보'의

1961년 6월 14일자 4면에는 대한농구협회 총무이사로서 현지에 동행한 양대석과 국제전화를 한 내용이 게재되었는데 한국의 고등학교 선수단은 13일 오후 9시 25분에 도쿄 하네다공항을 통해 일본에 들어가 스포츠호텔과 일성관 호텔에 숙소를 정하였다. 선수들은 처음 경험하는 해외여행에서 극심한 피로감을 느낀듯하다. 아마도 긴장과 기대가 그만큼 컸기 때문일 것이다. 특히 여자 선수들은 대부분 구토를 하는 등 컨디션이 좋지 못했다. 선수단의 본부 임원들은 일본에 도착하자마자 일본농구협회와 협의하여 우선 24일까지 경기 스케줄을 확정하였다. 이 과정에서 일본 쪽 출전 팀 대부분이 각 지방의 선발팀으로 되어 있다는 데서 그들의 준비와 경기에 임하는 각오가 예사롭지 않음을 감지한다. 특히 남자부에서는 주오대 부속 스기나미고등학교, 여자부에서는 시즈오카 세이카여고가 강팀이라는 정보를 입수했다. 경복고는 15일 도쿄도체육관에서 교세이고등학교, 16일 같은 장소에서 주오대 부속 스기나미고, 18일 나가노에서 현지고등학교선발, 20일 도치기 니코체육관에서 현지고교선발, 22일 시즈오카 도시후 회관에서 시즈오카공업고등학교, 24일 고베에 있는 고베고 체육관에서 역시 현지 고등학교선발과 경기하기로 했다. 모든 경기는 오후 5시 30분에 점프볼을 할 예정이었다.

경복고등학교는 이 원정에서 무패의 전적으로 역사의 페이지를 장식했다. 첫 경기에서 김인건-서충원이 눈부시게 활약한 결과 교세이고등학교를 77-55로 쉽게 이겼다. 두 번째 경기에서는 가장 강한 상대로 생각한 주오대 부속 스기나미고를 103-72로 크게 이겨 일본 농구계를 놀라게 했다. 이 경기는 관중 5000여 명이 지켜보았다. 그중 1000명 이상으로 추정되는 재일동포들이 관중석을 찾아 열렬한 응원을 보냈다. 경복고는 세 번째 경기에서 피곤한 기색을 보이며 다소 고전했지만 69-43으로 승리했다. 4차전도 경복고의 무대였다. 전반에는 시소를 타는 듯했지만 후반 들어 일방적으로 몰아붙인 끝에 75-49로 승리했다. 네 경기를 마친 한국의 고등학교 선수들은 21일 일본의 명소로 알려진 니코를 관광하고 이날 밤 도쿄를 거쳐 시즈오카로 내려갔다. 5차전에서 시즈오카공고를 94-68로 물리친 경복고는 고베에서 열린 6차전에서는 고베선발팀에 67-59로 이겼다. 오사카에서 26일 오후 4시 30분에 시작된 오사카선발팀과의 경기마저 88-69로 가볍게 물리쳐 7전전승의 위업을 달성했다. 1961년 6월 27일자 '동아일보'는 2면에 게재한 기사에서 다음과 같이 보도하였다.

진명 팀은 단 한 번의 패전으로 종합전적 5승1무1패, 경복 팀은 7전전승의 빛나는 전적을 거두어 한국 남녀고교생의 기백과 실력을 여지없이 과시하고 수많은 재일동포들의 사기를 북돋아 주었다. (중략) 경복팀은 원정팀으로서는 불가피한 불리한 핸디캡을 모조리 극복하고 패기만만한 일방적 경기로 시

종하였다.[12]

이 기사에는 한국 고등학교 팀의 역사적인 일본 원정을 둘러싼 주변이야기도 조금 담겨 있다. 한국 고등학교 학생 선수단의 소식을 국내에 전하는 역할을 맡은 양대석의 전언을 정리한 '동아일보'의 기사는 "이번 원정을 통하여 재일동포들의 열렬한 환영과 성원은 정말 눈물겨웠는데 특히 25일 선수단이 오사카에 도착하자 역두에는 민단 간부 부인회 및 금강학원 학생들이 출영하였으며 선수단 일행은 숙사에도 들르지 못하고 그들의 환영을 받아 직접 민단 오사카본부가 주최한 '6.25 기념 및 5.16 군사혁명 지지 민중대회' 식상에 참가하였다. 또한 이날 밤에는 민단 주최 환영만찬회가 시내 한식당인 '식도원'에서 개최되어 선수단을 위로해 주었다"고 정리하였다. 일본 일정을 모두 마친 선수단은 27일 교토를 거쳐 나라시를 관광했다. 28일에는 오사카로 돌아가 며칠 쉰 다음 7월 3일 밤 하카타를 출발하는 오도고지마마루 호 편으로 4일 오전 부산을 통해 귀국하였다. 선수단과 함께 귀국한 양대석은 '동아일보'의 7월 7일자 4면에 '일본원정보고'라는 글을 기고하였다. 그는 이글에서 이미 국내에 보도된 경기 전적이나 내용은 생략하고 주로 선수단의 내부 사정이나 현지에서 느낀 소회와 우리 팀의 장단점, 동포들과 일본인들로부터 받은 환대에 대하여 언급하였다. 경복고

---

12) 김인건은 진명의 전적을 4승1무2패 또는 4승2무1패로 기억한다.

에 대한 내용을 정리하면 다음과 같다.

경복고교는 국내에서 가졌던 자기의 실력을 십이분 완전히 발휘했다고 보겠으나 유감된 것은 후보 선수 일곱 명이 주전선수 다섯 명보다 너무나 실력차이가 있어 기용하기 곤란했다는 점이다. 주전선수 다섯 명은 일곱 차례 경기를 모두 잘 싸웠는데 특히 이병구, 최근창 등의 활약은 눈부셨다. 앞으로 우리나라 농구계에 크게 공헌할 선수들이다. 그러나 6, 7차전에서 자신이 넘쳐 개인 혹은 스타 플레이를 한 것은 진실성의 결여로 볼 수밖에 없다. 그런데 경복 팀의 원 코치인 박영대 씨가 출발 직전 사정에 의하여 못 가게 되었고 임시 코치를 담당한 이경재 씨는 당교 교사 이상의 노력을 경주하였는데 이 씨의 노고를 높이 평가하고 싶다.

이번 원정을 통하여 스포츠를 통한 국민외교가 얼마나 중요한 것인가를 새삼 느꼈는데 우리 팀은 지나치게 경기에만 치중하여 국제적인 예의를 경시한 느낌이 있었다. 이것은 원정단 전체가 반성해야 할 것이다. 그러나 이번 원정에 있어 우리가 받은 재일동포나 일본인들로부터의 환영은 정말 눈물겨웠다. 동포들의 환영은 이루 말할 수 없었으며 특히 우리말을 해득하지 못하는 동년배의 동포 자녀들이 짧은 영어에다 손짓으로 의사를 통해 보려는 광경은 눈물 없이는 볼 수 없었다. 그리고 동포들은 이구동성 대한민국을 보다 더 적극적으로 선전해 달라고 하는 것이었으며 또한 고국의 원정 팀이 대도시에서만 경기하지 말고 지방도 순회하여 줄 것을 요망하고 있었다. 현재

민단관계 동포들은 상당히 생활수준이 향상되었다. 우리는 각 처에서 동포들이 생산한 농구화나 샌들, 스케치북 등을 선물로 받았다.

이번 원정의 7차전을 통하여 매 경기마다 경기장은 초만원을 이루어 일본인들도 우리에 대하여 커다란 관심을 표시하였는데 애국가 봉가 때는 으레 기립하여 우리 국기에 경의를 표했고 또한 과거 우리나라에 거주했던 일본인들이 자주 우리를 찾아와서 친밀감을 전해 주고 여러 가지 이야기를 나누기도 하였다. 특히 일본인이 우리에게 베푼 후대의 예를 든다면 정미소를 경영한다는 사사키라는 사람은 와세다대학과 고등학교에 재학 중인 자녀를 데리고 네 곳이나 우리를 따라다니면서 선수들의 편의를 돌보아 주었고 선물도 많이 사주었다. 그리고 일본고교체육연맹의 스즈키와 다카하시라는 두 사람은 우리가 도쿄에 도착할 때부터 하카타에서 여객선이 출항할 때까지 모든 편의를 돌보아 주었는데 떠날 때는 눈물까지 흘렸다.

우리의 이번 원정은 일본농구계에도 상당한 연구 자료가 된 것같이 보였으며 우리가 도착하기도 전에 실력을 높이 평가하는 예상기가 신문에 발표되었다. 그러나 계속되는 스케줄에 교체 멤버가 약한 경복 팀의 약점을 보충하기 위하여 경기마다 처음에는 과감한 프레싱 작전으로 기선을 제하는 위험한 술법을 써서 비교적 성공한 셈이다. 이번 원정의 경험을 잘 살려서 앞으로의 발전에 기여해야만 할 것이다.

경복고와 진명여고 선수단이 귀국한 지 두 달이 지난 1961년 9

월 3일, 스즈키 마사오라는 일본 신사가 '경향신문' 4면에 칼럼을 게재하였다. 그는 한국 선수단의 방일에 대한 답방 형식으로 한국을 방문한 일본선수단의 단장이었다. 그는 이 칼럼에서 두 달 전 일본을 방문한 한국 고등학교 농구선수들에 대해 간략히 인상을 적었다.

승패를 초월해서 맺어진 젊은이들의 우정은 장래 양국의 우호친선의 실마리가 되어서 길이 잊을 수 없는 업적이 될 것으로 확신합니다. 지난번 내일한 경복과 진명의 두 고등학교 학생들이 체일 중에 남긴 업적은 매우 훌륭하여 그것은 일본의 각 방면에 커다란 감명을 주었으며 우리들의 감격을 일깨워 주는 것이었습니다. 그들의 일거수일투족은 규율의 바른생활과 행동으로 나타나 그 태도가 고등학교 학생으로서 믿음직하여 일본의 학생들에게 좋은 가르침이 되었음을 말할 수 있습니다. (중략) 청년은 나라의 보배이며 세대의 선구자가 될 자격을 갖는 것입니다. 이 뜻에서 두 나라의 청년학도들이 좋은 벗이 되어 장래에 희망을 걸 수 있게 된다는 것은 우리들 교육자로서는 유일의 염원입니다. 귀국에서 농구경기를 남녀 각 7전을 행하였습니다. 이 동안에 경기를 통한 교환의 기회가 주어져 승패를 초월하고 언어의 부자유를 극복해서 참된 친구가 될 수 있었습니다.

김인건은 우리 농구의 엘리트로서 일본 원정 이후 수없이 많은 해외 경기와 대회에 참가한다. 필자는 그의 인생을 통틀어 중요한 해외 경험이 두 차례 있었다고 본다. 경복고등학교 학생 선수로서 경험한 1961년의 일본 원정이 그 가운데 하나다. 또 하나는 1968년 우리 국가대표팀 역사상 최초의 해외전지훈련 기록으로 남은 미국원정이다.13)

---

13) 이 일에 대해서는 뒤에 자세히 적겠다.

수학적 두뇌, 좋은 스승

김인건은 1962년 3월에 연세대학교 경영학과에 입학했다. 고등학교 선수 시절부터 뛰어난 기량을 발휘한 그는 당연히 당시 대학 농구를 양분하던 연세대학교와 고려대학교 농구부의 스카우트 대상이 되었다. 하지만 김인건이 농구를 한다는 조건으로 대학에 진학한다면 연세대학교로 갈 수밖에 없었음은 자명한 일이다. 그는 "아버님이 연세대학교를 나오셨고, 선배들 중에서도 연세대학교에 진학한 분이 많아서 자연스럽게 진로를 정했다"고 했다.[14] 김인건

---

14) "연세대를 지원하게 된 동기는 아버지와 형이 다니신 대학교라 연세대를 지원하는 것이 당연시 되어 있었다. 대학에 진학하여 운동을 계속하고 싶었던 일 중의 하나가 그 당시 매년 장안의 화제가 되었던 9월에 열리는 연세대와 고려대의 친선경기인 연고전(고연전) 정기전에 참가하여 뛰는 것이 하나의 작은 목표였다. 전교 양교 응원단이 5개부 경기가 끝나면 서울 운동장에서부터 종로와 을지로까지 스크럼 짜고 각각 행진하는 것이 그렇게 보기 좋았고, 시민들도 많은 박수로 응원해 주었다." (김인건 자필 수기, 2017. 7. 28)

이 대학에 진학하던 해에는 대학입학 자격시험이 처음으로 시행되었다. 정부에서는 학과별 커트라인을 정해 통과하는 학생에게만 진학 기회를 부여했다. 전례가 없는 조치였기 때문에 운동을 하는 학생들에게는 준비가 부족했고 그 영향은 즉각적으로 나타났다. 이 해에 자격시험을 본 운동선수는 409명이었는데 이중 아흔여덟 명만 진학했다. 농구의 경우 서른네 명 중 다섯 명만 대학에 갔다. 김인건은 고등학교 졸업시험이 끝난 1961년 10월부터 자격시험을 치는 이듬해 1월까지 3개월 동안 공부에 매달렸다.15) 당시 대학에 진학하지 못하면 운동을 그만둘 생각까지 했다고 한다. 자격시험 결과가 나오기 전에 김인건의 아버지는 "낙방을 하면 은행에 가서 선수생활을 하라"고 권했다. 김인건은 싫다고 했다. 훗날 그는 "사

---

15) "성공적인 일본 원정 후, 그 해 10월 서울에서 열린 전국체육대회를 우승으로 고등학교에서의 모든 대회 출전을 끝냈다. 한편 농구협회에서는 1961년부터 1962년 제4회 자카르타 아시안게임에 출전할 대표후보선수를 선발하여 훈련시키고 있었는데 후보 선수 일원으로 선발된 나는 후보를 사퇴하고 대입시험을 준비하게 되었다. 국가에서 관리하는 시험에 모든 지원자가 전공과별로 시험을 치르고 그 성적을 바탕으로 원하는 대학을 선택 지원하여 체능시험을 치르도록 했다. 필기시험 성적과 체능시험성적을 합하여 당락을 결정하게 된다. 이듬해 1월 시행된 국가고시 시험 성적을 가지고 연세대 경영학과를 지원하여 무난히 합격해서 연세대 학생으로 다시 농구선수로서 활약하게 되었다. 농구 훈련은 당연히 각자 대학 수업을 다 마친 후 보통 야간까지 계속 되었고, 특히 방학 때는 학교 체육관에서 합숙을 하며 하루 4회씩이나 고된 훈련이 반복되었다."(김인건 자필 수기 2017년 7월 28일) "고3 마지막 대회인 전국체전은 10월 15일 끝났습니다. 우승한 것까지는 좋았는데 3개월 뒤 국가고시가 문제였어요. 그날부터 밤낮으로 공부만했지요. 본 시험에서 원래 자신 있었던 수학과 외우면 되는 세계사는 만점에 가깝게 받았고, 체력테스트는 당연히 만점, 영어 국어 과학도 기준을 통과했지요." (더 바스켓 2015년 5월호)

실 그때 운명이 갈렸다. 그때 시험에서 떨어졌으면 운동을 더 이상 하지 않았을 것이다."라고 했다.[16]

하지만 김인건이 불과 3개월 집중학습으로 연세대학교에 진학했다는 것은 사실과 다르다. 3개월 벼락공부로는 그때나 지금이나 대학에 갈 수 없다. 김인건은 나름대로 공부를 늘 염두에 둔 학생이었고, 독서량이 많은 편이었던 데다 무엇보다도 수학에 특출한 재주가 있었다. 그는 참고서 없이 교과서에 나오는 수학문제를 술술 풀어냈다. 어느 날엔가는 수학선생이 수업 중에 학생을 칠판 앞으로 불러내 문제를 풀게 했는데 김인건도 불려 나갔다. 아무도 정답을 쓰지 못했지만 김인건은 공식을 척척 적어가며 정답을 적어내 수학선생의 놀라움을 샀다. 참고서나 과외의 도움 없이 대학 입학 자격시험에 나온 문제를 풀어낼 수 있는 실력이 있었기에 3개월에 걸친 집중학습만으로 연세대학교에 진학할 수 있는 길을 열었을 것이다. 그는 은행원으로 근무할 때는 물론이고 실업농구팀 삼성의 코치와 감독으로 일할 때도 여러 차례 숫자에 밝은 모습을 보여주었다. 해마다 열리는 농구대잔치의 대진표와 각종 통계를 한 번 훑어보기만 해도 오류를 찾아내고 대안까지 제시할 정도로 수학적 두뇌가 출중했다. 흔히 영어 점수는 반복, 수학 점수는 재능의 결과라고 하듯 김인건에게는 남다른 수학적 재능이 있었다.

16) 김인건 인터뷰, 2016. 11. 25. 면담자 김재우.

김인건에게는 형 외에도 운동과 학습을 병행하도록 종용한 좋은 스승이 있었다. 그는 수기에 자신을 가르친 명코치들의 이름을 열거하였다. 박영대, 이경재, 이성구, 정상윤, 주기선, 이상훈, 김영기, 찰리 마콘, 제프 가스폴이 그들로, 대부분 우리 농구 역사에 이름을 새긴 사람들이다. 이 중 이경재는 실업농구팀 현대의 초대 감독으로 역사에 이름을 남겼지만 선수시절부터 탁월한 기량을 뽐낸 당대의 스타였다. 빠르고 투지가 넘치는 농구를 했다. 1925년 서울에서 태어나 휘문고에서 농구를 시작해 1945년 연희전문에 진학했다. 졸업 후에는 조선운수 부산지점 팀에서 1956년까지 활약했다. 은퇴한 뒤에는 연세대 코치를 맡아 제자를 많이 길러냈고 호남비료, 조흥은행 등 여자팀 감독을 맡기도 했다. 1967년의 도쿄 유니버시아드에서 여자대표팀을 우승으로 이끌었고 1968년의 멕시코시티올림픽 때는 남자대표팀 감독을 맡았다. 1971년, 1975년 세계여자선수권대회에 잇달아 대표 팀 감독으로 참가했고, 1978년 현대그룹이 남자실업팀을 창단하자 초대 감독에 취임했다.

이성구는 한국농구 근대화에 공이 큰 인물이다. 1911년 충남 천안출생으로 휘문고보와 연희전문을 졸업했다. 우리나라 초창기 농구가 자리를 잡는 데 기여했다. 1936년에는 염은현, 장이진과 함께 베를린올림픽에 일본 대표로 출전했다. 한국농구선수로서는 사상 최초였다고 의미를 부여할 수 있지만 농구가 올림픽 종목으로 채택된 대회가 베를린올림픽이므로 오히려 조선인으로서 일본대표로 뽑혔다는 역사적 기록을 우선해야 마땅할 것이다. 1945년 광복이 되자 대한농구협회를 창립해 초대 이사장에 취임했으며, 1984년 한국농구코치협회 회장, 1998년 한국여자농구연맹(WKBL) 초대총재를 지냈다. 그에 대해서는 뒤에 조금 더 쓰겠다.

정상윤은 농구를 넘어 한국 체육계에서 선구자적 역할을 한 인물 가운데 한 명으로 꼽힌다. 그는 1926년 농구에 입문했는데 한국농구사상 걸출한 이론가로 광복 이후 국가대표 농구팀 코치로서 활동하였으며 한국인 제1호 국제심판으로서 1948년 런던올림픽과 1952년 헬싱키올림픽에 참가하였다. 또한 광복 이후 체육동지회 총무위원을 역임하면서 조선체육회 재창설에 앞장섰다. 1945년 11월 26일 조선체육회가 재창설되자 상무이사직을 수행하며 조선체육회 정관과 각종 규약 등을 작성하였다. 남북 분단이후에는 한국 올림픽 운동의 산역사라 불리며 1964년 도쿄올림픽 남북단일팀 구성 제2차 회담 수석대표, 1966년 대한올림픽위원회(KOC) 총무 등을 역임하면서 한국체육의 도약에 기여하였다.

이상훈은 테크닉이 뛰어난 명포워드로 명성을 떨쳤다. 1920년 개성에서 태어나 서울의 경기상업 재학 중에 농구부 들어가 선배들로부터 농구를 배웠다. 연희전문 상과를 거쳐 광복 이전에는 조흥은행에서 일하다 광복이 되자 이화여고 지도자와 선수를 겸하며 농구계를 지켰고 1948년 런던올림픽에 대표선수로 참가하였다. 한국전쟁이 한창이던 1952년에는 조선운수 팀의 코치 겸 선수로 활동하였다. 1954년 부산지검팀이 출범하자 전업 코치가 되어 공군 (남자), 국민은행(여자), 상업은행(여자) 팀을 지도했다. 1967년 여자 농구대표팀이 세계여자선수권대회에서 준우승할 때 코치를 맡았고, 이듬해 박신자 등 한국농구를 지탱하던 일선 선수들이 모두 은퇴한 대표 팀의 코치를 맡아 아시아선수권대회 금메달로 이끌었다. 1973년 모스크바 유니버시아드에 참가한 여자팀의 감독으로서 동메달을 따냈다.

김영기는 우리 농구역사에 한 획을 그은 슈퍼스타다. 배재고와 고려대 법대를 졸업했다. 국가대표로 1956년 멜버른올림픽과 1964년 도쿄올림픽에 출전했다. 농업은행과 기업은행에서 선수생활을 했고 대표 팀에서는 간판이었다. 드리블과 슈팅 등 개인기가 뛰어나고 시야가 넓었으며 센스와 판단력이 뛰어나 올라운드 플레이를 했다. 1969년 아시아남자농구선수권대회와 1970년 아시안게임에서 우승할 때 벤치를 맡았다. 한국 프로농구 출범의 주역이기도 하다.

찰리 마콘과 제프 가스폴에 대해서는 여기서 자세히 설명을 하지 않겠다. 다만 김인건이 열거한 이름 중 나에게 강한 인상을 남긴 두 사람을 명기하겠다. 주기선과 박영대다. 이중 주기선은 농구협회나 농구관계 서적에서 그 존재를 확인하기 어려운 인물이다. 그는 배재고를 나와 한국전쟁에 참전한 뒤 고려대에 입학했다. 그의 권유가 고려대에 진학하는 계기가 됐다는 김영기의 증언이 있다. 1964년 도쿄올림픽에 우리 대표 팀을 이끌고 나갔다는 기록이 선명한데, 그의 공과를 언급한 사례가 많지 않은 것은 매우 이상한 일이다. 필시 곡절이 있으리라고 본다. 이 점이 나의 호기심을 자극한다. 박영대는 김인건의 인생에 이정표를 제시한 영원의 스승이라고 해도 지나치지 않을 만큼 큰 영향을 준 인물이다. 김인건은 태릉선수촌장으로 일하던 2010년 10월1일 'KTV국민방송'에서 진행하는 '휴먼 토크, 내 마음의 고백'이라는 프로그램에 모습을 보인다. '선생님이 깨우쳐 주신 스승의 참된 의미-태릉선수촌장 김인건'이라는 제목으로 스승 박영대와의 사연을 소개한 것이다. 내레이터가 읽는 내용과 글월로 보아 김인건이 직접 원고를 작성한 것 같지는 않다. 그 내용은 대략 다음과 같다.

박영대 선생님은 헌신적인 제자 사랑의 본을 보여주신 분이다. 내가 농구선수와 감독으로서 이름을 세우는 데 큰 영감을 주셨다. 먹을거리가 변변치 않던 그 시절 손수 물고기를 낚아 제자들의 배를 채워주며 사랑이 넘치는 지도가 무엇인지 몸소 일깨워 주셨는가 하면 평생에 한 번 뿐인 학창시절이기에 항상 공부하는 운동선수가 되라고 주문한 박영대 선생님. 그런 선생님이 계셨기에 남보다 먼저 선진농구를 가슴 속에 담을 수 있었다. 스승이란 제자의 인생을 내다보고 그 제자가 바른 길을 가도록 길을 열어 주는 사람이란 걸 선생님을 보고 깨달았다. 선생님은 제자들의 삶에 좋은 씨앗을 뿌려 주신 멋진 농부였다.

잊지 못할 영일이 형

　김인건은 연세대학교에서 김영일을 선후배로 만난 뒤 김영일이 요절할 때까지 매우 가깝게 지냈다. 김영일의 농구철학과 뛰어난 인품은 세상을 떠난 뒤에도 많은 후배들에게 영향을 끼쳤다. 김인건도 김영일의 사랑을 받고 자란 후배였으며 우정과 신뢰를 공유했다. 김영일에 대해서는 이 시대의 농구인들이 공통적으로 존경심을 표현하고 있는데 김인건도 예외는 아니다. 김영일의 운동 재능은 전례를 찾기 어려운 수준이다. 취미 수준의 농구를 하던 김영일은 연세대학교에 진학한 뒤에야 농구를 정식으로 배웠지만 3년 만에 대표선수로 선발될 정도로 성장이 빨랐다. 그는 광복 이후 처음으로 아시아를 제패한 선수들의 중심으로서 뛰어난 골밑 플레이를 했다. 가드와 포워드를 위한 스크린, 볼 배급 등 안목과 시야가 필요한 부문에서 김영일은 대체 불가능한 센터였다. 김인건의 의식 속에도 김영일의 존재는 선명하다.

　대학 입학 후 1학년 때 맹훈련을 이어가고 있을 때 김영일 형은 3학년이었다. 마침 나의 집은 퇴계로 대한극장 뒤 필동에 있었고 영일 형은 충무로2가에 있어서 학교 등교시간은 달라서 같이 만나지 못했지만 학교 수업을 마치고 오후 농구 훈련을 한 뒤 귀가할 때에는 신촌로터리에서 퇴계로로 가는 합승버스를 타고 거의 함께 집에 가곤 했다. 그때부터의 만남이 내가 대학 1학년 때 처음 국가대표로 선발되어 국제 대회에 참가할 때나 학교에서 훈련할 때나 항상 지속되어 오랜 시간을 함께 했고 많은 것을 그 형으로부터 배우고, 학교 졸업 후 한국은행에 입행하여 선수 생활을 같이 하고 태릉선수촌에서 국가대표로 있을 때까지 계속되었다. 대표 팀에서는 김영기 선배가 은퇴한 뒤 김영일 형이 주장을 맡아서 1969년 방콕 ABC대회에서 한국이 처음 국제대회에서 우승할 때나 1970년 태국 방콕 아시안 게임에서 우승할 때 늘 같이 있었다. 심지어 경기가 끝나면 목욕탕에서 샤워할 때나 또는 같이 어울려 다방에 가서도 항상 농구 얘기였고 그날의 훈련, 연습경기, 경기에 대하여 많은 토론을 한 기억이 난다. 1976년 불의의 열차사고로 작고한 뒤 일산에 안장되어 있는 그 형의 묘소를 40년간이나 그 형 기일에 농구 선후배와 함께 가서 명복을 빌곤 했다. (가족이 모두 미국에 이민을 가서 서울에는 연고가 없었다.) 얼마 전 미국에 있는 동생 가족이 한국에 와서 그 분의 영정을 따로 모시기로 했다고 한다. 영일이 형은 경기고등학교 때는 아이스하키와 수영선수로 활약했다고 한다. 아버님(김성간 선생)이 유명한 축구선수 출신으로 운동 신경을 아버지로부터 물려받은 것 같았다.17)

17) 김인건 자필 수기, 2017. 7. 28.

국가대표 김인건

　농구인으로서 김인건의 업적은 시기로 보아 국가대표 선수와 지도자 시절로 집약된다. 김인건은 한국의 농구를 대표하는 경복고등학교와 연세대학교를 졸업했지만 학생 시절에 보여준 활약은 미디어의 기록이나 당대 농구인의 기억 속에 선명하게 남아 있지 않다. 그 이유는 김인건의 활약이 미미했거나 더 뛰어난 누군가의 업적에 가렸다기보다는 우리 스포츠 대중의 관심이 학원보다는 대표 팀에 기울었기 때문이었다고 생각해야 한다. 김인건이 성인 농구선수가 된 1962년부터 은퇴를 한 1971년까지는 대부분 제3공화국 시대에 속한다.18) 이 시기는 2차 세계대전이 끝난 뒤 격화된

---

18) 제3공화국은 1961년 5월 16일 박정희가 군사정변을 일으켜 성립한 군정 아래에서 1962년 12월 17일에 국민투표를 해 확정한 개정 헌법에 따라 들어선 대한민국의 세 번째 공화 헌정 체제이다. 새 헌법에 따라 1963년 10월 국민의 직접 선거로 대통령에 선출된 박정희가 12월 17일 취임함으로써 제3공화국이 정식

냉전이 스포츠와 체육에도 영향을 미쳐 패러다임을 근본적으로 바꾸어 놓은 시기이며 소련과 미국을 중심으로 양극화된 세계가 그 질서를 공고화하는 가운데 체제의 우월성을 과시하는 수단의 하나로 스포츠와 체육을 이해한 시기이기도 하다. 소련을 중심으로 한 동구권과 미국을 중심으로 한 서방은 필연적으로 스포츠와 체육을 정치의 도구로 전락시켰다.

한국은 서방 주변부에 속해 있다고 천명하면서도 동서 냉전 체제가 강고했던 시기에는 남북 간 체제 경쟁과 사회적 결속을 위해서 전형적인 동구식 스포츠국가주의, 즉 국가아마추어리즘(State Amateurism)을 채택한 희귀한 사례를 보여 주었다. 1960년대 이후로부터 동구 몰락이 시작되는 1980년대 후반에 이르기까지, 정권적 차원에서 쿠바와 동독 등 동구권에 속한 사회주의국가들이 국가아마추어리즘을 시행했다. 이들 동구권 및 쿠바와 같은 사회주의국가들은 올림픽을 비롯한 국제스포츠대회에서 많은 입상자를 내고 기록을 향상시키기 위해 국가적 차원에서 우수한 선수를 지원하는 전형적인 국가아마추어리즘 시스템을 구축한다. 국가아마추어리즘과 관련해서 주목해 보아야 할 국제스포츠대회는 1952년에 개최된 헬싱키올림픽이다. 이 시기에는 미국과 소련을 핵으로 한 양대 진영으로 나뉘어 치열한 이념대립과 냉전 체제의 대결 국면이 전

출범하였다. 제3공화국은 1972년 10월 17일 헌법을 개정하여 유신체제로 전환하면서 끝났다.

개되었다. 바로 이 시기에 공산주의 종주국이었던 소련이 돌연 올림픽 무대에 등장했다. 헬싱키올림픽을 계기로 해서 올림픽을 비롯한 국제경기대회를 무대로 한 동·서 대결이 격화되었다. 이때부터 금메달의 숫자는 국력과 체제의 우월성을 상징하는 수치로 간주되기 시작했다. 국제스포츠 무대는 미국과 서부 유럽 각국이 추구해 온 전통적 대중 스포츠와 함께, 소련식 국가 관리 체제하에 관리되어 온 엘리트 스포츠라는 두 가지 이질적인 가치와 운영 방식이 공존하면서 저마다 체제와 이념적 우월함을 과시하는 각축장으로 변모하게 된 것이다.

소련의 등장은 세계가 국가아마추어리즘을 사실상 공인하는 계기가 되어 가치 혼돈과 변칙이 횡행하는 결과마저 낳았다. 국가아마추어리즘에 기초한 국가주의 스포츠 시스템은 올림픽을 비롯한 순수 스포츠행사가 주창해 온 아마추어리즘과는 크게 어긋나는 것이었다. 아마추어리즘(Amateurism)이란 금전적 또는 사회적 이익을 목적으로 하거나 특별한 대우 내지 혜택을 기대하지 않고 순수하게 스포츠 행위 자체를 즐기는 정신을 가리킨다. 그러나 동구권 국가들은 선수들을 국제 스포츠 무대에서 승리함으로써 자국의 체제와 이념적 우월성을 증명해 보이는 스포츠 전사로 규정하였고, 유소년 스포츠 엘리트를 조기에 발굴하여 효율적으로 육성하는 선택과 집중의 스포츠-체육 정책을 실시했다. 이러한 정책의 폐단은 노골적인 국가-체제 간 경쟁을 촉발시켜 기록-물질만능주의를 낳

앉을 뿐 아니라 스포츠의 순수한 이념을 질식시켜 버렸다.

물질, 곧 경제적 보상과 사회적 명성은 스포츠 정신이 비운 자리를 대체하는 수단이 되었고 그 위력은 마약과도 같이 선수들을 사로잡았다. 서구에서라면 대중이 담당해야 했을 스포츠 영웅에 대한 사회적·물질적 보상을 사회주의권에서는 국가가 전적으로 대신 지불했다. 제3공화국 이후 한국은 이 같은 쿠바 및 동구권의 국가아마추어리즘을 벤치마킹했다. 제3공화국은 스포츠를 통한 세계무대에서의 국가적 지위 확보를 위해 정권적 차원에서, 그리고 제도적 차원에서 지원을 아끼지 않는 한편 그 성과를 얻기 위해 골몰했다. 특히, 제3공화국과 제5공화국은 마치 쌍둥이와도 같이 거의 동질적이고 강도 높은 스포츠 드라이브 정책을 구사했다. 그것은 쿠데타에 의한 집권이라는 원죄를 짊어진 정권이 그 원죄를 은폐하고 사회동원과 정권 안보를 위해 가장 효과적으로 추구할 수 있는 사회문화 정책이었을지 모른다. 한국의 국가아마추어리즘을 보여주는 대표적인 사례로는 '경기력향상연구기금(체육연금)'과 올림픽이나 아시안게임 입상 선수에 대한 '병역 혜택'이 꼽힌다.

이러한 정책은 가시적인 성과와 함께 자연히 국민의 스포츠에 대한 관심을 증폭시키는 효과를 낳았다. 그 결과, 스포츠에 국가주의와 애국심을 투영시키는 현상도 이 시기를 계기로 고착화된다. 특히 스포츠를 국가와 민족, 애국심에 결부시키는 현상은 활발한 한·일 스포츠 교류 속에서 극도로 확대되어 국민은 일본과의 경기를 반드시 이겨야 할 경기로 믿어 의심치 않게 되었다. 일본에 대한 증오감을 스포츠 경기장에서 경기력이라는 현실로 드러내는 일은 이전 정권에서도 물론 없지 않았다. 그러나 한일외교협정이 체결되고 난 뒤 박정희 정권이 스포츠를 통한 국제 교류에 적극성을 보이면서 잦아진 국제 대회 참가와 한일 간 격돌은 이전 시대의 차원을 훌쩍 뛰어넘는 것이었다. 뿐만 아니라 남북 간의 대결 체제가 고착화하고 모든 부문에서 치열한 경쟁이 거듭되면서 스포츠 또한 많은 영향을 받았는데, 그 결과 북한과의 스포츠 대결은 결코 져서는 안 된다는 이미지가 고정되기에 이른다.

김인건이 성인 농구 무대에서 활약한 시기는 그가 남자농구대표 선수로 활약한 시기와 대부분 겹친다. 성인이 되자마자 국가대표로 뽑히고, 그리하여 선수로서 업적을 대부분 국제대회에서 쌓아 올리는 전형적인 엘리트 코스를 밟은 것이다. 김인건은 연세대학교 1학년 때 제4회 자카르타아시아경기대회에 출전하는 남자대표 팀에 선발되었다. 이때 남자대표팀 선발 과정에서는 잡음이 약간 있었는데, 산업은행과 농협, 공군 등 세 팀의 코치들이 선발과정의 공정성에 문제를 제기한 것이다. 이들은 선발기준(나이, 신장, 경력 가운데 어느 부문에 중점을 두었는지)과 소속팀에서 기록한 실적, 선발 데이터의 적절성과 정확성 등을 문제로 삼고 해명을 요구하였다.[19] 대한농구협회는 이에 대해 임시총회를 열어 대표선수단의 명단을

---

19) 동아일보. 1962.

최종 검토·확정함으로써 수습했다. 이 해에 뽑힌 대표선수는 김영기, 문현장, 방열, 김영일, 백남정, 김철갑, 김인건, 이경우, 강태하, 이인표 등이었다. 이중 김영일, 김인건, 이인표는 훗날 합류하는 신동파, 최종규, 유희형, 박한 등과 함께 한국 남자농구가 아시아 정상에 오르는 데 주역이 된다.

동숭동 선수촌 시절

1966년 태릉선수촌이 건립되기 전 각 종목 국가대표훈련은 종목별로 훈련장(체육관)이 있는 대학이나 고등학교 체육관을 빌려서 하곤 했다. 농구는 1962년 자카르타 아시안게임 때는 연세대 체육관을 빌려 인근 신촌역 앞 여관에서 숙식을 하며 훈련했고, 1963년부터 1966년 태릉선수촌이 건립되기 전까지는 동숭동 옛 한전 기숙사를 빌려서 처음으로 각 종목 선수들이 비좁은 그곳에 모여 숙식만 같이 할 정도였다. 운동장은 새벽부터 서울대 동숭동 운동장을 사용했고, 오전 오후 훈련은 각 종목별로 각 곳의 체육관을 빌려서 하곤 했다. 당시 대한체육회를 이끌던 민관식이 회장으로 취임하자마자 1964년 동경올림픽을 참관한 뒤 대표선수 종합 훈련원의 필요성을 절실히 느껴 귀국 후 박정희 대통령에게 건의하여 태릉선수촌을 1966년에 마련한다. 김인건은 "이를 계기로 각

종목을 대표하는 선수와 임원이 한 곳에서 숙식과 생활을 같이 함에 따라 타 종목 선수 및 임원들 간에 유대감도 생기고 한국을 대표한다는 자부심도 강화되었다"고 했다. 민 회장은 태릉선수촌 건립 외에도 지도자 양성을 위한 코치아카데미 개설, 과학적인 훈련 방법과 기록 단축을 위한 스포츠과학 연구소 건립 등 한국 체육발전의 기틀을 다지는 데 큰 역할을 해냈다.[20]

김인건은 대표선수가 되자마자 돋보이는 활약을 하지는 않았다. 아직은 광복 이후 가장 돋보이는 존재였던 김영기가 건재했고 김인건에게는 경험이 필요했다. 연세대학교 1학년 학생 김인건은 김동하, 이종환, 조병현, 최태곤, 강현성, 이규창 등 대표팀 '1번'의 유산을 이어받기에는 너무 어렸다. 교체선수로 몇 경기에 나가기는 했으나 실상은 말 그대로 벤치 워머였다. 선배 선수가 마실 물을 주전자에 담고 수건과 공을 챙기는 일을 했다. 김인건은 당시를 돌아보면서 '한 열 경기 정도' 나갔다고 기억하였다. 한 경기에 한 골 정도 넣었고 대개는 주전자와 수건을 들고 벤치에 앉아 있었다는 것이다. 국내에서는 귀한 과일이었던 귤(오렌지였을 수도 있다)을 대회 본부에서 준비해 주었는데 그것을 까먹으며 시간을 보냈다고 한다.[21] 1963년 대만에서 열린 제2회 아시아남자농구선수

---

20) 김인건은 민관식의 역할을 높이 평가했다. 그는 수기에 "오늘날 체육 강국을 이뤄낸 데는 민 회장님의 선견지명과 추진력이 밑바탕이 됐음은 주지하는 사실"이라고 강조하였다.
21) 김인건 면담. 2016. 11. 25.

권대회에도 대표선수로 참가했지만 여전히 후보 선수일 뿐이었다. 그가 대표선수로서 돋보이는 활약을 보이기 시작한 시기는 1964년 도쿄올림픽 예선부터로서, 연세대학교 3학년 때였다.

대학 진학 후 1학년 때 대표 선수 선발이 된 후 줄곧 합숙과 대회 출전을 하게 되었다. 19살 대학교 1학년 때(1962년 12월) 자카르타 아시안게임과, 대학 2학년 때(1963년 12월) 대만 타이베이 ABC대회에 출전하였으나 주로 농구공과 물주전자를 들고 다니는 게 고작이었고 출전 시간도 아주 적었다. 그러나 낙심하지 않고 꾸준히 노력한 결과였을까? 1964년 10월 동경올림픽 예선 참가를 위한 9월 요코하마 예선대회에 참가했을 때는 선수 12명 중 스타팅 5에 당당히 들었다. 첫 경기인 대 쿠바와의 경기에서 스타팅 5에 들어 나름대로 꽤 큰 활약을 하였고 결국 그 대회에서 예선을 통과하여 올림픽 본선에 출전하게 되었으나 본선 성적은 썩 좋지 않았다. 내 개인적으로는 한국 대표 팀의 주전 선수로서 입지를 확실히 다진 대회였고 이후 10년간 그 자리를 지킬 수 있었다. 동경올림픽 출전 이후 나는 코트 안에서 공만 내 손에 있으면 수비가 아무리 밀착 수비를 하더라도 어떠한 공격도 능히 펼칠 수 있을 만큼 자신이 있었고 팀을 이끌 수 있다는 자신감이 생겼던 것이다.[22]

김인건은 1969년과 1970년 두 차례에 걸쳐 아시아를 제패하는

---

22) 김인건 자필 수기, 2017. 7. 28.

위업을 이룬 황금세대의 주역 가운데 한 명이다. 대한민국의 남자
농구대표팀은 1969년 아시아선수권에서 우승한 데 이어 1970년
아시아경기대회에서 금메달을 따냈다. 당시의 주전선수는 김영일,
김인건, 신동파, 유희형, 이인표 등이다. 이 우승은 한국남자농구에
영원히 지워지지 않을 자의식을 심어 놓았다. 아시아남자농구의
맹주라는 자부심과 의무감이다. 그리고 우리 남자농구가 이 경지
에 오를 때까지 긴 도움닫기가 있었으니, 바로 미국농구와의 줄기
찬 교류다. 의외로 깊은 미국농구와의 연계는 1966년에서 1968년
까지 미국대학농구 출신의 주한미군 장교가 대표 팀의 코치를 맡
아 지도하는 시기에 절정을 이룬다.

미국농구

우리는 농구가 미국에서 시작된 운동이라는 사실을 안다. 19세기 후반 미국에서 비가 내리거나 추운 겨울에도 할 수 있는 구기 종목으로 고안된 운동 경기가 농구이다. 1891년 매사추세츠 주 스프링필드에 있는 국제 YMCA 체육학교(후에 스프링필드대학교)에서 근무하던 캐나다 출신의 제임스 네이스미스(James Naismith)가 창안하였다. 1905년 미국 서부 대학 농구협회가 생겼고, 1915년에는 YMCA, 미국체육협회, 미국대학연맹이 협동하여 농구의 정상적인 발전을 보게 되었다. 농구의 전파는 YMCA를 통해 캐나다, 남아메리카 등 미주와 일본, 필리핀, 한국, 중국 등 아시아 지역을 비롯하여 유럽에서도 독일, 불가리아, 폴란드, 프랑스, 이탈리아 등 여러 나라에 보급되었다. 농구의 인기와 붐이 급격하게 고조되기 시작한 시기는 제2차 세계대전이 끝난 뒤부터이다. 농구 경기는 1936

년 제11회 베를린올림픽 때부터 정식종목으로 채택되었다. 미국은 농구의 소위 '종주국'이며 세계 최강의 경기력을 자랑해왔다. 미국의 프로농구(NBA)는 어떤 나라의 리그도 넘보기 어려울 만큼 높은 경기력과 관중 동원 능력, 그리고 상업적 영향력을 구축하고 있다. 물론 종주국이라고 해서 그 종목의 영원한 강호로 군림하는 사례는 흔하다고 보기 어렵다.

한국 사회에서 '농구'라는 스포츠 종목은 1907년 황성기독교청년회 간사로 일하던 미국인 선교사 필립 질레트(Phillip Gillett)에 의해 보급되었다는 것이 일반화된 견해이다.[23] 최초의 농구경기는 1907년 7월 23일 열린 서울YMCA와 도쿄 유학생단과의 경기였다고 기록되어 있다.[24] 여기에서 '서울'과 '도쿄'라는 지명에 각별히 유의할 필요가 있다. '서울'은 1905년 군사, 외교권을 박탈당한 채 식민지로 전락해 가는 대한제국의 중심이었다면, '도쿄'는 식민제국 일본의 중심 수도였다. '도쿄'가 제국 일본에서 전파되는 온갖 근대 문물의 발신지였다. 이렇게 보면 1907년 서울YMCA와 도쿄 유학생간에 열린 농구 경기는 근대 스포츠 역사의 한 단면을 보여준다는 점에서 상징적이다. 이는 제국 일본을 발신지로 삼아 제국의 근대 스포츠를 수신하는, 한국 근대 농구의 특수한 역사를 함

---

23) 김재우, 2009: 53.
   조광식, 2002: 59.
   대한농구협회, 2008: 49.
24) 김재우, 같은 책, 53.

축하고 있기 때문이다.

농구가 대중적인 근대 스포츠 종목으로 안착한 시기는 일제강점기였다. 그렇다고 해서 일제강점기의 농구를 폭넓게 대중들이 향유한 스포츠라고 단선적으로 파악하는 것은 바람직한 태도가 아니다. 왜냐하면 농구를 즐긴 주된 계층은 일제강점기에 학교를 다닌 조선인 학생들이었기 때문이다. 소수에 불과한 이들 계층이 향유했던 농구가 일제강점기 조선 사회 전역에 광범위하게 보급됐다고 말하기는 어려운 것도 사실이다. 하지만, 일제강점기에 농구라는 스포츠 종목은 식민지 조선 내에서의 경쟁만 아니라 식민제국 일본과의 경쟁 속에서 강인한 체질을 획득해 나간 것이 분명한 사실이다. 농구에 있어서 한일 관계는 식민종주국과 피식민지 민족이라는 역학을 반영하듯이 서로 경합하면서도 협력하는 관계였다. 일제강점기라는 특수한 시대적 환경은 근대 한국 스포츠의 정체성을 마련하는 데 매우 복잡한 배경을 이루었다. 이 시기의 스포츠 활동이 이루어지는 공간은 제국주의 일본의 피식민지라는 환경적 측면과 함께, 한국인의 민족적 정체성이 제고되고 민족이라는 주체에 의한 독립이 주된 과제로 제기되는 가운데 복합적인 의미를 띠기 때문이다. 그러므로 일제강점기에 식민지 조선인 선수들이 보여준 뛰어난 활약상은 조선인이라는 민족의 자긍심과 함께 제국 일본의 하위주체로서 특별한 의미를 지닌다. 1936년 독일 베를린에서 열린 올림픽에서 마라톤의 손기정만 일본 대표로 출전했던 것은 아니다. 이성구, 장이진, 염은현 등 식민지 조선의 뛰어난 세 농구선수는 베를린올림픽에 일본의 농구 대표 팀 선수로 출전했다.[25]

일제강점기 한반도의 근대 스포츠는 자연히 민족주의적 성향이 강했다. 제국 일본의 스포츠와 각축하는 상황에서 조선인의 스포츠 활동은 극일(克日)이 중요한 정신적 기조를 이루었다는 점을 고려하는 것은 기본적인 요건이다. 이런 관점에 서면, 일본은 어디까지나 극복하고 제압해야 할 민족의 타자(the other)라고 보는 것이 옳다. 거시적으로 보면, 스포츠 문화 전반에서 정보나 장비, 훈련 방식 등은 일본을 통해서 유입되었다. 비록 농구가 미국 또는 미국 선교사에 의해 전파되었다고는 하나, 경기에 필요한 장비나 기술적 정보는 미국으로부터 직수입되기보다는 식민제국 일본을 거쳐 중개된 것으로 보는 것이 좀 더 온당하기 때문이다. 특히 농구 전파의 주체들이었던 일본에 유학한 한국인 학생들은 식민지 내지 각 급 학교에서 수학하면서 여가에 농구를 체육 활동으로 삼았고 그러한 과정에서 습득한 정보와 지식, 경험은 식민지 조선사회에 그대로 수용되었다. 일본어로 번역된 농구 관련 각종 텍스트는 국내 농구의 역사에 거의 절대적인 영향을 미쳤을 것으로 판단된다. 일제강점기 스포츠를 민족주의의 시각으로 해석하는 태도는 요즘에도 변함없이 잔존한다. 예를 들어 인터넷 매체인 '엑스포츠뉴스'

---

25) 조광식, 같은 책, 119~124.

의 2013년 8월 13일자에는 '농구월드컵 진출 한국 남자농구의 발자취'라는 제목으로 칼럼이 게재되었다. 그 중 일부를 소개하면 다음과 같다.

농구가 올림픽 정식 종목으로 채택된 1936년 베를린 대회에 이성구와 장이진, 염은현 등 3명의 조선인이 일본 대표 팀의 일원으로 출전했다. 이들은 모두 연희전문(오늘날의 연세대학교) 선수였다. 마라톤의 손기정과 남승룡, 축구의 김용식이 그랬듯이 농구에서도 조선인이긴 하지만 1936년 1월 열린 전일본종합선수권대회에서 우승한 연희전문의 주전인 이들을 뽑지 않을 수 없었다. 이 대회는 베를린에 갈 일본 대표 선수를 뽑는 대회였다. 연희전문은 이 대회 준결승에서 일본 최강 도쿄제대를 46-38로 꺾었고 결승에서는 교토제대를 42-22로 크게 이겼다. 미국이 우승한 베를린올림픽 농구 종목에서 일본은 1회전에서 중국(오늘날의 중화인민공화국과 다른 나라)을 35-19, 2회전에서 폴란드를 43-31로 꺾고 기세 좋게 3회전에 올랐으나 멕시코에 22-28로 져 8강 문턱에서 탈락했다. 베를린올림픽 이후 1938년 1월에 열린 전일본종합선수권대회 결승에서는 보성전문(오늘날의 고려대학교)이 연희전문을 43-41로 누르고 우승했다. 일본 농구 관계자들에게는 속이 쓰린 일이었지만 그게 끝이 아니었다. 보성전문은 그해 9월 일본 국내 사정으로 일정을 앞당겨 치른 1939년 대회 결승에서 교토제대를 64-50으로 누르고 2연속 우승한데 이어 1940년 대회에서 문리대에 58-37 대승을 거두고 전일본종합선수권대회 3

연속 우승의 위업을 이뤘다. 이때 멤버가 신광호, 최해룡, 조득준(조승연 전 삼성 썬더스 고문 부친), 이호선, 오수철, 오중열, 안창건, 최성철, 이준영, 우낙균 등이다. 제2차 세계대전이 일어나지 않고 일본이 1940년 제12회 하계올림픽을 예정대로 도쿄에서 열었으면 이들 가운데 몇몇은 이성구와 장이진, 염은현처럼 비록 일장기를 달았지만 올림피언이 될 수 있었다.[26]

"마라톤의 손기정과 남승룡, 축구의 김용식이 그랬듯이 농구에서도 조선인이긴 하지만 1936년 1월 열린 전일본종합선수권대회에서 우승한 연희전문의 주전인 이들을 뽑지 않을 수 없었다."는 필자의 언급은 강점기에 분명한 차별이 존재했으며, 농구 분야에서도 이와 같은 차별을 적용하여 조선인을 일본 대표로 뽑지 않으려 했으나 워낙 조선인 선수들의 기량이 뛰어났기에 어쩔 수 없이 뽑았다는 뜻이다. 일제강점기에 한반도의 주민이 당한 차별과 수탈, 인권의 훼손에 대해서는 이미 많은 연구가 있었으므로 이 지면을 빌어 반복할 생각은 없다. 다만 짚어 두고 싶은 점은 일제강점기에 당한 피해라는 것이 평등한 대접을 받지 못했다는 선에서 얼버무려지는 경우가 적지 않다는 사실이다. 베를린올림픽에 갈 일본 대표를 선발하는 데 '내지'(일제강점기에 일본 본토를 가리킨 말)와 반도 사이에 차별은 없지 않았을 것이다. 아마도 같은 값이면 내

---

26) http://xportsnews.hankyung.com/?ac=article_view&entry_id=357670[accessed 21. June. 2014]

지의 선수를 뽑고자 했을 가능성도 없지는 않다. 그러나 이 문제는 제국주의 시대 일본의 문화 중심이 어디까지나 내지에 있었으며 경기단체와 올림픽위원회를 비롯한 선수 선발에 관한 권한 일체를 장악한 지역 역시 내지였으리라는 점을 충분히 염두에 두고 이해해야 한다. 반도 출신의 우수한 선수들이 당할 수밖에 없었던 차별은 이러한 강점기 제국주의 일본의 문화현상을 아울러 검토함으로써 더욱 명료하게 규명할 수 있을 것이다.

또 하나. 이성구를 비롯한 반도 출신의 선수 세 사람이 제국주의 일본 농구협회가 차별 정책을 포기하면서까지 선발해야 했을 만큼 절대적인 기량의 소유자였다면 이들이 모두 1936년 베를린 올림픽에서 일본이 출전한 모든 경기에 주전으로 나갔어야 한다. 최근 국내 프로스포츠의 예에서 보듯 외국인 선수를 선발해 기용할 때는 특출한 기량을 높이 평가했기 때문이며 이들에게는 꾸준한 경기 출전 기회를 제공하되 일정 수준 이상의 경기력과 기록을 요구하게 마련이다. 반도 출신 선수를 차별했다면 내지와 반도를 구분하여 반도를 타자로 받아들이는 태도가 전제되었을 것이기 때문이다. 그런데 베를린올림픽에서 이성구는 일본이 출전한 세 경기 가운데 두 경기, 장이진은 한 경기에 나갔고 염은현은 출전한 기록이 보이지 않는다. 출전 기록에 이름을 올린 일본인 선수는 세 경기에 모두 나갔다.[27] 이성구는 8월 7일 중국과의 경기, 11일

---

27) 이 기록이 차별의 산물인지는 판단하기 어렵다.

멕시코와의 경기에 출전했다. 일본은 중국에 35-19로 이기고 멕시코에는 22-28로 졌다. 장이진은 8월 9일에 열린 폴란드와의 경기에 출전했는데 일본은 이 경기에서 43-31로 이겼다.[28]

마지막으로 조선 선수가 일본을 대표하는 올림픽 선수단에 선발되었다는 사실에 대한 당대의 인식이 어떠했는지에 대해서도 고찰해 볼 필요가 있다. 이 문제는 연구 사례가 없기 때문에 학문적으로는 단정하기 어려운 면이 있다. 조광식의 저술을 참고하면, 조선인 선수가 일본 대표로 올림픽에 출전하는 문제에 대해서는 두 가지 상반된 태도가 대치했던 것 같다. 우선 일본의 농구 대표 팀을 구성하는 과정에서 이상백이 조선인 선수가 많이 뽑힐 수 있도록 노력했다는 대목을 주목할 필요가 있다.[29] 이 언급은 우수한 조선인 선수들이 올림픽에 참가할 수 있는 유일한 방법인 일본 대표 팀 선발 절차에 적극적으로든 궁여지책으로든 참여했다는 사실을 반증한다. 두 번째로는 민족지도자 여운형과 같이 조선 사람이 일장기를 달고 일본 사람으로 올림픽에 나갈 수 없다고 주장한 경우도 적지 않았음을 짐작할 수 있다. 세 번째로는 여운형이 나중에 입장을 바꾸어 "비록 일장기를 달고서라도 세계인의 체육제전에 나가 조선인의 강인함과 우수함을 알려야 한다."고 생각했듯이 강점기 한반도의 체육인 가운데 상당수가 올림픽을 긍정적으로 활용

---

28) 베를린올림픽 공식기록집 2권, 1074~1083.
29) 조광식, 2002: 119~120.

해야 한다는 인식을 공유했음도 확인할 수 있다.[30]

30) 위의 책, 122.

기린아 이성구

여러모로 보아 이 시기의 중요한 인물은 이성구임에 틀림이 없어 보인다. 이성구에 대한 가장 깊이 있는 언급은 서민교가 2010년 9월 2일자 '점프볼'에 기고한 '한국농구의 91년 역사 이성구'라는 기사에서 찾을 수 있다. 이 기사는 몇 가지 항목에 걸쳐 이성구의 인간적 측면과 농구인으로서의 역할, 우리 체육사에 미친 영향 등에 대해 폭넓게 살펴보고 있다. 요약하면 다음과 같다.

한국농구의 선구자이자 아버지로 불리는 故이성구 옹(1911~2002년)의 묘비에는 "비열한 승리보다 당당한 패배를……"이라고 적혔다. 연세체육의 모토이자 그의 농구 인생과 철학이 담겨 있는 이 짧은 글에는 한 평생 한국농구를 위해 헌신(獻身)한 그의 노고(勞苦)가 서려 있다. 그가 숨 쉬며 걸어온 91년 인생은 고스란히 한국농구의 역사다. 한국농구 근대화의 기틀을 마련한 그는 한국농구 사상 처음으로 올림픽에 참가한 선수이자 지도자, 교육가, 외교가, 행정가였다. (중략) 이성구는 이상백 박사 이후 체육외교의 2인자라고 불린다. 그 이유 가운데 하나는 이성구가 꾸준히 선진농구를 받아들였다는 데 있다. 선진농구의 도입은 1931년부터 이뤄졌다. 한국인 2세로 미국 워싱턴대학 농구팀 센터 출신인 전봉운이 졸업 후 미국 광산회사에 취업해 함경도 지역의 현지조사차 국내에 들어오자 그를 설득해 연전 선수들을 대상으로 농구 강습을 하게 했다. 1개월로 예상했던 강습 기간은 3개월로 늘었고, 당시 보전에 밀려 3연패를 당했던 연전은 그의 지도 이후 2연승을 거두기도 했다. 이성구는 아시아재단 사무총장 조동재의 도움을 받아 존 번을 초청했고 내트 홀맨을 초청하는 데도 관련되었다. 이후 찰리 마콘과 제프 고스폴 등이 한국의 남자대표선수들을 지도하게 된 데도 당시 협회 전무이사였던 이성구의 노력이 더해졌다.[31]

이 글에서 재미있는 대목이 보인다. 광복 후 처음 열린 올림픽에 대한민국 남자농구 대표 팀을 보내는 데 이성구가 기여했다는 대목이다. 서민교는 다음과 같이 썼다.

광복 직후 미 군정청이 개입해 1948년 런던올림픽에 농구를 파견하지 않는다는 방침이 섰다. 주한미군 부대 팀과의 연습경기에서도 패할 정도의 약체라는 것도 이유가 됐다. 그러나 농

---

31) http://news.jumpball.co.kr/news/view/cd/83/seq/850.html[accessed 30. June. 2014]

구협회는 당시 미군정사령관 하지 중장의 수석비서이자 통역을 맡았던 이묘묵 박사(전 연전 교수)를 협회장으로 추대해 농구 파견 제외 방침을 철회시켰다. 이묘묵 박사의 뒤에 서서 조정한 사람이 이성구였다.

하지만 이 대목은 다음에 소개할 이상백과 관련이 있는 기록들을 비교해 보아야 한다. 이상백은 광복 이후 한일농구의 교류에 긍정적 기여를 한 인물로 평가된다. 또한 한국농구사의 일단을 보여주는 바로미터와 같은 인물이다. 그는 1924년부터 1927년까지 일본 와세다대학교에 다녔다. 철학을 전공한 그는 와세다대 농구부 선수로 활약하면서 1927년 와세다대 농구팀이 전일본농구선수권대회를 석권하는 데 크게 기여하였다.[32] 와세다대를 졸업한 뒤에는 같은 대학의 농구 코치로도 활약했다.[33] 이상백은 1933년 4월 서울YMCA농구단을 일본으로 초청해 아홉 차례에 걸쳐 현지 팀과 경기를 주선하였고[34] 이듬해 4~5월에는 연희전문 농구단을 일본에 초청해 모두 여덟 차례의 경기를 주선하였다.[35] 한일 양국의 농구 발전과 교류에 기여한 이상백의 업적을 기리기 위해 매년 교환경기인 '이상백배 한일대학농구대회'를 개최해오고 있다. 이상백의 업적에 대해 임용진은 2013년 9월 '스포츠코리아'에 기고

---

32) 상백 이상백 평전 출간위원회, 1996: 9.
33) 위의 책, 10.
34) 같은 책, 254.
35) 같은 책, 255.

한 글에서 다음과 같이 기록했다.

　　상백 이상백(1903~1966)은 귀밑머리 새파란 30대 초반에
이미 일본체육계를 좌우했다. 운 좋거나 누구에게 잘 봬 그리
된 게 아니다. 일본농구협회 창립 상무이사, 일본체육협회 이
사와 상무이사 등 실력으로 단계를 밟아 일본체육협회 전무이
사(1935~1937)까지 올랐다. 요즘으로 치면 대한체육회 전무
이사쯤 되겠지만 그가 피식민지 출신이란 점을 감안하면 이상
백에 대한 신망은 양국 간 적대감이나 비하를 훨씬 넘어선 것
이었다. 무대가 정치가 아니라 체육 분야여서 가능한 일이었겠
으나 적어도 영향력 면에서 이상백은 당시 조선인(한국인)에
게 그들이 허용한 최상의 수준이었다. (중략) 광복 직후 열악
한 환경에서 한국이 1948년 런던올림픽에 선수단을 60명이나
파견한 것도 이상백이 브런디지에게 부탁→브런디지가 태평
양주둔연합군 사령관인 더글러스 맥아더 원수에게 부탁→맥
아더가 미 군정청 장관 하지 중장에게 지시→미 군정청 재무
부 고문의 '파견' 발표순으로 역순을 밟아 성사된 일이다. 광복
이후 최초의 올림픽에서 규모를 잃지 않은 신생 한국은 이후
국제 스포츠 무대에 신속하게 적응했다.

　그러나 어떤 경우에라도 한국농구의 역사에서 미국농구의 영향
을 간과해서는 안 된다. 미국인에 의해 전파된 농구가 한국농구의
정체성을 구축하는 데 결정적으로 공헌한 것은 명백한 사실이기

때문이다. 필립 질레트가 처음 전파한 농구는 1916년 바이런 반하 트라는 인물이 체육전문간사로 부임하기 전까지만 해도 겨우 명맥 만 이어갔던 것으로 보인다. 근대 한국 사회에 농구를 보급한 인 물임에도 불구하고 질레트는, 야구 부문에서는 전문가적 식견을 지녔으나 농구에 대해서는 잘 알지 못했다.[36) 105인 사건에 연루 되었던 그가 1913년 국외로 추방되면서 지도자를 잃은 다음, YMCA농구가 겨우 명맥만 유지했다는 점도 감안할 필요가 있다. 기술적인 측면에서 한국농구가 궤도에 오르기 시작한 것은 반하트 부임 이후라고 보는 것이 타당하다.[37) 반하트는 미국에서 출생하 여 1915년 시카고 대학을 졸업하고, 일리노이 주 페오리아의 YMCA소년부 간사로 일하다가 1916년 3월 4일 소년부 및 체육부 지도자(간사)의 자격으로 부인을 대동하고 내한했다. 그는 1916년 5월 6일 신축한, YMCA실내체육관이 개관될 당시부터 청소년 체 육 사업을 권장하고 실내 체육을 비롯한 야구, 축구, 육상 등을 발 전시키는 주역의 한 사람이었다. 그는 1907년 질레트가 보급한 농 구를 발전시키고자 YMCA농구부를 창설하기도 했다. 반하트는 YMCA농구팀 농구 코치로서 크게 지도력을 발휘하여, 체계적이고 수준 높은 훈련을 실시함으로써 경기력을 크게 향상시켰다.[38) 반 하트가 지도하였던 시기인 1920년 3월 12일 YMCA회관에서 재경

---

36) 윤태호, 같은 책, 49.
37) 김재우, 앞의 책, 94.
38) 윤태호, 앞의 책, 50.

미국인 팀과 YMCA팀이 경기를 했다는 기록이 남아 있으나 이후의 기록은 없는 것으로 보아 일회성 이벤트 성격이 강했던 것으로 보인다.

반하트와 YMCA는 1920년 3월 30일 도쿄YMCA의 초청으로 일본 원정에도 나섰다. 대한농구협회는 이 일을 우리나라 농구팀에 의한 해외원정의 효시로 간주한다. 대한농구협회는 '한국농구 80년'에서 "YMCA원정팀의 통산 전적이 비록 2승 3패로서 좋은 성적은 못됐으나 이들이 일본원정에서 얻은 체험은 이 나라 농구발전에 크게 영향을 미치면서 참으로 귀중한 소득이 되었다."라고 평가하고 있다. 서울YMCA는 1923년 1월, 두 번째로 도쿄로 원정해 아홉 경기를 치르고 귀국했으며 1927년 4월 여덟 경기, 1929년 4월 네 경기, 1932년 4월 아홉 경기를 하고 돌아오는 등 모두 다섯 차례에 걸쳐 도쿄 원정 경기를 하였다. 서울YMCA는 도쿄 YMCA의 초청에 대한 답례로 1921년 도쿄YMCA농구단을 초청해 2월 2일과 3일, 두 차례 경기를 했다. 이는 외국의 경기단체가 한국에서 경기한 최초의 경기로 기록되었다. 이밖에도 서울YMCA는 1926년 1월 일본의 와세다 대학 농구단을 처음으로 초청해 친선 경기를 했고 1932년에도 와세다대 농구팀을 초청하여 경기를 하였다. 이상의 기록과 사례를 통하여 알 수 있듯이, 식민지 시기의 한국농구는 대부분 일본과의 교류가 주를 차지했다. 이는 식민지 조선과 내지 일본의 동등한 교류는 아니었다. 식민지의 판도 안에서 제국 일본의 내수적 차원에서 농구 교류가 이루어진 것이다. 당시 경성(서울)에 거주하는 외국인과의 경기 외에도 1932년 필리핀YMCA 농구단을 초청해 경기했고, 1939년에는 캐나다 팀이 서울에서 세 차례 경기를 한 것으로 기록되어 있으나[39] 이 같은 경기들은 대체로 일회적 행사에 그쳤으므로 교류라고 보기 어렵다. 따라서 농구는 미국으로부터 직접 전래됐음에도 불구하고(또는 미국인에 의해 전래되었음에도 불구하고) 미국농구가 일제강점기 한국농구에 미친 영향은 대체로 제한적인 편이었다. 미국농구와는 본격적인 교류가 있었던 것이 아니었기 때문에 미국의 영향을 확인할 만한 사례도 많지는 않다.

YMCA가 주도하여 궤도에 오른 한국농구의 무대에는 1930년대 이후부터 각 급 학교가 등장하면서 새로운 국면을 맞는다. 1928년 보성전문이 농구부를 창단했고 이어서 1930년 연희전문이 농구부를 창단하면서 서로 경쟁하게 되었다.[40] 1931년 4월 11일에는 조선농구협회가 창립되면서 농구인들의 결속이 이루어졌다.[41] 1920년대 후반 이후 활성화된 농구부 창설은 이후 중학교 농구의 활성화로 이어졌다.[42] 농구 종목이 학교 체육의 장에 안착하면서 YMCA가 이끌던 독주의 시대는 종언을 고했다.

---

39) 대한농구협회, 2008: 194.
40) 윤태호, 같은 책, 61.
41) 위의 책, 65.
42) 대한농구협회, 같은 책, 190.

전봉운, 존 번, 내트 홀맨

　광복 이후 미국과의 농구 교류 내지 접촉이 본격화된다. 한국농구가 미국농구와 접촉하는 방식은 미국 팀 또는 국내에 주둔한 미군 농구팀과의 경기이거나 아니면 선교단체의 방한 경기 등이었다. 간헐적이기는 했으나 미국농구(내지는 미국인의 농구)와의 접촉은 꾸준하게 이루어졌다. 또한 미국의 몇몇 농구지도자가 내한하여 국내 선수들을 상대로 기술 지도를 하는 사례도 있었다. 1945년 9월 30일 서울에서는 조선농구협회 주최로 해외동포 구호를 위한 미군과의 교환농구경기가 열렸는데, 이는 서울선발군과 미군과의 첫 조우였다. 두 팀은 같은 해 10월 6일에도 한 번 더 경기했고 이듬해 1월 30일에도 경기를 하였다.[43] 한편 농구의 도입과 민간 보급에 크게 기여한 YMCA는 1946년 11월 한미 간의 친선교류를

---

43) 윤태호, 같은 책, 471~472.

목적으로 한 한미교류 농구 전을 개최하였는데, 한국 팀은 당시 가장 경기력이 뛰어나다는 평가를 받은 백연(白燕)이었고, 미국 팀은 서울에 주둔한 미군 7사단 포병부대 장교들로 구성되었다.[44] 이 교류전은 1947년 2월 24~25일, 같은 해 12월 6일에도 열렸다.

한편 1953년 8월 25일에서 29일까지 미국의 빅토리농구단이 내한하여 서울, 부산, 대전, 대구에서 모두 아홉 차례 경기를 하고 돌아갔다. 빅토리농구단은 1955년 6월 21~28일 두 번째로 내한해서 서울, 부산, 광주에서 여덟 경기를 하고 돌아갔으며, 1958년 세 번째로 내한하여 육군체육관에서 여섯 경기를 한 뒤 귀국했다. 빅토리 농구단은 1959년 6월 21~28일(10경기), 1963년 6월20일~7월 3일(12경기), 1964년 7월 27일~8월 3일(7경기), 1966년 7월 25일~7월 29일(6경기), 1968년 7월 1일~13일(15경기), 1970년 6월 23일~30일(10경기), 1972년 6월 30일~7월 6일(6경기) 등 한두 해를 걸러 한국을 지속적으로 방문하여 국내 팀과 경기를 가짐으로써 한국 선수들에게 미국농구를 경험할 기회를 제공했다. 기독교 선교를 목적으로 조직된 빅토리농구단은 1973년 이후에는 여자팀도 내한해 경기를 했다. 이밖에도 미 극동 공군농구단 내한경기가 1955년 10월 30일~11월 6일, 워싱턴대농구팀 내한경기가 1965년 8월28~30일, 브리검영대학교 농구단 내한경기가 1967년 7월 28~8월5일, 미국 캘리포니아 주 고교선발팀 내한경기가 1973년 7

44) 김재우, 같은 책, 225.

월 9일~11일 열리는 등 미국농구의 한국 방문이 꾸준하게 이루어
졌다. 한편 1968년에는 한국농구 대표선수들이 미국과 캐나다로
원정해 현지의 팀들과 경기를 하고 돌아왔다.[45] 미국 팀과의 경기
는 장신 선수들에게 기술적으로 적응하는 효과가 있었다.

　농구의 기술 발전은 국내에서 입수하기 어려운 농구관계 서적이
나 자료의 수입도 적지 않게 도움이 되었다. 하지만, 한해 걸러 다
녀가는 미국농구팀과의 경기보다 더 직접적으로 한국농구에 영향
을 미칠 수 있었던 것은 미국 대학농구선수 출신 농구인들의 한국
선수들에 대한 지도였다. 최초의 미국대학농구선수 출신 지도자는
한국인 2세로서 미국 워싱턴대학 농구팀의 센터였던 전봉운이
다.[46] 그는 학교를 졸업한 뒤 미국 광산회사에 취직하여 함경도
지역의 지질을 조사하기 위해 내한했다. 그때, 그는 부친과 절친했
던 이춘호 연희전문 교수의 사택에 머물렀는데, 이 사실을 안 연
전 선수들이 그를 찾아가 지도를 청한 끝에 허락을 얻었다고 한
다.[47] 전봉운의 지도 내용 가운데 특기할 내용은 맨투맨 수비와

---

45) 윤태호, 같은 책, 477~504. 그러나 김인건은 2005년 6월 '스포츠 온'에 기고한
　　글에서 캐나다 미국 서부지역과 하와이에서의 경기는 총 17경기였던 것으로 기
　　억했다. 이에 대해서는 제프 고스폴에 대한 설명 부분에서 다시 검토하겠다.
46) 대한농구협회, 2008: 66.
47) 이보다 20년 전에 만들어진 한국농구80년 192~193쪽에는 다소 다른 기록이 보
　　인다. 이 책에서는 "연전 농구부는 미국 워싱턴 대 농구선수로 활약한 바 있는
　　전봉운 씨가 모국을 방문하게 되자 이춘호 교수의 추천으로 우리나라 처음의
　　시스템 플레이라는 새로운 기술을 연전 선수들에게 전수함으로써 1930년대 한
　　국농구기술의 전환기를 만들게 했다"고 기록됐다.

스크린플레이를 처음으로 소개했다는 사실이다.[48]

두 번째가 미국 스프링필드대 교수 겸 감독이었던 존 번(John Bunn)이다. 그는 광복 후 처음으로 한국을 방문해 선수들을 지도한 미국인 지도자인데, 조동재(작고, 전 ABC 사무총장, 대한농구협회 부회장)가 근무하였던 아시아 재단 초청으로 1955년 8월 내한해 3개월 동안 대학생 선수들을 지도하였다.[49] 이에 대해서는 조동재의 상세한 증언이 남아 있다.

> 동란 후 대학 팀으로서는 처음으로 미국의 오리건 대학 팀이 내한하여 배재 중학 아웃 코트에서 원정전을 개최한 일이 있었죠. 이때 저 못지않게 농구에 관심이 많은 아세아재단 같은 직장동료인 미스터 로우라는 사람과 함께 시합을 보러 갔는데 입장권이 매진된 바람에 그 근방 호텔방을 얻어 가지고 창 너머로 구경해야 하는 고역을 치르기도 했었죠. 그때 우리 팀이 오리건대 팀에게 여지없이 몰리는 게임을 관전하면서 느낀 것은 어쩌면 우리 농구가 저렇게도 초라하고 구태의연한가, 뭔가 개선책이 강구돼야 하지 않겠느냐는 것이었는데 옆에서 같이 관전했던 미스터 로우도 역시 저와 같은 생각을 하고 있었더군요. 그럼 어떻게 했으면 좋겠느냐, 미국 코치를 데려오면 어떠냐. 그래 그것 좋은 착상이다 해서 샌프란시스코에 있는 아세아재단본부로 연락하여 유능한 코치 알선 있기를 부탁했죠. 그

---

48) 위의 책, 66쪽.
49) 경향신문, 1955.

래서 추천받은 사람이 바로 미스터 존 번이었어요. 지금 생각해도 그런 훌륭한 코치를 우리가 추천받았다는 것은 우리나라 농구계로서는 무척 다행스럽게 유익했던 일이었다고 봐요.50)

존 번은 1921년 캔자스대학을 졸업한 뒤 모교의 코치로 부임했으며 1930년에는 스탠포드대학의 지휘봉을 잡은 뒤 1936년부터 1938년까지 퍼시픽 코스트 컨퍼런스 우승을 이끌었고 미국농구심판협회 회장을 맡는 등 화려한 경력의 소유자였다. 존 번은 유망한 학생들로 이뤄진 학생 군을 조직하여 농구의 팀 디펜스를 비롯한 기초적인 기술을 지도하였다. 당시 대표적인 학생군 선발선수로는 김영기, 백남정 등이 있다. 당시 선발된 대학 선수는 1차 서른 명, 최종 열다섯 명이었다.

1차 선발로는 연세대, 고려대, 국학대, 중앙대 등에서 30명을 선발했었죠. 이 30명의 선수가 번 선생으로부터 1차 지도를 받은 다음 나중에 재선발을 해서 15명으로 구성을 했죠. 지금 생각하니 그때 선발되었던 대학선수들이 전후 4, 5년간에 걸쳐 멜버른 올림픽까지 한국농구의 대를 이은 재목들이었음을 우리가 간과해서는 안 된다고 봅니다.51)

---

50) 대한농구협회, 1989: 299.
51) 대한농구협회, 1989: 301.

훗날 한국남자농구의 슈퍼스타로 각광받는 김영기는 존 번 코치와의 만남에 큰 의미를 부여하였는데, 특히 기술적인 면에서 선수의 자율적인 훈련과 새로운 동작에 대한 호기심을 고양하는 코칭 기법에 깊은 인상을 받은 것으로 보인다. 김영기는 '동아일보'와의 인터뷰에서 "미국인 존 번 코치 밑에서 4개월 동안 연습한 게 오늘의 밑거름이 되었죠."라고 술회하기도 하였다.52) 뿐만 아니라 노년에 이르러서도 자주 존 번의 지도를 받았던 시절의 기억을 떠올리고 의미를 부여하였다.

내가 드리블을 잘한다는 말을 들었지만 원래부터 잘했던 건 아니에요. 그때만 해도 선수가 드리블을 하면 선생님한테 혼이 났어. 패스를 해야지, 드리블을 하면 팀플레이가 안 된다면서. 그런데 존 번 코치는 그걸 하게 하더라고. '해 봐라'말이지. 그때 내가 드리블이 많이 늘었어. 그래서 미국 코치가 뭔가 다르다는 걸 알게 됐지. 그게 나한테는 아주 큰 계기가 된 거야.53)

당시 우수학생으로 선발된 서른 명에 포함되어 존 번의 지도를 받은 염철호는 매우 상세히 지도 내용을 기억하였다. 염철호에 의하면 번은 주전 선수 몇 명에 의존하는 경기 방식을 버리고 한 팀 열두 명을 고루 기용하는 '토털 바스켓볼(Total Basketball)'의 필요성

---

52) 동아일보, 1964.
53) 김영기 면담, 2010. 3. 5.

을 역설하였으며, 경기의 중심은 수비에 두되 시종일관 상대 선수를 따라붙어 강하게 압박하는 '올 코트 프레스(All Court Press)'를 구사하도록 하였다. 이러한 농구는 강한 체력을 요구했기 때문에 기초체력 훈련에 많은 노력을 기울였다고 한다.

> 존 번 선생님의 나이가 그때 57세였는데, 트레이닝복을 입고 직접 시범을 보이면서 지도했어요. 이성구 선배님과 정상윤 선배님이 진행을 돕고. 존 번 선생님의 말씀이 "한국 사람들은 체격이 작기 때문에 정상적인 농구를 해서는 장신 선수들과 상대가 안 된다."는 거예요. 당시 아시아에서는 대만, 필리핀, 일본이 강했는데 대만은 신장이 크고 필리핀은 빨랐어요. 한국은 일본한테도 안 되고…. 번 선생님은 토털 농구를 하기 위해서 체력 훈련을 엄청나게 시켰어요. 한 선수가 20분 동안 줄기차게 상대 선수를 압박하려면 체력이 필요하니까. 수비도 팀 디펜스를 많이 요구했고. 이런 걸 집중적으로 했지요. 수비할 때 상대를 바꾸는 스위치 기술도 익히고. 그때까지 배운 기계적인 일본식 농구 대신 미국식 농구를 한 거지. 난 그때 존 번 선생님한테서 배운 걸로 평생을 써먹었는걸.[54]

당시 존 번의 통역을 맡은 사람은 조동재와 남경흥이었다. 이 중 조동재는 1960년대 한국농구의 발전에 중요한 공헌을 한 인물로 주목할 필요가 있다. 1921년 서울에서 태어난 조동재는 1944년

---

54) 염철호 전화 면담. 2010. 4. 29.

경성제국대학 법문학부를 중퇴할 때까지 농구와는 무관한 인물이었다. 영어 실력이 뛰어난 그는 광복 뒤 정부의 국외홍보업무를 담당했고 1954년 아시아재단 한국지부가 창설될 때 초대총무를 맡아 각 분야의 후원 사업을 전개했다. 1955년 여름 아시아재단은 미국 매사추세츠 스프링필드대학교의 농구 감독 존 번과 캘리포니아 프레스노대학교의 육상 코치 플린트 해나(Flint Hanna)를 한국에 초빙하여 한국농구와 육상 국가대표팀을 재건하는데 기여하였다. 조동재는 이 과정에서 실무를 맡았고, 재단의 체육 분야 사업은 조동재가 국내외 스포츠계에서 활약하는 계기가 되었다. 특히 존 번 초청을 계기로 농구협회 이사로 취임하여 국제 업무를 담당했으며 1968년부터 1984년까지 아시아 농구연맹 사무총장을 역임하면서 한국농구 발전에 크게 이바지한 인물로 평가된다.

> 미스터 존 번의 내한지도에 따른 통역은 저와 남경흥 씨가 번갈아 맡아야 했기에 비교적 존 번과의 접촉을 많이 가졌었는데 역시 기술적인 것은 잘 모르겠더군요. 그러나 그 분이 그 당시 우리나라에선 별로 쓰인 일이 없는 많은 현대농구 용어라 할까, 말하자면 어택이니 뭐니 하는 말을 풀 코트 프레스라는 용어를 사용함으로써 아예 어택은 풀 코트 프레스로 모두가 사용하게 되었죠.[55]

---

55) 대한농구협회, 1989: 300.

세 번째는 1959년 11월 아시아 재단의 후원으로 한국을 방문한 내트 홀맨(Nat Holman)이다. 홀맨은 '미스터 바스켓볼(Mr. Basketball)'이라 불린 인물로서, 1964년 미국농구 명예의 전당에 헌액된 초창기 프로농구의 대표적인 인물이었다.[56] 1920년대 오리지널 셀틱스에서 선수와 지도자로 활동했고, 현역시절에는 패스와 드리블 능력에 있어 혁신을 가져온 인물 중 하나였다. 홀맨은 3주일에 걸쳐 고등학교 및 대학 선수들에게 농구의 기본기와 속공 등의 기술을 지도했다. 그 당시 선수들로는 1969년 아시아남자농구선수권대회와 1970년 아시안게임 우승의 주역이 된 김영일, 이인표, 신동파, 김인건 등이 있다. 그러나 홀맨이 한국선수들을 가르친 기간은 매우 짧았으므로 그가 한국농구에 미친 영향은 제한적이었다고 보아도 무방하다. 다만 나중에 일부 팀에서 실제 경기에 적용한 점프 패스 등 기술의 일단만이 남게 되었다.[57]

---

56) Bronx Science-CCNY, 2005: 4.
57) 대한농구협회, 2008: 111.

미8군 장교 코치들

주목해 보아야 할 미국인 농구 지도자로는 1966년 남자대표팀의 코치를 맡은 미8군의 찰리 마콘(Charlie Marcon)[58]과 1967년 마콘의 후임을 맡은 제프 고스폴(Jeff Gausepohl)이 있다. 서울에 주둔한 미군 소속 장교가 한국의 대표선수들을 지도한 사례는 매우 특이한 경우로 기록할 수 있다. 마콘과 고스폴이 한국 선수를 지도하게 된 데는 한국농구와 미8군의 협조 및 유대 관계가 기초가 되었다. 농구는 미군의 여가 스포츠 활동의 주요 종목이었고, 다른 분야에서는 흔치 않은 한국 민간인과의 교류 수단으로서 활용되었

---

58) 그의 이름은 한국농구 100년 151쪽에 '찰스 마콘'으로 표기되어 있으나 마콘의 대학 재학 시절 활동을 기록한 신문 기사, 현재 미국에서 발행되는 신문 및 인터넷 매체에서 대부분 '찰리 마콘'으로 표기하고 있다. 그뿐 아니라 마콘 역시 이메일에 자신의 이름을 '찰리 마콘'으로 표기하고 있다. 따라서 이 책에서는 그의 이름을 '찰리 마콘'으로 채택하였다.

다. 그러나 미군 진주 초기의 농구 교류는 어쩌다 미군 측에서 교섭해오면 친선경기에 응하는 정도의 소극적인 형태로서 비정기적이었고 따라서 체계적인 교류로 보기는 어렵다.[59] 이에 비해 마콘과 고스폴은 미국식 훈련과 경기 스타일을 한국 선수에게 전수해 한국농구가 기술적으로 발전하는 데 크게 공헌한 인물이었다. 한국농구는 이들에게서 미국식 훈련 방식과 기본기, 공격과 수비 기술을 본격적으로 배웠다고 평가할 수 있다. 이들의 지도를 받은 대표 선수들의 기량이 크게 향상되면서 한국 남자농구는 아시아의 정상으로 도약하는 계기를 마련하였다. 1969년 태국의 방콕에서 열린 아시아남자농구선수권대회와 1970년 역시 방콕에서 열린 제6회 아시아경기대회에서 우승하는 주역들은 마콘과 고스폴의 지도를 받은 선수들이었다. 대표적인 선수들로는 김영일, 이인표, 김인건, 신동파, 최종규, 박한, 곽현채, 유희형, 조승연, 신현수, 이자영 등이 있다.[60] 이들은 한국인 지도자들과는 매우 다른 스타일의 지도 방식과 새로운 기술을 습득한 경우였다. 이들이 새로운 지도방식과 기술을 습득하면서 한국농구는 급격한 기량 향상을 이루게 되었다. 마콘과 고스폴에 대해서는 뒤에 다시 설명하겠다.

한국농구의 역사에서 미국농구 지식의 전파는 상당 기간, 그리고 상당 부분 선수 출신의 지도자들에 의해 이루어졌다고 해도 과

59) 대한농구협회, 1989: 204.
60) 김인건 면담, 2010. 1. 11.

언이 아니다. 특히 미국에서 간행된 영문판 농구서적을 입수해 탐독하는 농구인이 차츰 생겨났다. 해외에서 지도자 생활을 했던 방열, 김동광 등이 그러한 사례이다. 이들은 단편적으로나마 미국농구지식을 익히거나 자료를 도입하는 데 주도적인 역할을 수행한 농구지도자들이었다. 그 중에서도 방열은 적극적으로 미국농구의 지식을 습득한 첫 번째 지도자로 꼽아도 손색없는 인물이다. 방열은 경복고와 연세대를 졸업하고 1970~1980년대에는 현대농구단과 기아자동차 농구단 감독으로 활동했다. 그는 1982년 인도 뉴델리에서 열린 아시안게임에서 한국을 우승으로 이끌었으며 1988년 서울올림픽에서 국가대표 감독을 역임하고 이후에는 대학 강단(경원대학교)에서 사회체육 지도자를 양성하는 교육자로 변신하여 후진을 양성했다. 방열은 미국프로농구(NBA)의 톱스타 출신인 밥 쿠지(Bob Cousy)가 쓴 'Basketball concepts and techniques', 미국 UCLA 농구팀 감독 존 우든(John Robert Wooden)이 저술한 'Practical modern basketball' 등 다양한 미국농구 전문서를 참고해 한국농구의 현장에 기술적으로 적용하고 접목시키는 데 힘썼다. 그의 첫 번째 농구 기술서인 '실전현대농구' 또한 우든의 저서를 번역한 것이었다.

　1980년대 이후 한국농구는 실업팀이 각축하는 현장에서 기술 도입이 절실하게 요구되는 상황에 직면했다. 삼성과 현대를 중심으로 실업농구 경쟁이 치열해지면서 미국 전문가들의 기술적인 도움을 받는 사례가 생겨났다. 특히 삼성농구단은 미국 UCLA와 밀접하게 교류하였는데 1992년 4월(2주간), 1993년 4월(2주간) UCLA로 선수단을 파견해 현지 선수들과 훈련하도록 하였다. 또한 로렌조 로마(1994년 5월), 스티브 래빈(1992년 5월, 1993년 5월, 1994년 5월) 등 UCLA 코치들을 초청해 소속 선수들의 강화훈련을 의뢰하였고, 현역에서 은퇴한 김현준을 UCLA에 파견(1995년 10월~1996년 3월)하여 코치 트레이닝을 받게 하였다. 뿐만 아니라 삼성농구단은 1999년 9월(2주간)과 2000년 9월(2주간) 미국농구아카데미(United State Basketball Academy)로 선수단을 보내 미국식 훈련을 수행토록 하는 등 미국농구와의 교류에 상당한 적극성을 보였다. 이때 실업농구팀 삼성의 중심인물이 바로 김인건이었다. 당시 구단의 실무자였으며, 2014년 6월까지 삼성 프로농구단의 단장을 역임하고 2017년 8월 현재 한국농구연맹(KBL)의 경기이사를 맡고 있는 이성훈은 전지훈련을 포함한 UCLA와의 인적 물적 교류를 높이 평가했다.

UCLA와의 교류를 통해 삼성 코치들은 훈련 스케줄의 작성이나 장비의 효율적인 사용 등을 포함한 선진농구의 훈련 기법을 접할 수 있었다. 미국농구팀의 보편적인 코치진 구성 형태에 따라 코칭스태프가 공격과 수비 등으로 분업화된 지도 기법을 습득할 수 있었으며 이때의 경험이 감독 1명, 코치 1명만으로 유지하던 코칭스태프 구성 방식을 훗날 복수화된 코치진으로 개편토록 하는 계기로 작용하였다고 본다. 훈련 실무에 있어서도 감독이 주도하던 형태에서 전문 코치가 부문별로 주도

하는 형태로 변화하였다고 판단한다. 삼성은 이전까지 일본이나 대만, 필리핀 등 동남아로 전지훈련을 떠나 연습경기 위주로 훈련했으나 UCLA와의 교류 과정에서는 기본 전술과 수비를 비롯한 개인기, 코치들의 지도법 등을 체험하고 익히는 데 효과를 얻었다. 뿐만 아니라 미국 내에 인적 네트워크를 형성하는 목적도 있었는데, 당시 긴밀한 관계를 유지했던 UCLA 코칭스태프 중 스티브 래빈은 나중에 UCLA 감독을 역임한 뒤 2010년 현재 미국의 스포츠 전문 케이블 방송인 ESPN의 대학농구 해설가로 활동 중이며 로렌조 로마는 워싱턴 대학 감독이 되었다.[61]

---

61) 이성훈 구술 녹취, 2010. 1. 12. 수원 삼성 트레이닝센터.

NBA

한국농구에 대한 미국의 영향이 본격화되어 현재에 이르게 된 시기는 1990년대 이후이다. 1980~1981년 KBS, 그 이듬해 MBC 가 미국프로농구(NBA) 경기를 일주일에 한 번 꼴로 중계하면서 미군 방송인 'AFKN'으로나 접할 수 있었던 미국농구가 한국어에 실려 한국 가정의 안방까지 들어왔다. MBC의 중계 이후 끊어졌던 NBA 중계는 1991년12월 9일 개국한 SBS가 1993년 1월부터 매주 한 차례씩 중계하면서 폭발적인 반응을 불러온다. 이 시기는 국내 농구가 인기를 모으면서 젊은 농구선수들이 스타로 성장하는 시기로서 NBA 중계방송은 국내 농구 붐의 확대에 결정적인 촉매로 작용하였다. 신문 기사에 NBA경기 결과나 선수 이야기가 등장하는 횟수도 크게 늘었다. 종합 일간지로서 스포츠 기사 보도에 매우 적극적이었던 것으로 평가되는 '중앙일보'를 예로 들어 보면,[62]

1965년 9월 22일 창간 때부터 1992년까지 NBA를 다루거나 NBA와 관련이 있는 기사는 112건이었다. 그러나 1993년 한해 NBA 관련기사 보도 건수는 41건이었고 1994년에는 111건, 1995년에는 246건으로 가파른 상승세를 보이며 1996년에는 무려 325건으로 거의 매일 지면에 NBA기사가 실리는 엄청난 빈도를 기록했다. NBA관련기사 보도 건수는 이후로도 1997년 281건, 1998년 118건, 1999년 172건, 2000년 127건, 2001년 151건, 2002년 138건, 2003년 146건, 2004년 94건, 2005년 118건, 2006년 88건, 2007년 97건, 2008년 113건, 2009년 95건 등으로 적지 않은 수준을 유지했다. 아테네올림픽이 열린 2004년 이후 빈도가 다소 감소하는 추세로 돌아선 것은 NBA 자체의 인기 하락 보다는 케이블 텔레비전이나 위성 채널이 확대되고 스포츠를 전문으로 중계하는 채널이 늘면서 NBA경기 중계가 지속적으로 이루어짐에 따라 신문을 통한 NBA정보 입수의 소구가 상대적으로 감소한 데서 원인을 찾는 것이 타당할 것이다.

미국농구에 대한 관심에 덧붙여 국내 농구도 아마추어인 실업농

---

62) 중앙일보는 1965년 9월 22일에 창간되었는데, 한 해 전인 1964년 12년 7일 개국한 동양방송(TBC)이 프로그램의 일부로 스포츠 중계를 자주 하면서 자연스럽게 스포츠 보도에 적극성을 띠게 되었다. 중앙일보 체육부 출신 기자들은 많은 수가 나중에 타 매체에서 데스크로 활약하거나 중계 해설자가 되었으며 경기단체 등에서 실무가로 활약한 사람도 많다. 이 신문은 1994년 9월 1일 종합-문화-스포츠의 세 섹션 체제로 전환하는 섹션신문으로 발전하는데, 이 시기에 스포츠 취재 부서를 확대하고 보도 지면도 하루 평균 3면 이상으로 크게 늘렸다.

구 리그 '농구대잔치' 말기로부터 국내에 프로농구가 출범하는 1997년에 이르기까지 폭발적인 인기를 구가하면서 국내와 미국의 농구에 대한 관심은 큰 상승 곡선을 그린다. 특히 이 시기에 한국의 농구 지도자들이 활발히 미국 대학 또는 프로팀으로 연수 또는 유학을 떠나면서(안준호, 임정명, 박종천, 박수교 등) 미국농구의 영향이 본격화된다. 이 과정에서 미국농구는 한국농구의 이상향 또는 이데아로 인식되면서 도달해야 할 지향점으로 변한다. 이데아로서의 미국농구는 NBA라고 하는 미국의 국내리그로 집약된다. 한국 선수들은 농구에서의 최대 성공을 NBA진출로 받아들이기 시작했고, 방성윤-하승진-최진수처럼 미국농구 무대에 진출하는 선수들이 출현하게 되었다. 하승진, 방성윤, 최진수 등 국내에서 최고의 기량 또는 가능성을 인정받는 선수들이었다. 이들은 일찌감치 농구계와 미디어의 주목을 받았다는 점, 아주 NBA경기가 국내에 본격적으로 중계되기 시작한 뒤에 농구를 시작한 선수라는 점, 그리고 어떤 방식으로든 미국 무대를 노크하고 직접 부딪혀보는 경험을 했다는 공통점을 가지고 있다. 이들은 미국, 특히 NBA를 꿈의 무대이자 궁극적으로 도달해야 할 목표로 삼고 정진한 선수들이다.

한국농구의 미국농구에 대한 추종은 프로리그인 한국농구연맹(KBL)의 시스템과 활동 방식 및 방향이 미국 NBA의 그것을 충실히 모사하고 있는 데서 분명히 확인할 수 있다. KBL은 NBA와 마찬가지로 대학 출신 선수들을 드래프트를 통해 회원구단에게 공급하며, 연봉총액상한제[63]를 실시할 뿐만 아니라 자유계약선수(Free Agent), 플레이오프에 의한 시즌 선수권 결정, 시즌 중 올스타 경기 등 근간이 되는 제도를 모두 NBA로부터 도입했다. KBL의 우두머리(총재)도 NBA와 마찬가지로 커미셔너(commissioner)라는 영문 명칭을 사용한다. KBL은 1997년 출범 당시 국제농구연맹(FIBA)과 NBA의 경기규칙 및 규정을 절충해 한국적인 현실에 맞게 조정했다. 그러나 근본적으로는 흥행을 위주로 하는 NBA에 가깝게 규정됐다. NBA와 유사한 경기규칙과 규정을 두었다고 해서 경기품질이 NBA 수준으로 향상되지는 않았다. 오히려 아마추어 규정과의 괴리가 커지면서 아마추어 규정대로 열리는 국제대회에서 부진한 결과를 낳기도 했다. 한국 남자농구는 1996년 애틀랜타올림픽과 1998년 세계선수권대회 이후에는 2013년까지 메이저 국제대회의 본선 무대조차 밟지 못했다.[64] 2006년 카타르 도하에서 열린 아시 아시아경기대회에서는 5위에 그치며 1958년 도쿄 대회 이후 48년 만에 노메달의 수모를 당했다.[65] 2009년 8월 중국 톈진에서 열린

---

63) 한 팀 선수들의 연봉 총액이 일정액을 넘지 못하도록 제한하는 제도. 영어로는 샐러리 캡(Salary Cap)이다. 팀에 소속된 전체선수의 연봉 총액 상한선에 대한 규정으로, NBA에서 처음 시작되었다. 네이버 백과사전.

64) 한국은 2013년 8월 1~11일 필리핀에서 열린 아시아남자농구선수권대회에서 3위를 차지해 2014년 8월 30일~9월 14일 스페인에서 열리는 농구 월드컵(2014 FIBA Basketball World Cup) 진출 자격을 얻었다. 그러나 아시아 정상의 경기력과는 거리가 멀었다. 한국은 이란과 필리핀에 패하여 결승에 진출하지 못했고 3~4위전에서 대만에 이겨 가까스로 티켓을 확보했다. 따라서 이 성적에 큰 의미를 부여하기는 어렵다.

아시아선수권대회에서는 7위에 그쳤다. 1960년 1회 대회 이후 한국 남자농구가 4강에 오르지 못하기는 것은 이때가 처음이었다. 이 같은 결과는 KBL의 경기규정과 아마추어 규정 사이의 괴리로 인해 평소 KBL리그에서 경기하던 국가대표 선수들이 제 기량을 발휘하지 못했다는 점뿐만 아니라, 상업적 성공으로 풍부한 재정을 보유한 KBL이 아마추어 부문에서 한국을 대표하는 대한민국농구협회(KBA)와 행정적으로 갈등을 빚고 대표 팀의 경기력을 효율적으로 관리하지 못했다는 지적을 낳았다. 겨울철 종목이 된 프로농구는 시즌이 아닌 시기에 열리는 국제대회에 정예멤버를 파견하기 어려워졌다. 또한 외국인 선수를 수입해 주로 골밑에서 경기하도록 함에 따라 장신의 국내 선수들이 도태되고, 청소년 부문의 유망한 장신 선수들이 농구를 포기하고 다른 종목으로 전환하는 등의 사례가 없지 않았다. 따라서 자국 국적을 가진 선수만 출전시킬 수 있는 국제대회에서 우수한 자국의 골밑 선수를 보유하지 못한 한국의 고전은 당연한 일에 속했다.[66]

---

65) 대한민국 남자농구 대표팀은 2014년 10월 3일 오후 인천삼산체육관에서 열린 인천아시안게임 결승에서 이란을 79-77로 누르고 1970년 방콕, 1982년 뉴델리, 2002년 부산 대회에 이어 통산 네 번째 우승을 달성하였다. 감독은 유재학, 코치는 이훈재이상범, 선수는 양동근, 김선형, 김태술, 박찬희, 조성민, 양희종, 허일영, 문태종, 김주성, 김종규, 이종현, 오세근 등이었다.

66) 이와 관련해 뉴스에이전시인 '연합뉴스'는 2009년 8월 15일자로 송고한 기사에서 "한국농구의 현주소는 아시아 중위권이며 체계적인 대표 팀의 관리가 절실하고 행정적 도움이 따라야 할 뿐 아니라 아마추어 규정에 대한 숙지 역시 시급하다"고 지적했다.

국제대회에서의 실패는 농구팬들의 실망을 불렀고 국내 리그에 대한 기대치는 그만큼 낮아졌다. 실제로 아시안게임 참패의 충격이 남아 있던 2006년 12월 27일 KBL이 집계한 바에 따르면 2006~2007시즌의 125경기를 치른 가운데 프로농구의 총 관중은 44만 3339명, 평균 관중 3547명으로 2005~2006시즌의 총 관중 46만 5224명, 평균 관중 3722명에 미치지 못했다. '연합뉴스'는 흥행 부진의 주요 원인 가운데 하나로 농구대표팀의 도하 아시안게임 성적 부진을 꼽기도 하였다.[67] 하지만 이 같은 지적은 프로농구 출범 첫해인 1997년 방열에 의해 일찌감치 제기됐으며, 2002년에는 프로농구 출범에 산파 역할을 한 김영기 역시 문제로 지적한 사례가 있다. 방열은 외국인 선수에 의한 국내 코트 잠식이 국내 선수의 입지를 축소한다는 점을 문제로 삼았고[68], 김영기는 2002년 11월 21일 '중앙일보'와의 인터뷰에서 "KBL은 NBA제도를 본떠 출발했기 때문에 국내 현실에 맞지 않는 선수 선발이나 경기 운영 방식이 아직 남아 있다"고 고백하였다.[69] NBA의 제도를 도입했다는 KBL이지만 2010년 1월11일에는 7전 4선승제의 챔피언결정전 가운데 5~7차전을 결정전 진출 팀의 연고지가 어디든 상관없이 서울의 잠실체육관에서 열기로 함으로써 홈 앤드 어웨이라는 연고

---

67) 연합뉴스, 2006.
68) 중앙일보, 1997.
69) 중앙일보, 2002.

지 중심의 리그 경기 운영 원칙을 스스로 포기하는 결정을 하였다. 이 결정은 지방에 연고지를 둔 팀의 경기장이 협소하고 관중석 규모가 작아 흥행에 불리하며 서울에서 경기가 열려야 전국적인 관심이 고조되고 미디어의 접근도 용이하다는 논리를 내세웠으나 '홈 앤드 어웨이'의 원칙을 훼손했으며 지방 팀 팬들의 권리와 서울에 연고를 둔 삼성과 SK 구단의 권리를 동시에 침해하였다는 비난에 직면하였다.70)

한국 프로농구 리그는 외국인 선수(주로 미국 출신)들의 주요한 취업 무대로 기능하는 일면이 있다. 특히 프로농구 원년인 1997년 시즌을 7위로 마친 현대는 두 번째 시즌이었던 1997~1998시즌 우승을 차지했는데 현대의 우승은 외국인 선수 조니 맥도웰의 맹활약에 힘입은 것으로 각 구단에 외국인 선수 영입의 중요성을 새삼 일깨웠다. 맥도웰의 사례에서 보듯 외국인 선수의 기량이 팀 경기력에 절대적인 영향을 미치게 되자 각 구단은 우수한 외국인 선수를 영입하는 데 과열 경쟁을 하기도 하였다. 그 결과 각 구단이 외국인 선수 수입에 많은 예산을 집행해야 했고, 경우에 따라서는 윤리적으로 문제가 있는 선수를 무비판적으로 수입하는 사례도 생겨났다. 2005년에는 전자랜드 구단이 마약 거래와 총기 불법 소지 혐의로 실형을 받은 리 벤슨을 수입한 사례가 있다.71) 미디

---

70) 문화일보, 2010.
71) 연합뉴스, 2005. 벤슨은 1993년 4월 불법 무기소지와 살인미수, 마약매매 혐의

117

어와 농구팬들의 비판이 있었으나 KBL은 전자랜드의 계약을 문제 삼지 않았다.[72]

로 25년형을 선고받고 2001년까지 8년간 복역한 '전과자'였다.
72) 중앙일보, 2005. 당시 전자랜드의 박형식 사무국장은 KBL에 "벤슨과 계약해도 괜찮으냐"고 문의, "문제없다"는 답변을 듣고서야 계약을 했다.

제3공화국

이 책의 주된 배경이 되는 시대, 그러므로 김인건을 비롯한 한국 남자농구 대표 팀 선수들이 찰리 마콘과 제프 고스폴의 지도를 받아 미국 대학농구 최고 수준의 훈련을 소화해내는 시기는 박정희의 통치 기간(1961~1979년)과 겹친다. 정치적으로는 제3공화국 (1963~1972년)의 시대이며, 민관식이 대한체육회장을 역임한 시기 (1964~1971년)와도 겹친다. 이 시기는 우리 스포츠-체육 정책사에서 매우 중요한 의미가 있다. 1960년대 한국 스포츠-체육계의 분위기는 1961년 5월 16일 쿠데타로 집권한 군사정권에 의한 드라이브 정책의 영향으로 각종 스포츠 부문에 대한 관심이 고조된 상황이었다. 국가적인 차원에서 스포츠-체육 정책이 추진된 시기로 제3공화국 시대와 제5공화국 시대가 꼽히는데, 절대적인 권력의 힘을 바탕으로 어느 정권보다도 스포츠-체육 정책에 많은 관심을 기울인 시기였다. 1988년 서울올림픽과 2002년 한일 월드컵 개최를 통해 구체화한 한국 스포츠-체육의 위상은 제3공화국 스포츠-체육의 인적 물적 인프라의 구축에 연원을 둔다. 따라서 한국 스포츠-체육 정책의 기원과 체육의 역할, 이를 주도한 국가의 스포츠-체육 정책을 검토하려면 이 시기를 주목해야 한다.

제3공화국은 정부의 직, 간접적인 주도하에 엘리트 위주의 스포츠-체육 정책을 폈다. 그럼으로써 국위 선양 및 국가 이미지 제고, 체제의 우월성 증명이라는 정권적·전략적 목표를 실현하고자 했다. 이전 정권과는 양적으로나 질적으로 확연히 다르게 스포츠를 지원했다. 또한 국제경기대회 참가가 민간차원의 외교로 기능하고, 여기서 거두는 우수한 성과가 국위 선양으로 직결된다고 보았다. 그래서 국가대표 선수들의 국제대회 참가에 적극성을 보였다. 박정희 정권은 많은 국제대회를 창설하거나 유치하였다. 가장 먼저 창설된 국제대회는 1963년, 일본과 대만 등이 참가한 '박정희 장군배 쟁탈 동남아여자농구대회'였다. 1971년에는 통상 '박스컵'으로 불린 '국제축구대회'(Park's Cup International Football Tournament)가 창설되었다. 박정희 정권이 국내에 유치한 최초의 국제대회는 1978년 열린 제42회 서울 세계사격선수권대회였다. 박정희는 이 대회의 유치 가능성을 알아보기 위해 1973년 언론인 신용석과 외교관 김운용을 국제올림픽위원회(IOC)에 파견했다.[73]

---

73) 중앙일보, 2008.

대표선수들의 의욕을 고취하기 위해서 우수한 선수에 대한 보상 제도도 만들어나갔다. 이 과정에서 스포츠 인프라의 확장과 스포츠 과학화에 일정 부분 성공했거나 최소한 가능성을 보였다. 이러한 시대 상황 속에서 스포츠에 부과된 역할은 자명해진다. 운동선수들은 곧 국가가 요구하는 역할을 충실히 수행함으로써 '국가를 빛내는 전사(戰士)', '대한민국의 자랑스러운 전사'가 되었다.[74] 이러한 시대의 흐름과 정치적 요구에 대하여 각각의 스포츠 종목이 유리될 수는 없다. 시대의 흐름과 정치적 요구라는 측면에서 프로인가 아마추어인가, 남성인가 여성인가 하는 문제는 중요하지 않았다. 중학교 수준이든 대학교 또는 국가대표 수준이든 문제가 되지 않았다. 개인이 국제무대에서 거두는 모든 분야의 성취는 '한국이 낳은'이라는 빛나는 수식어와 함께 불멸(immortality)의 지위를 누릴 수 있었다. 차범근을 떠올려보라.[75] 농구 역시 이러한 시대의 자장(磁場)으로부터 자유롭지 못하였고, 특히 미국인 코치의 영입을 고려하던 시기는 한국농구가 1964년 10월에 일본에서 열린 도쿄올림픽에서 16개 팀 가운데 최하위를 기록하면서 경험한 세계 농

---

74) 허진석, 2010: 93~94.
75) 차범근의 업적은 눈부시다. 두 번이나 유럽축구연맹(UEFA)컵을 들어올렸다. 1980년 프랑크푸르트 소속으로, 1988년 바이엘 레버쿠젠 소속으로. 프랑크푸르트에서 뛴 1981년엔 독일컵에서 우승했다. 분데스리가 308경기에서 98골, 독일컵 16경기에서 8골, UEFA컵 17경기에서 4골을 넣었다. 국가대표로는 127경기에서 55골을 기록했다. 한국이 월드컵에 참가할 엄두도 내지 못하던 시기에 이미 두 차례 월드컵을 제패한 세계축구의 중심 무대에서 차범근이 이룩한 업적의 의미는 개인적인 성취의 차원을 뛰어넘었다.

구와의 현격한 수준차를 극복해야 한다는 절박감에 사로잡힌 시기이기도 했다. 스포츠 선진국의 지도자에 대한 필요성은 이 당시 단지 농구만의 문제는 아니었으며, 대한체육회는 우수선수 육성을 위한 장기계획의 일환으로 외국인 코치 초빙계획을 세웠으나 여러 가지 이유로 인해 실현하지 못하는 상황이었다. 미군 부대에 근무하는 농구선수 출신의 장교를 코치로 활용하는 일은 당시로 보아서는 가장 현실적인 방안이었던 것으로 보인다.

김인건은 은퇴할 때까지 한 번도 국가대표팀 명단에서 탈락하는 일 없이 주전 선수 자리를 지켰다. 그러므로 김인건의 주된 농구 경력은 연세대학교 진학 이후 국가대표로서 쌓은 경험이나 업적과 일치한다고 보아도 과언이 아니다. 김인건이 국가대표 선수로 활동하던 시기와 겹치는 1966년부터 1968년까지 대한농구협회는 미국인 코치를 기용하여 국가대표팀의 경기력을 향상시키기로 하고 미국 대학농구선수 출신인 주한미군 장교 찰리 마콘과 제프 고스폴을 발탁하였다. 마콘이 국가대표팀 코치로 부임할 무렵 한국 남자 농구의 경기력 수준은 아시아에서 3~4위권이었으며 필리핀과 일본, 대만이 정상을 다투고 있었다. 필리핀은 1960년 1월에 자국의 수도인 마닐라에서 열린 제 1회 아시아남자농구선수권대회에서 우승한 뒤 1963년 12월 대만의 타이베이에서 열린 2회 대회에서도 우승하였다. 일본은 1965년 12월 말레이시아의 쿠알라룸푸르에서 열린 제 3회 대회에서 필리핀을 누르고 우승해 아시아를 제패하였다. 대만은 1, 2회 대회에서 모두 준우승을 기록하였고, 3회 대회에서 5위로 밀려났다. 반면 한국은 1회 대회 4위, 2회 대회 3위, 3회 대회 3위를 기록하는 등 정상과는 거리가 있었다.

면도날 찰리

마콘은 1943년 5월 3일 미국의 펜실베이니아에서 태어나 1965년 데이비슨대학교를 졸업하였으며 학군 장교로서 1967년까지 한국에서 근무하였다. 고등학교 시절인 1961년 펜실베이니아 주 올스타(Pennsylvania All-State in 1961)에 선발된 유망한 청소년 농구선수였으며 데이비슨대학교 재학시절에는 1965년 남부 콘퍼런스의 아카데믹 올스타 선수(All Southern Conference All-Academic in 1965)로 선발되었다. 아카데믹 올스타는 대학농구선수 가운데 학점이 우수한 선수들로 구성되는 '학업우수선수 올스타'라고 할 수 있다. 그는 이메일에 "나는 데이비슨대학교의 전설적인 선수는 아니었다. 전미올스타로 선발된 두 명의 선수, 즉 프레드 헤첼(Fred Hetzel)과 딕 스나이더(Dick Snyder)를 지원하는 역할을 했다. 데이비슨대학교는 매우 강한 팀이었다."라고 기술하였다.76) 그러나 마콘은 데이비슨

대학교가 미국대학체육위원회(NCAA)의 토너먼트에 진출할 무렵 주전 선수로서 활약하였다. 1963년 1월 11일 발행된 '더 데이비스니언(The Davidsonian)'이라는 신문의 3면은 데이비슨대학교 농구팀 선수들의 개인기록을 게재하였는데, 마콘은 열한 경기를 뛰면서 평균 5.0득점과 1.5리바운드를 기록한 것으로 보도했다. 데이비슨 대학교가 치른 열한 경기를 모두 뛴 선수는 마콘을 포함해 네 명 뿐이었으며, 마콘의 평균득점은 팀 내에서 6위에 해당하였다. 이 기록으로 미루어 볼 때 마콘은 데이비슨대학교에 없어서는 안 될 중요한 선수였음에 틀림없다.[77] 또한 최근에도 지역 언론은 NCAA 토너먼트(일명 March Madness)가 열리는 시기에 데이비슨대학교의 전성기를 장식한 선수들을 인터뷰할 때 마콘을 등장시키기도 하였다. 마콘은 2008년 3월 6일 리하이 밸리 지역 미디어인 '더 모닝 콜(The Morning call)'을 상대로 인터뷰를 남겼는데, 이 사례는 마콘이 지니는 데이비슨대학교 농구역사상의 가치를 반영한다고 볼 수도 있다.[78] 특히 마콘은 펜실베이니아 출신의 농구인으로서 2011년 리하이 밸리 고등학교 농구 명예의 전당(Lehigh Valley High School Basketball Hall of Fame)에 헌액됨으로써 결정적인 위상을 확보하게 되었다.[79]

---

76) 찰리 마콘 이메일 인터뷰, 2010. 5. 6.
77) The Davidsonian, 1963. 1. 11.
78) The Morning Call, 2008. 3. 28.
79) The Morning Call, 2011. 3. 13.

한국 남자농구가 미국인 코치의 영입을 고려하던 시기는 1964
년 10월에 일본에서 개최된 도쿄올림픽에서 최하위를 기록하면서
세계 농구와의 현격한 수준차를 절감한 시기이기도 했다. 이때 발
탁된 인물이 마콘이었다. 대한농구협회는 마콘을 발탁하게 된 과
정을 "한국 남자농구가 아시아권에서의 정상 도전과 국제적인 수
준을 지향하기 위하여 한발 앞선 미국농구의 기술과 전술을 습득
할 필요성이 절대적이라는 농구계의 여론에 따라 아시아재단 한국
지부 책임자인 조동재(농구협회 국제이사)가 미8군과 접촉한 끝에"
추천받았다고 기록하고 있다.[80] 김인건은 마콘을 통하여 동시대의
대표선수들과 함께 이전까지 경험해보지 못한 미국식 훈련을 수행
하는 경험을 하였다. 당시만 해도 한국 남자농구선수들의 훈련은
질(質)보다 양(量)에 호소하는 편으로서, 하루 일곱 시간에 달하는
긴 훈련시간과 반복 훈련, 정신교육이 주된 내용을 이루고 있었다.
이와 같은 사실은 한국 남자농구 대표 팀이 1964년 도쿄올림픽을
앞두고 실시한 강화훈련의 내용을 보아도 확인할 수 있다.

① 아침 훈련 2시간 = 오전 6시 기상, 3㎞ 로드워크, 계단 10
  차례 오르내리기, 줄넘기, 기초훈련, 숙소까지 로드워크
② 오전 훈련 2시간 = 오전 10시~12시. 슈팅을 위주로 한 공
  격 훈련. 500개 슈팅.

---

80) 대한농구협회, 2008: 151.

③ 오후 훈련 3시간 = 본격적인 공수패턴 익히기, 작전 학습.

마콘은 매일 같은 방식으로 선수들을 훈련시키던 이전의 한국인 지도자들과 달리 스케줄에 맞추어 순차적으로 선수들을 지도하였다. 그는 경쟁 시스템을 도입하고 가드의 공격적인 기능을 요구하는가 하면 당시로서는 첨단의 팀 기술인 매치 업 존(Match Up Zone; 복합수비)을 도입하는 등 체계적으로 경기력의 향상을 꾀하였다. 그의 지도 방식은 당시의 한국인 선수들에게 깊은 인상을 주었다. 남자농구 대표 팀의 주전 선수로 활약한 뒤 훗날 지도자로 경력을 쌓게 되는 인물들은 그 내용에 대해 다수의 의미 있는 증언을 남겼다. 예를 들어 당시 남자농구 대표 팀의 공격 부문에서 신동파와 더불어 주축 선수로 활약한 이인표(李仁杓)는 "국내 지도자들이랑 다른 게, '스케줄'이란 게 나오니까…. 두 시간이면 두 시간, 뭐는 몇 분 식으로 100퍼센트 여기 맞춰서 해라 하고…. 과거 분들은 네 시간도 좋고 다섯 시간도 좋고… (중략) 우리가 정식 스케줄이라는 걸 미국 코치한테서 처음 받아본 건데, 이런 식으로 하니까 자기가 훈련 시간만큼은 힘을 풀로 발휘할 수 있고, 그런 게 달랐지요."라고 증언하였다.[81] 포인트 가드로서 김인건과 자주 짝을 이루어 뛴 김무현은 다음과 같은 증언을 남겼는데, 이 내용을 통하여 미국인 코치들이 추구한 농구의 일단을 엿볼 수 있다. 대표

---

81) 이인표 면담, 2010. 2. 24.

선수 가운데 개인기술이 우수하고 창의적인 선수를 선호했으리라는 유추가 가능하다.

　　그 당시에는 우리가 개인기에 대한 문제보다 가드, 하면 역할이 딱 있었어요. 공격을 한다, 이거보다는 그저 어떻게 어시스트를 하는 게 첫 번째이고, 포워드는 공격을 해야 되는 거고… 신동파나 이런 사람들은 공격, 김인건이나 나는 어시스트를 해야 한다, 지금은 그런 게 없는 데 그때는 치고 들어가는, 드라이브 인을 잘했던 거예요. 가다가 딱 부딪히면 (수비 선수) 둘을 딱 붙여서 아웃넘버를 만들어 준다. 그게 제일 잘하는 거였어요. 그런데 마콘은 가드가 공격을 해줘야 한다는 거예요. 가드가 공격을 해줘야 모든 것이 넓어지고 안에 찬스도 나는 거지…. 그래서 우리는 먼 데서 롱슛 이런 거는 가드는 해서는 안 될 때인데, 포워드는 해도 되고… 근데 그 사람은 가드도 찬스가 나오면 던지라는 거예요. 우리가 막 패스하고 도는 게 찬스를 내자고 하는 거 아니냐. 근데 찬스가 나는데 안 던지면 그게 무슨 선수냐, 그러던 기억이 나요. 그래서 그때부터 우리가 인제 공격을 하기 시작했죠. (중략) 옛날 농구는 치고 넘어오면서 하나 둘, 산토끼… 이런 걸 많이 했어요. 작전 하나 하면 어떻게 어떻게 돌다가 누가 슛을 쏘고 안 되면 이렇게 돌리다가 센터가 슛을 하고… (작전을) 열 몇 개를 갖고 있었어요. 그런데 그걸 나도 하다가 잊어버려요. 이 사람들은 그런 거를 암튼 프리로 하도록 했죠. 농구는 다섯 명이 하는 단체경기지만 개인기가 우선돼야 한다. 그래 가지고 정말 그런 거(작전

농구)는 몇 개 없었어요. 아웃 오브 바운스, 점프 볼, 우리가 크다 작다 그런 거 외에는 거의 다 프리랜스로 했다고. 1분이 남았는데, 20초가 남았는데 우리가 한 골 이기고 있다거나 그런 때 하는 작전 그런 거 외에는 거의 개인기로 해라 그랬죠. 그래서 말하자면 일대일에서 그 거 하나를 제쳐서 못하는 거는 대표선수가 아니다라는 거죠. 그 전까지는 그런 걸 하면 더 많이 얘기(비판)를 들었죠. 5대5 농구니까 그땐 다 작전으로 했다고. 고민을 많이 했죠. 전엔 일대일로 하면 개인플레이한다고 간주를 했지. (마콘 때) 대표선수들은 일대일 농구에 눈을 떴지요. 백 드리블도 하고 치고 가다가 이렇게 해서 넣는 거…. 한국 감독 같으면 '미친 놈'이라고 그랬을 거야. '쟤는 점프 좋으니까' 미국 코치는 그렇게 하라고 그랬어요. 여기서(한국 코치가 보는 데서) 했다면 무슨 선수냐 그랬겠지….[82]

전혀 다른 훈련 내용에 깊은 인상을 받기는 신동파도 예외는 아니었다. 그는 일종의 문화충격을 경험한 것 같다.

절대로 훈련 시간은 길지가 않아요. 한 번 훈련하는 데 두 시간 이상 안 끌어. 그런 걸 우리가 느꼈어. (한국 코치가 지도할 때는) 세 시간, 네 시간도 했는데, 안 끌어. 대신에 강하게, 거기 아주 몰입하지 않으면 나가라 이거니, 체육관에서 넌 자격이 없다고 몰아붙이니까 안할 수가 있어? 그러니 두 시간 이

82) 김무현 면담, 2010. 5. 13.

상 하면 선수들이 지쳐서 훈련효과가 오히려 반감되겠지. (중략) 내가 (연세대) 일학년으로 ABC에 갈 때는 동숭동에 선수촌이 있었어. 거기는 식당하고 숙소만 있었지. 운동장은 없었어요. 그러니까 합숙소예요. 앞으로 450일, 이렇게 달력 식으로 만들어 하나씩 떼는 거야…. 태릉 들어가니까 월화수목금토하고는 일요일 아침에 내보냈다 저녁에 들어오라는 거야. 그러니까 선수들이 시간이 얼마나 소중해…. 그러니 아침 안 먹고 나가는 거지, 시간 활용하려고. 나가서는 그냥…(술 마시는 동작). 들어와야 하니까. 그러던 게 점점 자율적으로, 하여간 금요일만 되면 기분이 좋은 거야. 그때는 훈련을 많게 준비해서 시켜왔어요. 아, 이게 미국식 훈련 방법이구나…. 두 시간 동안은 한눈 못 팔아 절대. 몰입하게 만드는 거야. 지키지 않으면 (코치가) 인정을 안 해. 그런 것들이 달라지기 시작한 거야. (중략) 그때는 스트레칭 같은 거 몰랐어. 미군 부대 들어가면 흑인 선수들이 테이핑을 하는 거 보면서 신기하다고 그랬어. 그런 테이프 없었지. 홍콩 가면 영제(英製) 아대가 있었는데, 그걸 사다가 해질 때까지 신었으니까. 그거 하나지 왜 테이핑을 하는지 모르겠다고 그랬어요. 미국은 1960년대부터 그렇게 한 거야. 부상 안 당하게, 당해도 적게 당하게…. 군인인데 말이지. 물론 미국서 농구했던 애들이지. 아무튼 시각이 벌써 달랐으니까. 그런 차이점이 마콘이 있어서 생긴 거고, 거기서 우리가 그런 거 하나 보는 것도 시각적인 면에서 처음 봤던 거고….[83]

---

83) 신동파 면담, 2010. 2. 25.

그러나 선수들은 특히 기술적인 부분에서 새로운 경험을 했다는 사실에 깊은 인상을 받은 흔적이 있다. 이를 통하여 마콘과 고스폴의 역량을 인정하고 새로운 기술을 흡수하는 데 열중하게 된 것이다. 그 전에는 국내 코치들의 지도를 받았기 때문에 미국인 코치의 지도는 아주 기초적인 동작부터 다르게 느껴졌다. 예를 들어 리바운드를 하기 위한 예비동작, 박스아웃이나 그 자세, 타이밍 개념에서 국내 코치와는 확연히 다른 범이 시시각각 느껴졌다. 그들의 요구는 우리 선수들에게 익숙하지 않았다. 새로운 동작, 새로운 스텝과 자세를 요구받을 때는 단번에 되지 않아 어려움을 겪었다. 이런 경험은 모르는 사람을 처음 만나 낯설어 주춤거릴 때와 비슷했다. 훈련을 하는 과정이 생소했기 때문에 우리 선수들은 자주 쭈뼛거렸고 그럴 때마다 마콘 코치는 지적을 하고 소리를 지르고 때로는 호통도 쳤다. '나는 이해할 수가 없다', '오 마이 갓', '너희는 도대체 왜 이때까지 이런 식으로 배웠느냐'…. 표정부터가 딱 보기에도 좋지 않았다. 선수들은 심리적으로 극심한 어려움을 겪었다. 중학교 때부터 배워서 당연하게 생각해온 여러 기술과 동작들이 번번이 지적당하고 교정을 요구받았으니 당연한 일이다. 더구나 마콘이나 고스폴은 우리 대표선수들에 비해 나이가 많지 않았다. 이런 경우는 자칫 코치와 선수가 갈등을 빚기 쉬운 조건이기도 했다. 그러나 우리 선수들은 매우 프로다운 태도로 선수의 입장과 자세를 견지했다. 뛰어난 선수들인 만큼 훈련의 분위기는

131

아주 진지했다. 선수들은 시간이 지나고 훈련이 거듭될수록 미국 농구가 선진 농구라는 사실을 체감하고 거기 착실히 적응해 나갔다. 그럼으로써 시간이 지날수록 자신들의 농구가 달라지고 있음을 체감하였다.

그렇다면 마콘이나 고스폴이 지도한 훈련의 내용은 그전에 비해 얼마나 달랐을까. 한국의 남자농구 대표선수들이 그동안 배워왔던 농구를 모두 버리고 다시 시작해야 할 정도는 아니었던 것 같다. 오히려 요즘도 각급 농구 단체에서 활발하게 전개하는 '클리닉(Clinic)'처럼 기본기 점검과 새 기술의 접목에 중점을 두었던 것으로 보인다. 유희형은 당시의 경험을 '처음으로 현대식 농구를 한 것'이라고 기억하였다.

옛날 지도자들은 정말 거짓말이 아니라 훈련하기 전에 러닝만 한 시간씩 시키고, 시간이 정해진 게 없었어요. 그 노인네들은 운동장 100바퀴 뛰는 훈련을 그렇게 시켜요. 정신력, 지구력 훈련을 해야 40분 동안 지치지 않는다고 생각한 거지. 수비도 헬프(help;도움수비)란 전혀 없었고. 그런 훈련 내용이 조금 나오는 게 마콘과 고스폴이 지도하면서부터, 스리 라인 속공이라든지 지역방어도 2-3, 3-2, 1-2-2 지역방어를 정확히 공부했어요. 그 사람들(마콘과 고스폴)은 월화수목금요일 훈련하고 토일요일은 무조건 쉬었어요. 훈련 시간은 두 시간을 안 넘어. 두 시간 동안 열심히 하게 만들고 끝내는 거지.84)

마콘은 코치로 일하는 동안 한국 남자농구 대표 팀을 아시아 정상으로 끌어올리는 성과를 거두지는 못하였다. 한국 남자농구가 아시아 정상으로 도약하는 시기는 1969년 아시아남자농구선수권대회, 1970년 아시아경기대회에서 잇따라 우승하던 때였다. 그러나 마콘은 이러한 눈부신 성과를 수확하는 데 필요한 밑거름이 되는 역할을 하였다고 평가할 수 있다. 마콘은 1966년 태국의 방콕에서 열린 아시아경기대회에서 한국이 오랫동안 이기기 어려운 상대였던 필리핀과 일본에 승리하는 전과를 거두었다. 그러나 이 대회에서 한국 남자농구 대표 팀은 주최국인 태국과의 경기에서 벌어진 난투극 때문에 몰수패를 당하고 동메달을 획득하는 데 만족했다.

---

84) 유희형 면담, 2010. 3. 4.

유쾌한 고스폴 씨

마콘의 후임자로 부임한 제프 고스폴에 대해서도 인상적인 증언이 많이 남아 있다. 1966년부터 1968년까지 남자농구 대표 팀에서 선수로 활약한 인물들의 증언을 종합하면, 고스폴의 지도 내용은 전임자인 마콘의 연장선상에 놓인다. 마콘은 1966년 현재 미국의 대학농구 무대에서 유행하던 훈련 방식과 경기 방식을 한국 남자농구 대표 팀에 이식했다고 해도 과언이 아니다. 마콘이 선수로서 활동하던 시절에 데이비슨대학교 농구팀(Davidson Wildcats)은 역사상 첫 번째 전성기를 누리고 있었다. 마콘이 졸업한 직후인 1966년 전미대학농구대회(NCAA 토너먼트) 16강에 진출했고, 1968년과 1969년에는 잇따라 8강에 진출했을 정도로 미국대학농구 1부 리그에서도 뛰어난 경기력을 보유한 팀이었다. 마콘은 데이비슨대학교 농구팀의 주축 선수였으므로 한국 남자농구 대표 팀이 마콘에게서 배운 농구의 수준은 미국 대학농구 최고 수준이었을 것으로 판단할 수 있다. 같은 시대에 농구를 한 고스폴의 지도 내용이 마콘과 크게 다르지 않았다는 사실은 당연한 일이었을 수도 있다. 또한 고스폴은 마콘이 자신에게 한국 남자농구팀 코치 자리가 비었으니 후임을 맡으라고 권했다고 술회하였다.

> 그(마콘)는 말하기를, 그들(대한농구협회)은 새 코치가 필요하다. 내가 자네를 추천해도 되겠냐고 물었다. 나는 괜찮은 제안이라고 생각하고 좋다고 했다. 찰리(마콘)는 나를 추천하였다.[85]

이 같은 사실은 당시의 신문 보도를 통해서도 확인할 수 있다. 예를 들어 '경향신문'은 1967년 1월 9일자 8면에 "마콘 중위가 군대 복무를 마치고 귀국함에 따라 그 후임으로 고스폴 소위를 한국 대표 팀 코치로 지목하였다. 고스폴 씨는 주한미군 제2사단 팀의 코치인데 웨스트포인트 출신으로 마콘 중위의 적극적인 추천에 의한 것이었다."라고 보도했다. 그러나 고스폴이 웨스트포인트 출신이라는 보도는 사실과 다르다. 고스폴의 지도를 받은 한국 선수들 가운데 몇몇은 그가 학군단(ROTC) 출신이었다고 기억하고 있다. 그러나 고스폴은 한국을 방문하여 나와 면담하는 과정에서 자신의

---

85) 제프 고스폴 면담, 2010. 3. 20.

커리어를 담은 일련의 문서를 제공하였는데 이 문서에 의하면 고스폴은 버지니아 밀리터리 인스티튜트(Virginia Military Institute; VMI) 출신이다. 또한 VMI가 발행한 2009~2010년 시즌 판 농구팀 미디어 가이드(Christian, Branner, Salois, 2010)에도 고스폴이 등장한다. 그런 면에서 고스폴에 대한 조광식의 기술이 정확하다고 볼 수 있다. 그는 "고스폴은 (중략) VMI란 사관 양성 기관을 나와 장교로 임관하면서 한국 근무를 하게 된 사람이었다."라고 기록하였다.86) 마콘은 이메일을 통해 나와 면담하는 과정에서 고스폴에 대해서도 언급하였는데, 여기에서도 고스폴의 출신을 정확하게 확인할 수가 있다. 마콘은 "고스폴이 버지니아 밀리터리 인스티튜트에서 선수 생활을 할 때 그와 경기를 한 적이 있다. 고스폴이 속한 농구팀은 1964년 미국대학농구 토너먼트에서 데이비슨대학교를 이길 만큼 좋은 팀이기는 했으나 대단할 정도는 아니었다."라고 진술하였다.87)

그러나 고스폴은 VMI에서 없어서는 안 될 주전 선수였으며 당시 지도를 받았던 한국 선수들이 지닌 이미지와는 달리 우수한 기록을 남긴 엘리트 선수 출신이었다. VMI가 발행한 2009~2010시즌 미디어가이드(Media Guide)에 따르면, 고스폴은 1963~1964시즌 VMI가 치른 스물네 차례 경기 가운데 스물세 경기에 출전하여 경

---

86) 조광식, 2002. 274.
87) 찰리 마콘 이메일 면담, 2010. 5. 14.

기당 10.1득점과 7.5리바운드를 기록한 주전 포워드였다. 고스폴의 득점은 팀 내 4위, 리바운드는 3위에 해당한다. 이 시즌에 고스폴은 54.6%의 필드골 성공률로 팀 내 2위를, 76.8%의 자유투 성공률로 팀 내 1위를 기록하였다. 특히 고스폴의 높은 필드골 성공률은 VMI의 통산 기록에서도 상위에 속하는 것으로서 그가 1962년부터 1965년까지 기록한 55.2%의 필드골 성공률은 역대 2위에 올라 있고, 같은 기간 동안 팀 내 1위를 고수하였다.[88] 기록에 비춰볼 때 고스폴은 매우 견실한 플레이를 하는 포워드로서 부동의 주전선수였으며 팀플레이에 익숙한 유형의 선수였을 것으로 판단할 수 있다. 이러한 성향은 지도 방식에도 나타났을 것으로 유추할 수 있다. 고스폴의 지도에 가장 큰 영향을 받은 사람들은 물론 당시의 대표선수들이었지만, 이들은 매일 매일의 훈련을 선수로서 수행했을 뿐 지도자의 시각에서 관찰하고 흡수하는 수준에까지는 이르지 못하였던 것으로 판단된다. 왜냐하면 이들 선수들은 1970년대에 들어와 차례로 은퇴하면서 대부분이 지도자의 길을 걷게 되었는데 선수 시절에 기록해둔 메모나 기록보다는 개인적으로 경험한 신체적인 기억에 의존해서 선수들을 지도하였기 때문이다. 대부분의 기록은 이들의 구술을 전해들은 비경기인들에 의해 작성된 기록으로 남아 있고 그나마 연대나 정확한 역사적인 사실의 확인이라는 면에서 볼 때 적지 않은 오류의 가능성을 내포하고 있다.

<hr>

88) Christian, Branner, Salois, 2010: 64~72.

나는 약간의 행운과 김인건, 유희형 등 농구계 인사들의 적극적인 도움에 힘입어 고스폴을 직접 인터뷰할 수 있었다. 고스폴은 2010년 3월 19일부터 22일까지 한국을 방문하였다. 그는 아내인 비키 고스폴(Vicky Gausepohl)을 동반하고 중국 상하이를 방문하는 길에 한국에 들러 서울시 서초구 반포동 19-3번지에 있는 JW매리어트 호텔에 투숙하였다. 이들 부부는 서울에 체류하는 기간 동안 김인건·이인표·신동파·박한·유희형 등 그가 남자농구대표팀 코치로 일할 당시 선수생활을 한 한국의 농구인들을 만났다. 고스폴과의 인터뷰는 2010년 3월 20일 JW매리어트 호텔의 30층 이그제큐티브 라운지에서 이루어졌으며 이 자리에는 고스폴의 아내 비키와 한국농구인 유희형이 동석하였다. 고스폴은 인터뷰 장소에서 CD롬으로 손수 제작한 코치 재직 당시의 기록과 사진, 자신의 약력 등을 제공하였다. 인터뷰를 통하여 고스폴이 선수들에게 지도한 내용을 확인할 수 있었으며 한국에 남아 있는 기록에는 분명히 나타나지 않았던 마콘과 고스폴의 관계, 대한농구협회와의 협력과 갈등 양상, 당시 유력한 농구계 임원들과의 관계, 당대 농구선수들에 대한 평가의 일단을 확보할 수 있게 되었다.[89]

고스폴은 마콘에 의해 대한농구협회에 소개된 뒤 바로 코치로 임명된 것이 아니라 일정한 검증 과정을 거친 것으로 판단된다. 왜냐하면 고스폴은 자신이 대한농구협회로부터 "한 달 동안 우리

---

89) 이 내용은 2013년에 출간된 졸저 '아메리칸 바스켓볼'에 소상하게 실렸다.

와 함께 일해 보는 것이 어떠냐."는 제안을 들었으며 이에 따라 한
국인 코치 신봉호를 도와 코치로 일했다고 회고하였다. 그의 자필
이력서에는 이 기간이 두 달이었다고 기록됐다.

그래서 나는 대한농구협회(KABA; 나중에 KBA로 바뀜)에
소개되었다. 좋다, 한 달 동안 와서 우리와 함께 일해 보는 게
어떻겠느냐? 그래서 나는 한 달 동안 코치를 했다. 그렇게 해
서 나는 신봉호라는 연상이며 아주 점잖고 훌륭한 코치와 함께
일하게 되었다.[90]

대한농구협회가 고스폴을 기용하기 전에 검증 과정을 거친 이유
는 마콘을 기용했을 때 초기에 발생한 마찰과 관계가 있는 것으로
판단된다. 마콘은 부임 초기에 지나치게 맨투맨 디펜스를 강조하
여 존 디펜스에 익숙한 국내 선수나 코치, 농구계 인사나 언론과
불편한 관계를 빚은 일이 있다. 예를 들어 중앙일보는 방콕아시아
경기대회 전망 기사에서 "존으로 일관해 왔던 우리나라 농구가 이
대회부터 맨투맨으로 전환, 발전적인 계기를 얻었으나 이에는 파
울이 많아지고 스태미나가 쉽게 소모된다는 결점이 필연적으로 뒤
따르게 마련이다"라고 우려하고 있다.[91] 조광식도 그의 저서에서
마콘이 대표선수를 '초심자' 취급했다고 썼다. 마콘이 한국 대표

---

90) 제프 고스폴 면담, 2010. 3. 20.
91) 중앙일보, 1966.

팀에 적용해 큰 성공을 거두고 훗날까지 영향을 남긴 매치 업 존도 이성구의 설득으로 생각을 바꾸어 지역방어의 필요성을 깨달은 결과 나왔다는 취지로 기술했다. 하지만 이는 최종규의 증언과 완전히 다르다.

마콘이 연세대학교 오비(OB)가 필리핀과 대만으로 원정을 가는데 따라가요. 그때 대표선수 절반이 연세대 출신이었으니까, 필리핀이나 대만 전력도 분석하고 그러려고 간 거지. 필리핀에서 일정을 다 마쳤는데 마콘이 우리 대표선수들을 자기 방으로 부르더라고. 그래서 갔더니 자기 방 세면대에 얼음을 채우고 산 미겔 맥주를 재워 놓았더라고. 우리가 다 모이자 맥주를 한 병씩 주면서 자기가 생각을 해보니 우리가 수비할 때 매치 업 존을 해야 되겠다 이거야. 우리는 키가 작으니까, 골밑에서 밀리는 걸 보완하려면 매치 업 존을 써야겠다는 거지. 이 매치 업 존이란 건 우리로서는 처음 듣는 작전이었어요. 마콘이 처음으로 우리에게 가르친 건데, 그걸 우리는 은퇴해서 지도자가 된 다음에도 써먹었고, 지금도 실제 경기에서 사용되고 있지.[92]

여러 가지 정황에 비추어 볼 때 마콘은 부임 초기부터 한국농구계 관계자들과 협회, 언론과 관계가 원만하지 않았던 듯하다. 뿐만 아니라 마콘의 개인적이고 사무적인 태도 역시 한국 선수들에게

92) 최종규 면담, 2012. 3. 21.

부담스럽게 느껴졌던 것으로 보인다. 마콘은 공사를 분명히 구분했을 뿐 아니라 훈련이 끝나면 선수들과 특별한 소통을 취하지 않았던 것 같다. 또한 미국 유수의 대학농구팀 출신으로 개인적인 능력이 출중했던 마콘의 입장에서 한국 남자대표팀 선수들의 기량이 흡족하지 않았을 수 있다. 이런 판단에 기초한 지도는 겉으로는 드러나지 않더라도 내면적으로 마찰의 소지가 다분하다. 마콘이 한국 대표 팀의 코치를 그만두고 미국으로 돌아간 이래 현재까지 당시 한국 선수들과 이렇다 할 교류가 없고, 그의 연락처조차 아는 사람이 적다는 사실은 이 같은 점을 암시한다. 그의 후임자인 고스폴은 마콘에 의해 미국농구의 맛을 본 한국의 엘리트 선수들을 지도해 경기력의 향상과 국제대회에서의 상위 입상이라는 목표를 실현해야 하는 사명을 안고 한국 대표 팀의 코치로 부임하게 되었던 것이다.

아이스크림 코치

두 달 동안의 적응기를 거친 고스폴은 대한농구협회로부터 1967년 8월 25일부터 9월 5일까지 일본의 도쿄에서 열린 유니버시아드 대회에 감독으로 출전하라는 지시를 받았다. 아마도 대한농구협회는 두 달 동안 관찰한 결과 고스폴을 신뢰할 수 있는 코치로 인정했다고 판단된다. 한국은 이 대회에서 일본, 필리핀, 벨기에, 태국, 홍콩, 브라질에 승리하고 미국에 져 은메달을 획득하였는데 우승후보였던 브라질에 거둔 승리는 의외의 결과였고, 고스폴도 이 승리에 큰 의미를 두었다. 그는 "유니버시아드에서 우리는 준우승을 함으로써 모두를 놀라게 했다. 우리는 브라질을 꺾었는데, 모두가 놀랐다."고 회고했다. 93) 또한 이 승리는 대한농구협회로 하여금 고스폴을 신임하게 만든 계기가 된 것으로 보인다. 왜냐하

---

93) 제프 고스폴 면담, 2010. 3. 20.

면 고스폴은 이 대회에 이어 같은 해 9월 21일 서울의 장충체육관에서 개막한 아시아남자농구선수권대회에 코치로 참가하였는데, 이후 한국 남자농구 대표 팀의 캐나다 및 미국 원정을 코치로서 인솔하고 1968년 멕시코시티올림픽을 끝으로 제대하여 미국으로 돌아갈 때까지 대표 팀의 코치 자리를 계속해서 유지하였기 때문이다. 고스폴은 성격상 마콘과 상반된 인물이었던 것 같다.

마콘이란 사람이 고스폴하곤 성격이 다른 게, 세밀하고 내성적이면서 정확성을 요구했어요. 고스폴은 달라요. 외향적이고 기술적인 면에서 정확도는 마콘보다는 낮았죠. 마콘은 하나하나 하면서 시키는 대로 안 했을 경우에 지적을 열 번이면 열 번 다 했죠. 근데 고스폴은 일고여덟 개 정도는 하는데 두세 개는 넘어가는 그런 성격적인 면이 달랐어요. 마콘은 우리가 훈련하며 조심스럽고 선수 입장에서, 가르치는 사람이니까 받아들이는 입장에서 무서워하고 두려워하고 신경 써서 훈련한 건 마콘 때에요. 마콘은 뭘 시작하면 몸에 배게 될 때까지 시키는 거예요. 자기가 원하는 대로 안 가면 뭐 때리고 이러는 게 아니라 호되게 지적을 하고 다시 하라, 하라, 될 때까지 세밀하게… (아주 엄한 코치였군요?) 그래요.[94]

마콘은 고스폴보다 섬세했다. 그의 요구는 구체적이었다. 반면

---

94) 신동파 면담, 2010. 2. 25.

고스폴은 '마음'을 사로잡기 위해 노력했다. 훈련이 끝나면 선수들을 자기 집으로 부르고 매점에서 아이스크림을 사다가 대접하기도 했다. 마콘은 한 번도 그런 일 없었고, 깐깐했다. 그렇기에 고스폴의 지도를 받아본 선수들은 언제나 그를 코치이기 이전에 동료로서 받아들인 듯한 인상을 준다. 나는 우리 농구와 미국농구의 교류 내지 접촉에 대해 조사하기 시작하면서 농구인들로부터 고스폴의 이름을 자주 듣게 되었다. 노인이 다 된 농구인들의 기억 속에 남아 있는 고스폴은 매우 유쾌한 사람이었다. 한국인인 내가 이름을 들었을 때 제프라는 발음은 찰리에 비해 강한 인상을 주기 쉬웠지만 농구인들은 고스폴에 대해 말할 때 마치 친구에 대해 설명하는 것 같은 인상을 주었던 것이다. 마콘의 후임자인 고스폴은 농구 기술과 전술의 지도 못지않게 대표선수들은 물론 국내 농구인들과의 인간관계에 주목하였던 것으로 보인다. 고스폴은 미국식 농구가 몸에 밴 코치였음에는 틀림없었지만 미국농구 스타일을 한국 선수에게 적용하는 데 있어서는 상당한 융통성을 발휘하였다. 고스폴은 훈련 시간이 끝나면 선수들을 미 8군 장교식당으로 초청해 맥주도 마시고 식사도 함께 하였다.

> 고스폴은 훈련이 끝나면 체육관 가까운 데 있는 자신의 숙소로 우리를 불러서는 피자며 콜라 아이스크림을 자주 내놓았지요. 그 더운 여름에 훈련을 하고 나서 먹는 콜라니 아이스크림

이 얼마나 맛있었겠어요? 고스폴이 그런 걸 잘했어요. 지금 생각하면 고스폴은 선진국에서 온 코치고, 우리는 못 사는 나라의 선수들이었던 거지요. 하지만 어떻게 생각을 하든 고스폴은 마음씨가 좋은 사람이었어요. (중략) 우리가 고스폴의 지도를 받을 무렵 고스폴은 여자 친구인 비키와 연애 중이었어요. 비키는 자주 훈련장에 와서 우리가 훈련하는 모습을 보곤 했는데, 가방 같은 데 자주 먹을 것을 담아가지고 와서 우리에게 나누어주었죠. 우리는 훈련을 하다가 비키가 오면 오늘은 또 무엇을 가지고 왔을까 하고 기대했어요. 비키가 빈손으로 오는 날에는 "왜 오늘은 아무것도 안 가져왔지?"하고 의아하게 생각했어요.[95]

김인건도 당연히 마콘과 고스폴로부터 깊은 인상을 받았다. 그는 면담 과정에서 길게 설명을 하지 않았지만 2017년 8월 8일 나의 사무실이 있는 충무로로 찾아와 작은 책자 한 권을 내밀었다. 우리는 오전 11시40분에 만나기로 약속을 했지만 10분 정도 앞당겨서 만났다. 근처에 있는 한식당에서 점심을 함께 먹은 다음 전통찻집에서 그가 내민 자료를 들추어 보았다. 그 중에 김인건이 2017년 7월20일에 발행된 '한국농구'에 기고해 38, 39쪽에 실은 글이 눈에 띄었다. 제목은 '한국농구 발전과 선진농구 도입'인데, 그는 여기서 마콘과 고스폴에 대해 정리된 생각을 드러냈다. 짧지

---

95) 조승연 면담, 2010. 8. 27.

만 함축된 그의 글은 뒤에 부록으로 첨부했다. 여기서는 맞춤법을 표기규정에 맞게 가다듬었다.

1966년부터 3년 동안 한국을 지도한 마콘과 가스폴 코치는 한국농구 역사에 큰 영향을 끼쳤다. 이때 한국 남자농구는 기술적으로 최대의 전환기를 맞이했다고 해도 과언이 아닐 것이다. 남자대표 코치에 미8군 사령부에 근무하는 마콘 중위(1966, 1년)와 가스폴 대위(1967~1968, 2년)는 3년 동안 한국 팀 코치를 맡아 선수들에게 미국의 선진농구 기술을 전수했다. 그들이 떠난 뒤 김영기 코치가 이끈 한국대표팀은 역사상 처음으로 1969년 방콕 아시아농구선수권대회(ABC)와 1970년 방콕 아시안게임에서 연속으로 우승할 수 있었다. 마콘 코치는 미 펜실베이니아 주 출신으로 데이비드슨 대학에서 NCAA 1부 리그에 출전한 경험이 있는 일류 선수였다. 맨투맨 수비만 고집하던 그는 당시 아시아 최강인 필리핀 농구를 연세대 농구팀의 원정길에 함께 가서 보고 온 뒤 새로운 존 수비 형태인 '매치 업 존(Match up zone)' 수비를 도입, 훈련하여 대표팀이 1966년 방콕 아시안게임에서 아시아 최강인 필리핀과 이스라엘을 격파하는 성과를 올리게 된다. 이 수비는 당시 미국에서도 새로이 도입된 지역방어와 개인방어가 가미된 수비형태다. 이후 이 수비는 국내농구계에서 널리 유행하게 됐다. 또한 '풀 코트 프레스(Full court zone press)'를 도입하여 상대를 풀 코트에서부터 압박하는 적극적인 수비를 강조했다. 가스폴 코치는 VMI(Virginia Military Institute)에서 주전선수로 뛰었고, 졸업 후 미8군에서 근무 중 마콘 코치 후임으로 대표 팀을 지도하게 되었다. 가스폴 코치의 업적은 무엇보다도 1968년 초 대표 팀의 미국원정 인솔을 들 수 있겠다. 모든 것이 부족하던 시절 미군 군용 비행기를 겨우 얻어 타고 캐나다와 미국 서부해안 그리고 하와이 등에서 대학팀과 군 팀 등을 상대로 16경기 중 5승 11패를 기록했는데,96) 이때 경험이 훗날 아시아를 제패하는데 큰 도움이 되었다. 선수들과 연령이 비슷한 두 코치는 지도 스타일이 달랐다. 마콘 코치는 야무지고 냉철한 성격의 소유자로 상당히 높은 수준의 기술을 갖고 있었고, 가스폴 코치는 인화와 단결을 요구하는 한국적 마인드를 갖고 있었다. 가스폴 코치는 1967년 서울 ABC 준우승, 같은 해 동경 유니버시아드게임에서 강호 캐나다, 브라질 등을 꺾고 미국에 이어 준우승, 1968년 미국 전지훈련에 이은 멕시코시티올림픽 참가 등의 실적을 올렸다.

---

96) 자세한 내용을 뒤에 기술하겠다.

미국전지훈련

　고스폴은 마콘이 파종(播種)한 농구 훈련 방식을 충실하게 계승
하여 능률을 극대화하였고, 한국의 선수들과 좋은 인간관계를 맺
어 대표 팀의 결속력을 최고의 수준으로 고양(高揚)하였다. 특히 그
가 주선해 캐나다-미국 서부-하와이를 거치며 수행한 전지훈련은
한국남자농구 역사상 매우 큰 의미를 지닌다고 평가할 수 있다.
고스폴은 이 전지훈련을 통하여 한국의 농구선수들이 일찍이 체험
하지 못한 특별한 경험의 촉매가 되었던 것이다. 고스폴은 미군
당국의 협조를 구하여 이인표, 신동파, 김무현, 김인건, 유희형, 박
한, 최종규, 신현수, 곽현채, 김정훈 등 남자농구 대표선수 열 명과
함께 캐나다와 미국 서부지역, 그리고 하와이를 원정하며 현지 팀
들과 친선경기를 벌인 것이다.[97] 이 원정에 대하여 비교적 자세한

---

97) 동아일보, 1968.

기록을 남긴 사람은 신동파와 유희형이다. 신동파는 1974년 1~2월에 '일간스포츠'에 '농구에 묻혀 15년'이라는 제목으로 회고록을 연재하였다. 이 가운데 21편과 22편에서 캐나다-미국 원정에 대하여 적었다. 다음은 신동파의 수기를 요약한 내용이다.

1968년 4월 1일.[98] 선수단은 새벽 여섯 시 쯤 김포공항에 도착하였다. 고스폴은 이때부터 미국행 군용기가 없는지 백방으로 알아보았다. 그러나 미국으로 가는 군용기는 없다고 했다. 미국에 다녀온다며 가족 친지와 작별하고 나온 선수들은 이러지도 저러지도 못하는 입장이 됐다. 선수들은 어떻게 해서든 미국에 가기로 했다. 낙담한 고스폴을 "일단 일본까지라도 가자."라며 설득하였다. 그러자 고스폴은 정신이 번쩍 들었는지 일본행 군용기를 수소문하기 시작하였다. 고스폴의 생각은 이랬다.

"일본까지만 가면 월남(베트남) 등지에서 오는 비행기를 타고 미국에 갈 수 있다."

선수들은 일본으로 가는 비행기에 몸을 싣기까지 열 시간이나 기다렸다. 간신히 비행기를 얻어 타고 도착한 곳은 도쿄 근

---

98) 신동파의 기억이 잘못되었다. 뒤에 소개할 유희형의 기록이나 당시 언론의 기록을 비교해볼 때 남자농구 대표 팀의 출발 일자는 1968년 4월 1일이 아니고 1968년 1월 28일이다. 더구나 유희형은 '당초 1월 20일 출발 예정이었으나 무슨 이유인지 8일 후 출발'이라고 구체적인 설명을 더해 신빙성을 더한다. '경향신문'은 1968년 1월 29일자 8면에 '派美 籠球 28日 떠나'라는 제목으로 '동아일보'는 1968년 3월 4일자 4면에 '美 遠征 籠球團 歸國'이라는 제목으로 기사를 게재하였다.

교의 다치카와 공항. 선수들은 여기서 미국으로 가는 비행기를 얻어 타지 못하면 다시 서울로 돌아갈 작정이었다. 예상한 일이지만 미국으로 가는 비행기를 구하기는 쉽지 않았다. 고스폴이 이리 뛰고 저리 뛰는 동안 하루가 다 갔다. 선수들은 다치카와 공항 대기실에서 코트를 뒤집어쓰고 잠을 청했다. 고스폴이 새우잠을 자던 선수들을 흔들어 깨운 시간은 오전 두 시. 그는 "미국에 가는 비행기가 있다."라며 좋아했다. 고스폴의 설명에 의하면, "월남에서 온수송기가 한 대 있는데, 네 명은 탈 수 있다."라는 것이었다. 선수단은 누군가 먼저 미국에 도착하면 나머지 사람들도 늦게나마 미국에 갈 수 있으리라는 데 의견이 일치했다. 그래서 먼저 출발한 사람은 조동재, 김무현, 곽현채, 유희형 등이었다. 그들은 "미국에서 만나자."라며 먼저 떠났다. 나머지 선수들은 코트를 뒤집어쓰고 다시 새우잠을 청했다.

이튿날 아침까지도 미국행 비행기는 없었다. 선수들은 일본 비자가 없었기 때문에 밖에 나가지도 못하고 세수도 못한 채 공항 내 매점에서 빵을 사다 끼니를 때웠다. 오전 열한 시가 돼서야 미국으로 출발하는 비행기가 나왔다. 월남에서 본국으로 휴가를 가는 미군이 탄 비행기였다. 이번에는 다행히도 모두 탑승할 수 있었다. 비행기는 하와이를 거쳐 이튿날 오전 샌프란시스코에 선수들을 내려놓았다. 먼저 떠난 사람들이 반갑게 맞으리라 기대했던 선수들은 당황했다. 미군이 들끓는 그곳에서 동료를 발견하지 못한 것이다. 고스폴도 당황해서 수소문을 시작했다. 그 결과 놀랍게도 네 사람은 시애틀에 있다고 했다. 이틀 동안 세수도 못하고 잠도 설친 선수들은 거지꼴이 다

되어 기약도 없는 시애틀 행 비행기를 기다렸다. 간신히 시애틀에서 재회한 선수단이 감격했음은 물론이다. 그들은 "다시는 헤어지지 말자."라며 부둥켜안고 기쁨을 나누었다.

김인건은 이때 항공 일정이 지연된 이유를 선명하게 기억한다. 그는 "대표 팀이 출국하기 직전에 미군 정보함 푸에블로 호를 북한군이 공해상에서 납치하여 북한 영해로 끌고 가는 사건이 벌어졌다"면서, 이 때문에 미국 국무성의 협조로 군용기를 타고 미국에 가려던 일정이 열두 시간이나 지연되었다고 설명했다.[99] 아무튼 선수단은 행색을 돌아볼 새도 없이 버스를 이용해 밴쿠버로 향했다. 만 3일이 걸린 길고도 괴로운 여정이었다. 선수들은 버스 안에서 곯아떨어졌다. 밴쿠버에 도착한 시간은 오후 세 시. 마중 나온 캐나다 농구협회의 임원들은 "왜 이렇게 늦었느냐."라고 물은 뒤 기가 막힌 이야기를 했다. 두 시간 뒤인 오후 다섯 시에 경기가 예정되어 있으며 이미 선전이 되어 있고 스케줄이 정해져 변경할 수도 없다는 것이었다. 신동파는 "체육관에 도착하니 관중이 꽉 차 있었다. 유니폼을 갈아입고 코트에 들어서니 귓속에서는 아직도 비행기 소음이 요란하고, 백보드가 빙빙 돌며 림이 두 개로 보였다. 경기를 하면서도 얼른 끝내고 잠을 자고 싶다는 생각뿐이었다."라고 적었다. 한국 남자농구의 역사적인 미국 원정은 이렇게

---

99) 김인건 면담, 2017. 8. 3.

첫 걸음을 내디딘 것이다.

원정은 미국 서해안을 따라 남하하는 여정을 따랐다. 예산도 없이 원정에 나선 선수단의 고생은 이루 말할 수 없는 수준이었다.[100] 하루하루 먹고 잠자는 일을 걱정해야 할 판이었다. 대학과 경기를 하면 그 대학 기숙사나 교수의 집에서 잤다. 그렇지 않으면 그곳 동포들의 집으로 흩어졌다. 군 팀과 경기를 하면 영내 막사가 숙소로 제공되었다. 처음에는 낯선 미국 땅에서 뿔뿔이 흩어져 잠자리를 정하는 것이 무서웠다고 한다. 선수들은 대학 기숙사를 매우 불편하게 생각했다. 학생 여러 명이 사용하는 방에 빈 침대가 있으면 그곳에서 잠을 잤다. 현지 학생들은 낯선 한국 선수들을 만나면 호기심이 발동하여 이것저것 묻곤 하였다. 선수들은 이럴 때 곤란함을 느꼈다고 한다. 신동파는 2013년 6월 12일에 나를 만났을 때 이 당시의 기억을 더듬어 몇 가지 일화를 더 설명해 주었다. 그는 "당시 대학교 교수의 집에서 묵을 때 '지게다리'가 A라는 것만이라도 아는 친구는(영어를 조금 하는 친구는) 한 명만 보내고 그렇지 못한 경우에는 두 명을 한 조로 짜서 보냈다. 한번은 나와 신현수가 같은 동네에 사는 두 교수 집에 나눠 묵었다. 내가 묵은 집 교수는 식구들을 모두 불러 일일이 소개하고, 앨범도 꺼내

---

100) 지금의 기준으로 보면 고행으로 점철된 여로였다. 미군의 군용기를 이용하겠다는 발상도 놀랍지만 예산도 없이 여로에 올랐던 것 같다. 신동파는 나에게 "무지 고생을 했지. (대한농구)협회에서 천 불 줬다는 거 아냐."라고 말한 적이 있다.

설명하는 등 친절하게 굴었다. 하지만 나로서는 고역이었기 때문에 '피곤하다.'고 양해를 구했다. 나는 방에 들어가자마자 문을 걸어 잠그고 가슴을 쓸어내렸다. 누가 또 들어와서 이것저것 묻고 얘기를 하자고 그럴까봐 두려웠던 것이다. 이런 기억은 김인건에게도 선명히 남아 있다. 그의 기록에서는 당시 우리 선수들이 얼마나 어려운 가운데 전지훈련을 진행했으며 그 과정이 어땠으며 그럼에도 얼마나 진지하게 훈련했는지 자세히 나타난다.

그때만 해도 밴쿠버에는 한국 동포가 여섯 가구뿐이었다. 영사관도 물론 없었다. 하지만 동포들은 온가족이 모두 나와 열띤 응원을 해주었으며 경기가 끝난 다음에는 선수와 임원을 각자 집에 초청하여 맛있는 음식을 대접했다. 미국 워싱턴 주로 이동하는 날에는 각자가 승용차를 운전해 우리를 숙소까지 데려다 주었고 경기가 열리는 날에는 미국까지 따라와 응원해 주었다. 미국 서부 각 대학을 찾아다니며 하는 경기여서 숙소는 때로 대학교 기숙사, 대학교수 자택, 미군 숙소, 모텔 같은 곳이었다. (중략) 미국 워싱턴 주 동부에 야크마라는 작은 도시가 있다. 이 도시는 미국 인디언 후손들이 아직도 많이 살고 있다고 한다. 그날 체육관에는 3000명이 넘는 관중이 모여 있어서 깜짝 놀랐다. 그때까지 1승도 올리지 못하고 침울해 있는 선수들이 경기 직전 라커룸에서 미팅을 하는데 고스폴 코치가 함박웃음을 웃으며 서투른 우리말로 "사람 많아, 돈 많아"라고 외쳤다. 사전에 관중 수입의 일정액을 양 팀이 분배하여 경비로 충당키로 했다는 설명을 나중에 들었다. 고스폴은 우리가 캐나다에서 미국으로 넘어간 다음 맞은 첫 아침에 늦잠을 자는 데도 깨우지 않았다. 우리를 내버려 두어 아침식사 시간을 건너뛴 다음 요즘말로 '아점'으로 때우려는 심산이었다. 그만큼 고스폴도 경비 때문에 골머리를 앓았던 것이다. 샌프란시스코에서 경기를 하는 날에는 가까운 곳에 있는 미6군 숙소에서 숙식을 했다. 숙소는 말로만 듣던 아름다운 금문교를 내려다보는 곳에 자리 잡고 있었다. 선수들이 경기를 마치고 돌아와 자정이 넘어서야 겨우 잠이 들었는데 이번에는 새벽 4시30분에 두들겨 깨웠다. 빨리 식사를 하지 않으면 아침을 굶게 된다는 말이었다. 그 당시 미군 식당에서 외국인이 식사를 하려면 50센트를 냈는데 우리 단비는 바닥을 드러내고 있었다. 이렇게 어려운 가운데서도 선수들은 정말 열심히 뛰고 미국의 선진농구를 배우기 위해 노력했다.101)

김인건, 신동파, 유희형 등이 꼼꼼히 기록했듯이, 대한농구협회가 발간한 '한국농구 100년'은 원정 선수단이 "미군 측에서 제공한 군용기를 이용하였고 미국 대학 기숙사 등에서 묵으며 캐나다와 미국 서해안에 있는 대학팀들과 12차례의 친선경기를 하고 하와이를 거쳐 귀국하였다."라고 기록하고 있다.102) 미국 민간외교사절협회인 '피플 투 피플'의 서부지구 책임자 프랭크 월시가 스

---

101) 김인건 자필 수기, 2017. 8. 3.
102) 대한농구협회, 2008: 152.

케줄을 작성했다고 기록한 이 책은 한국 대표 팀의 전적을 4승8패라고 기록하였다. 그러나 이 기록은 그 정확성을 신뢰하기 어려운 면이 없지 않다. 기본적으로 당시 원정에 참여했던 선수들의 기억이나 미국에서 발행된 간행물, 특히 고스폴의 기록과 일치하지 않는다.[103] 예를 들어 김인건은 당시 전적을 5승 11패로 기억하였다.[104] 고스폴이 2010년 3월 20일에 나에게 제공한 문서에 따르면 한국의 원정팀은 총 7승 9패를 기록하였다. 또한 미국 캘리포니아 샌디에이고 대학의 기록은 한국의 원정팀이 캐나다-미국 본토-하와이를 거치며 모두 스물두 경기를 하기로 계획되어 있다고 기록하였다.[105] 샌디에이고 대학의 기록은 그 형식으로 미루어 볼 때 미리 입수한 문서 정보를 그대로 전달한 것으로 판단할 수 있다.

 '우리 아버지 시대의 마이클 조던, 득점기계 신동파'를 쓰던 시점에서 내가 조사한 바에 따르면, 이 원정에서 한국 남자농구 대표 팀은 현지 팀과 열여섯 차례 이상 친선경기를 하였다. 하지만 나는 구체적인 횟수와 성적은 확정하기 어려웠다. 왜냐하면 당시 원정에 참가한 선수들의 기억이 모두 일치하지 않는 가운데 오직 인솔자인 고스폴만 '피플 투 피플 투어(people to people tour)'라고 기억하는 이 원정의 전적을 기록하여 남기고 있었다.[106] 또한 신동

<hr>

103) 심지어 유희형은 2008년 9월 22일 점프볼에 실린 인터뷰에서 "11경기 중 단 2경기만 이기고 9패를 기록하고 돌아왔지."라고 술회하였다.

104) 김인건 면담, 2010. 7. 2.

105) The History of UC SanDiego, 1968. 2. 16.

파는 김인건이나 고스폴의 기억과 달리 "우리는 미국에서 모두 열일곱 차례 경기를 가져 6승11패를 기록했다."라고 기억했다. 이런 점 비추어 볼 때 한국 원정팀이 수행한 친선경기의 횟수는 김인건의 기억과 고스폴의 기록이 일치하는 바와 같이 열여섯 경기였을 가능성이 컸다. 그러나 경기의 결과는 김인건이 기억하는 5승11패와 고스폴의 기록에 적시된 7승9패 가운데 어느 쪽이 더 정확한지 선뜻 판단하기 어려웠다. 고스폴도 몇몇 경기에 대해서는 스코어를 기재하고 있지만 몇몇 경기는 단지 '이겼다'또는 '졌다'식으로 기록하는 데 머무르고 있었기 때문이다.107) 또한 신동파가 기억하는 6승 11패라는 기록도 남겨 두어야 했다. 역사를 공부하는 연구자는 어떤 기록이든 자의적으로 폐기해서는 안 된다. 한국 팀의 경기 가운데 상당수는 비공식 경기였고, 경기 기록을 협회에 보고하지 않아 국내에는 보도되지 않았다. 미국에 남아 있는 기록은 검색 결과 샌디에이고 대학신문에 보관된 한 경기 내용이 유일하다. 경기에 참가한 선수들도 대부분 자세히 기억하지 못했다. 그러나 한국 팀의 코치이자 여행 일정과 세세한 환영행사에 대해서도 꼼꼼히 기록한 점을 고려할 때 대체로 고스폴의 기록과 기억이 정확할 것으로 유추해볼 수는 있었다. 고스폴이 기록한 한국 원정팀

---

106) 대한농구협회, 2008: 152.
107) 한국 원정팀이 상대했다는 미국 현지 팀의 명칭도 정식 팀이라고 보기 어려울 정도로 급조된 느낌을 주는 경우가 있다.

의 전적은 다음과 같다.

Simon Fraser University (85-101패, 83-85패)

British Columbia University (84-92패)

Western Washington State (패)

Eastern Washington State (패)

Central Washington State (패)

Ft.Lewis Army All Star Team (승)

St.Martin's College (패)

All Army Team (패)

Industrial league Asian All Star Team (2경기, 모두 승)

California Western(109-90승)

University of California(97-86승)

Pasadena College (77-83패)

US Army All Star Team (2경기, 모두 승, 첫 경기 117-114승)

그런데 나는 김인건을 주제로 책을 쓰는 동안에 매우 귀중한 자료를 입수하였다. 유희형이 미국 전지훈련 기간 중 손수 작성한 기록이다. 나는 이 기록이 현재까지 가장 믿을 수 있는 자료일 것이라고 생각한다. 매우 성실하고 진지하게 적어나간 그의 기록은 고스폴의 기록보다 세밀하며 한국 남자농구 대표 팀이 수행한 훈련과 경기의 성격이나 내용 결과를 파악하는 데 결정적인 근거를 제시한다. 나는 신동파를 주제로 책을 쓸 때 이 자료를 입수하지 못했으므로 당연히 전지훈련 기간 중 우리 대표 팀이 한 경기의 횟수나 결과를 불분명하게 추정할 수밖에 없는 입장이었다. 유희형이 정리한 내용을 정리하면 미국으로 전지훈련을 떠난 우리 대표 팀 선수단은 모두 열세 명이다. 임원은 조동재, 이경재, 고스폴이었고 선수는 김무현, 이인표, 김인건, 신동파, 신현수, 최종규, 박한, 김정훈, 곽현채, 유희형이었다. 전지훈련 기간은 1968년 1월 28일부터 3월 2일까지로 35일에 걸친 일정이었다.[108] 유희형은 맨 마지막 줄에 '장신 대비 훈련의 성과가 나타날 것으로 확신한다.' 라고 썼다.

한국 대표 팀의 역사적인 원정이 갖는 의미는 세 가지로 요약할 수 있다. 첫째, 한국의 남자농구팀이 미주 지역에서 현지 팀들과 본격적인 경기를 해본 최초의 경험이었다. 둘째, 이 경기들을 통하여 한국의 남자농구선수들은 키가 큰 서양 팀을 상대로 어떻게 경기를 운영해야 하는지를 깨닫고 몸에 익힐 수 있는 계기를 얻게 되었다. 셋째, 농구의 본고장 문화를 체험함으로써 선진 농구 도입의 필요성을 절감하였고 국내 농구 발전의 방향과 질적 기준을 수립하는 계기가 되었다. 당시 고스폴의 지도를 받은 선수들은 이 원정의 추억을 또렷하게 간직하고 있으며 매우 중요한 의미를 부여하고 있기도 하다. 일례로 당시 원정에 참여한 유희형은 "우리 농구가 근본적으로 달라졌다. 단언하건대 이때의 경험이 훗날 아

---

108) 유희형의 기록은 책 뒤에 첨부하였다.

시아를 제패하는 데 밑거름이 되었다."고 회고하였다.[109] 또한 연세대와 한국은행에서 선수생활을 하고 프로농구 대우 제우스와 삼보 액서스의 감독을 역임한 최종규(2017년 현재 미국 거주)는 다음과 같이 증언하였다.

확 달라졌지. 전혀 다른 종류의 농구에 눈을 떴다고나 할까? 미국 아이들이 팔다리가 길고 키가 원체 크잖은가. 처음에는 우리 농구가 안 되는 거야. 안전하다고 생각을 하고 패스를 해도 다 걸리니까. 몇 번 커트를 당하고 골 먹고 그러다 보니까 자신감도 떨어지고 할 줄 아는 것도 못 하는 거야. 그러나 자꾸 경기를 하면서 느낌이 오고, 미국 아이들의 타이밍이 어떻다는 걸 알겠더라고. 나중에는 우리도 좋은 경기를 했어요. 키 큰 선수들이라고 해서 약점이 없지는 않구나. 이런 걸 많이 하면 쟤들도 어려워하는구나. 이런 걸 알게 되었지. 한마디로 우물 안을 벗어나서 (농구를 보고 느끼는) 눈이 뜨인 셈이에요.[110]

우리 선수들은 전지훈련 기간 동안 절반은 의식적으로, 절반은 습관처럼 장신 선수들을 상대하는 대비책을 익혔다. 특히 장신의 리바운드 독점을 저지하기 위한 박스 아웃(Box Out) 전법과 장신을 뚫는 공격법을 익혔는데 이 뒤에 맞는 멕시코시티올림픽, 1970년 유고 세계농구선수권대회 등에서 선전할 수 있는 기술적, 심리적

---

109) 유희형 면담, 2010. 3. 4.
110) 최종규 면담, 2010. 11. 29.

바탕을 이때 마련했다고 해도 틀린 말은 아니다. 젊은 김인건도
이 역사적인 경험의 한복판에서 숨 쉬고 있었다.

첫 아시아 타이틀

1969년, 한국 남자농구는 역사적인 순간을 맞는다. 당시 아시아 제일의 테크닉을 구사하던 필리핀이 지배하던 판도를 허물고 처음으로 정상에 오르는 것이다. 한국은 1969년 아시아남자농구선수권대회 결승에서 신동파가 50득점을 기록하는 눈부신 활약을 하면서 필리핀을 제압하고 광복 후 처음으로 아시아를 제패했다. 신동파는 이때의 놀라운 활약으로 필리핀에서는 신격화와 다름없는 숭배의 대상으로 각인되었다. 이듬해 방콕 아시안게임에서 다시 우승해 한국은 비로소 아시아 남자농구의 강호로 자리 굳힌다. 두 차례의 우승은 한국의 농구인들에게 아시아 정상 국가로서의 정체성을 내면화하는 동기를 제공하였고 중국의 등장111) 이후 우승이 어

---

111) 중화인민공화국(中華人民共和國)을 말한다. 한국은 1992년 8월 24일 중국과 적대관계를 청산하고 국교를 정상화하기 전까지 중공(中共)이라고 불렀다. 이

려워진 상황에서도 정상을 탈환해야 한다는 치열한 의지와 목적의
식을 견지할 수 있는 동인(動因)이 되었다. 이러한 의미는 훗날에
구체적으로 정립되지만 당대에도 적잖이 감동했던 것 같다. '동아
일보'는 1969년 12월 1일자 1면 중단에 신동파가 점프슛하는 사
진과 함께 한국 남자농구 대표 팀의 우승 기사를 게재하였다. 이
기사를 통하여 당시 아시아남자농구선수권대회의 위상과 더불어
한국 사회가 얼마나 국제 스포츠 대회 입상을 희구했으며 거기에
가치를 부여했는지도 미루어 짐작할 수 있다. '한국농구도 아주 제
패(亞洲 制霸)'라는 제목을 붙인 '동아일보'는 'ABC 비(比)'를 96대86
격파(擊破)'라는 작은 제목과 '내년 세계대회 출전 자격'이라는 중
간 제목을 넣었다. 상세한 기사 내용은 다음과 같다.

한국대표농구팀은 29일 방콕에서 거행된 제5회 아시아 농구
선수권대회 최종일 경기에서 선수권자인 필리핀을 96대86으로
완파, 60년 농구사상 처음으로 아시아의 패자로 군림했다. 이
로써 한국대표농구팀은 아시아연맹의 결의에 따라 70년 유고
에서 거행되는 세계농구선수권대회 아시아 지역 대표로 참가할

무렵 한국인에게 중국은 자유중국(自由中國; 中華民國), 즉 대만(臺灣)을 뜻
했다. 1958년 국제올림픽위원회(IOC)에서 탈퇴하면서 국제무대에서 자취를
감추었던 중국은 1971년 일본에서 열린 세계탁구선수권대회에 선수단을 파견
하면서 국제 스포츠 무대에 다시 등장했다. 아시아 무대에 본격적으로 모습을
보이기 시작한 시기는 1974년 테헤란 아시안게임이었다. 중국은 270명에 이
르는 대규모 선수단을 파견하였다. 이보다 앞선 1973년 아시안게임 집행위원
회는 자유중국의 축출을 결의하였다.

자격을 얻는 데 성공했다.

　한국 팀은 거친 필리핀의 플레이 매너 때문에 후반 초까지 고전을 면치 못했으나 신동파의 슛이 계속 호조를 보임으로써 리드를 잡기 시작, 6명의 필리핀 베스트를 5반칙 퇴장시켜 추격권을 훨씬 벗어났다. 이 게임에서 신동파 선수는 단독으로 50포인트를 획득, 최고수훈선수로 각광을 받았다.

　제5회 아시아농구선수권대회 종합순위는 다음과 같다.
　　▶ 우승＝한국 8전8승
　　▶ 준우승＝일본＝8전7승1패
　　▶ 3위＝필리핀 8전6승2패[112]

　같은 날 '경향신문'은 8면 톱으로 승전보를 게재하였다. 제목은 '농구 60년 최고의 날', '신동파 혼자서 50점', '11번이나 타이, 전반은 동점'이었다. 이 기사는 경기의 줄거리를 알게 해주는 상보(詳報)인 셈인데 시간대별로 경기 상황을 알게 해주는 요즘의 보도 방식과는 달리 대체적인 흐름을 이해할 수 있을 정도의 정보만을 담고 있다. 앞서 소개한 '동아일보'의 보도와 마찬가지로 우리 스포츠 미디어의 당시 형태를 짐작하게 한다. 또한 '동아일보'와 '경향신문'이 나란히 '한국농구 60년 사상 첫 개가'로 보도하고 있는데, 당시 한국의 농구 도입 시기를 1909년으로 인식하고 있었던 것인

---

112) 동아일보, 1969.

지, 아니면 '반백년'이나 '반만년 역사'처럼 대강을 잡아 서술한 것인지 분명하지 않다.

한국농구는 29일 대망의 아시아 정상을 정복했다. 한국은 이날 밤 방콕 국립 체육관에서 거행된 제5회 아시아 농구선수권대회 최종일 결승전에서 전 후반에 걸쳐 열한 차례의 타이와 역전을 거듭한 접전 끝에 숙적 필리핀을 95-86으로 꺾고 8전 전승으로 우승함으로써 한국농구 60년 사상 처음으로 아시아 농구의 정상에 오른 것이다.

김영일 신동파 이인표 김인건 유희형 등 베스트 파이브를 초반부터 기용한 한국은 골게터 신동파가 철저히 마크를 당해 4분 만에 11대10으로 역전 당했으나 이인표의 다채로운 드라이브 인으로 돌파구를 뚫어 6분에 다시 리드를 잡고 신동파는 마크가 풀려짐으로써 줄곧 리드를 잡아오다 주전선수들의 많은 파울로 말미암아 필리핀의 속공을 허용, 전반전을 47-47 타이로 끝냈다.

후반전에 들어선 한국은 이인표의 드라이브인과 신동파 선수의 정확한 중거리 슛으로 일진일퇴의 시소게임을 벌여오다 63대61로 리드를 잡고부터 초조해진 필리핀 팀의 무리한 경기 운영과 주전선수 4명의 5반칙 퇴장으로 승세를 잡고 드디어 95대86으로 전년도 우승팀인 필리핀을 누르고 한국농구의 꿈을 이루고 말았다.

한국의 히어로 신동파 선수는 끈덕진 마크에도 불구하고 종횡무진 50점이라는 개인득점을 기록했다. 아시아농구의 정상에 오른 한국농구선수들은 감격에 벅찬 눈물을 흘렸으며 한표욱 대사 등 응원 나온 교포들의 감격어린 환성이 경기장 내를 진동시켰다.113)

이 시기의 한국농구는 지속적인 대표 팀 강화 노력의 결실을 수확하는 시기였던 것 같다. 외국인 지도자를 기용해 선진기술을 습득하고 수비 방식을 놓고 논쟁과 고민을 거듭한 보람이 있었던 것이다. 이 무렵의 우리 농구에 대해 신동파는 매우 인상적인 기록을 남겼다.

이제까지의 한국농구는 공격위주로 수비가 약한 게 흠이었는데 이 대회를 계기로 공수의 밸런스를 유지하게 된 것이다. 다시 말하면 공격위주의 농구가 수비위주의 농구가 된 것인데 이것이 우리가 아시아의 정상을 정복하는 데 결정적인 역할을 했다. 이런 사실은 스코어 상으로 봐도 알 수 있다. 우리는 대 홍콩 전을 1백12-38, 대 중국전을 96-69, 대 일본전을 75-66, 대 라오스 전을 1백54-50으로 각각 이겼는데 우리의 실점이 많지 않은 것을 보면 우리의 수비가 얼마나 강화되었는지 잘 알 수 있는 것이다. 114)

한 팀이 정상에 이르는 일이 우연처럼 벌어지는 사건일 수는 없

113) 경향신문, 1969.
114) 김인건 자필 수기, 2017. 7. 28.

다. 위대한 업적을 이루기 위해서는 장시간에 걸친 도움닫기가 필요하다. 또한 정상이 눈앞에 닥쳤을 때에도 확신을 하지 못하거나 느끼지조차 못할 때가 있다. 우리 대표 팀의 노력이 오랜 도움닫기였다면 그 과정에서 수행한 여러 경기들은 일종의 조짐으로서 메시지를 던지고 있었던 것이다. 돌아보면 한국 남자농구가 아시아 정상에 오를 기회는 1969년 이전에도 있었다. 예컨대 1967년 서울에서 열린 아시아선수권에서는 반드시 우승해야 했다. 이보다 더 결정적인 기회는 1966년 방콕아시안게임이었다. 결론적으로 말해 한국은 이 대회에서 태국의 홈 텃세에 희생되어 동메달을 따는데 만족했는데, 이 당시 대표선수로 활약한 인물들은 이 대회를 설명할 때 한결같이 억울함을 토로한다. 김인건도 예외는 아니다. 그는 수기에 '뼈아팠던 그 경기, 시간을 되돌릴 수 있다면'이라는 제목으로 이렇게 적었다.

　　선수 생활을 하는 동안 많은 국내경기와 국제경기를 겪어 보았지만 어느 경기 하나 스스로 만족스럽다고 생각되는 경기는 없었다고 생각된다. 특히 국가를 대표하는 국제경기에서는 더욱 그렇다. 그 중에서 1966년 11월 방콕에서 열린 제5회 아시아 경기대회 준결승전인 주최국 태국과의 경기가 가장 뼈아팠던 경기였다. 경기는 A, B 2개조로 나눠 예선전을 치르고 각 조 상위 2개 팀이 준결승에 진출하는 방식이었다. 우리 조에 아시아 최강인 필리핀과 중동의 장신팀 이스라엘이 속해 있었다. (이스라엘은 그 당시 아시안게임에 출전했다.) 우리 팀은 베트남, 미얀마, 이란을 무난히 이기고 미국 유학생이 다수 포함된 이스라엘마저 62-48로 크게 눌렀다. 예선 마지막 날엔 필리핀을 83-82로 이겨 조 1위로 준결승에 올랐고, 다른 조에서 2위를 하고 올라온 태국과 준결승 경기를 하게 되었다. 아시아 최강인 필리핀은 예선 탈락하였다. 조 2위로 준결승에 오른 이스라엘은 다른 조 1위인 일본을 크게 이기고 결승에 올랐다. 그런데 크나큰 불상사가 경기 도중 체육관에서 벌어졌다. 한국 팀은 한 수 아래였던 태국이 아니라 그 경기에 배정된 필리핀 심판의 일방적인 휘슬에 꼼짝 못하고 당하고 만 것이다. 필리핀 심판이 예선에서 자국 팀이 한국에 패한 분풀이를 한 것 같은 느낌을 지울 수가 없다. 한국 선수가 공만 잡으면 워킹, 더블드리블 등 바이얼레이션과 오펜스 파울을 계속 불어대고 수비에서는 계속 한국 팀 파울만 불어댔다. 화가 난 한국 선수들과 한국 벤치에서 여러 차례 항의를 했지만 계속 무시당했고, 이에 편승한 태국 선수들은 거친 플레이를 서슴지 않았다. 결국 후반전 52-67로 뒤진 상태에서 리바운드 공을 다투다 격렬한 몸싸움이 주먹다짐으로 이어졌고 삽시간에 벤치에 있던 선수들까지 합세해 코트가 아수라장이 되고 말았다. 경기는 즉시 중단되고 관중 없이 재경기를 하자고 요구한 한국 측의 요구는 묵살됐다. 결국 경기가 중단된 시점의 스코어대로 승부를 결정함으로써 한국의 패배가 결정되고 말았다. 아시안게임 사상 처음으로 최강팀 필리핀을 꺾음으로써 이제 우승할 수 있다는 희망에 차있던 한국 선수단은 크게 낙담했다. 그 난동 속에서 한국 선수단을 응원하던 이병희 농구협회장(전 국회

167

의원)과 권투임원 주상점 씨는, 안전을 책임져야 할 태국 경찰의 경찰봉에 봉변까지 당했다. 한국 선수단의 김 모 선수는 치아가 부러지는 중상을 입었고 이 모 선수는 손목이 10여㎝나 찢어졌다. 결국 한국은 3~4위전에서 일본을 72-60으로 꺾고 동메달에 만족했다. 결승에 오른 이스라엘은 손쉬운 상대인 태국을 큰 스코어 차이로 누르고 우승을 했는데, 이 경기에서도 태국은 또 난동을 부리는 추태를 부렸다고 한다. 만약 한국이 결승에 올랐다면 예선 성적에서 보듯이 이스라엘을 꺾고 금메달을 획득했으리라 확신했지만 안타까울 따름이었다.115)

이런 산전수전을 다 겪은 후에야 우리 남자농구는 아시아의 정상에 등정할 수 있었다. 선수들은 "우리 생애에 이 대회가 마지막 기회"라는 절박함으로 똘똘 뭉쳐 있었다.116) 이들은 주장인 김영일을 중심으로 마음을 모았고, 수 년 동안 계속돼 온 혹독한 훈련을 견뎌낸 사나이들이었다. 개인기가 뛰어날 뿐 아니라 몸싸움 등

---

115) 김인건 자필 수기. 2017. 7. 28. 또한 김인건은 비슷한 증언을 '더 바스켓'과의 인터뷰에서도 한다. "1966년 방콕 아시안게임에서 사상 처음으로 필리핀과 일본 대표 팀을 꺾었습니다. 준결승에서 아시안게임 농구 사상 최악의 사태가 발생했는데, 바로 주최국 태국 전이었지요. 태국은 도저히 우리 상대가 안됐어요. 그런데 경기시작부터 아예 모든 골을 노골로 선언했을 정도로 심판이 파울을 불어 10분 만에 20점차로 벌어졌고, 이 차이는 좁혀지지 않았습니다. 아무리 항의해도 받아들여지지 않자, 후반 4분 쯤 경기를 포기했어요. 태국은 결승에서 이스라엘에 90-42, 48점 차로 패해 은메달을 땄습니다. 금메달을 딴 이스라엘은 우리가 예선에서 62-48로 가지고 놀았던 팀이어서 너무 아쉬웠습니다."
116) 김인건 면담, 2017. 8. 3.

거친 플레이에 능한 필리핀을 상대하기 위해 우리 선수들은 정규 훈련이 끝난 다음 서울 종로에 있는 YMCA를 찾아가 유도를 익히기도 했다. 이런 훈련이 즉시 효과를 나타낼 리는 없지만 선수들의 정신력을 강화하고 자신감을 키워 주었다. 아시아를 제패한 선수들이 홍콩과 도쿄를 거치는 귀국길에 오르자 대한농구협회의 이병희 회장이 도쿄까지 마중을 나갔다. 선수단은 김포공항에서 서울시청까지 카퍼레이드를 했다. 시민들은 12월의 추위도 아랑곳하지 않고 연도에 몰려나와 선수들을 환영했다. 아직 텔레비전이 널리 보급되기 전이어서 시민들은 대개 이광재 아나운서가 중계하는 라디오 방송에 귀를 기울였다. '고국에 계신 동포 여러분, 안녕하십니까. 여기는 상하(常夏)의 나라…'

작전이 된 첩보 드라마

　김인건이 활약하던 시대의 대표적인 골게터는 신동파였다. 당시 대표 팀의 지도자들은 신동파의 탁월한 슛 기술을 팀의 제 1 득점 수단으로 간주하고 팀의 경기력을 신동파 위주로 집약하기 위해 노력하였다. 이 같은 노력은 특히 국가대표 팀 수준에서 높은 완성도를 보였고, 이 과정에서 이룩된 한국 남자농구의 성취는 국내 농구계에 강하고도 지속적인 영향을 미쳐 '슈터 위주의 공격 전술' 운용이라는 전통의 수립을 유도하였다. 이러한 전통은 골밑 선수 (센터나 파워포워드)를 활용하여 공격에 따른 성공의 확률이 높은 골밑 공격을 기본으로 삼는 현대 농구의 일반적인 흐름을 벗어나는 독특한 경우로 간주할 수 있다. 이러한 경기 방식은 특히 자유중국(대만)이 아시아 무대에서 물러나고 1974년 중국이 등장하여 큰 키를 이용한 골밑 농구로 아시아를 평정하던 시기에 한국농구가 중국과 정상을 다툴 수 있는 유일한 대항마로 기능할 수 있게 했다는 평가도 가능하다. 그러한 근거는 한국이 중국이 등장한 이후 열린 ABC에서 한 차례(1997년), 아시아경기대회에서 두 차례(1982년, 2002년) 등 중국을 제외하고는 가장 자주 우승한 팀이라는 기록에서도 찾아볼 수 있다.

남자대표팀의 공격 전술 수립에 있어 확인 가능한 근거는 마콘과 고스폴 등 미국인 코치의 진술과, 같은 시대에 대표선수로 활약한 농구인들의 증언을 들 수 있다. 특히 마콘은 득점력이 높은 신동파의 슛 기술을 최대한 활용하기 위하여 '동파스 플레이(Dongpa's play)'라는 공격 작전을 개발해 냈다. 마콘은 "신동파를 활용하는 것이 공격에서는 최선의 옵션이었다."라고 회고하였다.117) 마콘의 '동파스 플레이'는 'G1' 또는 'G2'라는 부분전술로 집약된다. 신동파에게 안전하고 보다 완전한 슛 기회를 제공하기 위하여 동료 선수들이 상대 팀의 수비를 기만하고 스크린 등의 기술을 이용하여 정당하게 진로를 막는 내용이었다. 신동파는 "많은 선수가 (수비 선수를 가로막는) 스크린을 해서 나로 하여금 슛을 던지게 하는 작전이었다. 나의 능력을 알아준다는 점에서 고맙게 느꼈다."라고 회고했다.118) 최종규는 "신동파에게 슛 기회를 만들어 주기 위해 나머지 네 명의 선수가 모두 희생했다. 그렇지만 그 공격 방법이

---

117) 찰리 마콘 이메일 인터뷰, 2010. 5. 6.
118) 신동파 면담, 2010. 2. 25.

성공확률이 매우 높았기 때문에 타당하다고 생각하였고 불만을 표현하는 선수는 없었다."라고 술회하였다.[119] 이 전술은 마콘과 고스폴이 임무를 마치고 미국으로 돌아간 뒤에도 한국 남자농구 대표 팀에서 즐겨 사용되었고, 한국 남자농구가 아시아 정상에 오르는 데 주요한 무기로 활용되었다. 신동파는 'G1'이 특히 1969년 필리핀과 우승을 다툰 제5회 ABC에서 집중적으로 사용되었으며, 매우 효과적이었다고 구술하였다.

　　우리는 이 게임에서 G1이라는 공격전법을 처음 시도했는데 이 작전은 퍽 주효하여 후반에 우리가 승세를 굳히는 원동력이 되었다. G1이라는 것은 특별한 의미가 있는 것이 아니고 우리가 사용하는 암호에 불과한 것이다. 이 작전은 스타플레이어를 위주로 득점하는 작전이다. 우리는 공격할 때 패스와 스크린을 거쳐 상대방의 수비를 교란시킨 다음 내가 후리·스로·에어리어에 들어가면 최종적으로 이인표(李仁杓) 선배가 나에게 패스, 내가 점프·슛을 쏘았다. 그런데 이 작전은 원숙한 패스와 센스가 필요하기 때문에 어느 팀이나 할 수 있는 것은 아니다. 당시 주전인 김영일(金永一), 이인표, 김인건(金仁健) 선배 등은 훌륭한 개인기와 폭넓은 게임 시야로 이 작전을 성공시킨 주역들이다. 나의 득점은 모두 이들 선배의 어시스트에 의한 것이었다는 것을 분명히 해둔다. 이 작전을 처음 시도했을 때는 후반 7분께였는데 이때 우리는 61-59로 리드당하고 있었

119) 최종규 면담, 2012. 3. 21.

다. 나는 이인표 선배의 패스를 받아 첫 골을 성공시켜 61−61 타이를 만들었다. 이 뒤 우리는 이 작전을 계속 써서 나는 연속 9골을 성공시켜 전세는 완전히 역전되었다. 우리가 후반 10분께 5골을 리드한 것이다. 이렇게 되어 필리핀의 기세는 완전히 꺾였다. 120)

<그림 1>은 신동파가 회고록에서 진술한 G1의 다이어그램이다. 먼저, 공격형 가드 유희형이 포워드 (주로 이인표)에게 패스할 때 톱 가드 (김인건)는 공격형 가드와 함께 더블 컷을 한다. 중요한 점은 김인건이 먼저 컷하고 이어서 유희형이 컷하는데, 이때 포스트에 있는 센터(김영일 또는 박한·최종규)는 유희형과 함께 왼쪽 사이드에 있는 신동파를 위해 겹 스크린을 한다. 신동파는 이를 이용해 자유투 라인 부근으로

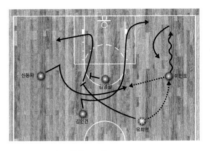

〈그림 1〉 신동파가 그린 G1(또는 G2).

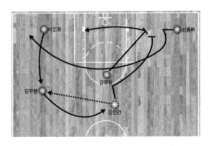

〈그림 2〉 최종규가 그린 '동파스 플레이'.

진출한 다음 이인표로부터 공을 받아 점프슛하거나 골밑으로 파고 들어 레이업슛 등으로 마무리한다. 두 가드의 컷은 상대 팀 수비

120) 일간스포츠, 1974. 2. 2.

수들을 교란하기 위한 움직임이고, 최종 목적은 신동파에게 득점 기회를 제공하는 데 있다. 그런데 신동파가 회고한 내용은 2012년 12월 21일 서울 올림픽파크텔에서 구술 녹음에 응한 그가 "G1은 생각이 나지 않고 G2만 기억한다."라며 그린 다이어그램과 대부분의 내용이 일치한다. 이 부분은 회고록 작성 당시의 기억이 선명할 것으로 유추할 수 있다. 따라서 2012년에 그린 신동파의 G2다이어그램은 G1의 착각일 것으로 보인다. 그렇다면 G2는 무엇인가에 대한 의문이 발생한다. 사실 두 전술은 형태상 변주(變奏)임을 추측할 수 있을 뿐 근본적인 차이는 없다고 본다. 다양한 스크린을 통하여 신동파가 안전하게 슛을 던질 수 있도록 하는 것이 목적이라는 점에서 근본적으로 같은 전술이었다고 볼 수도 있다. <그림 2>는 최종규가 그린 마콘의 전형적인 '동파스 플레이(Dongpa's play)' 다이어그램인데, 최종규는 이 다이어그램을 G1 또는 G2라고 정확하게 지칭하지는 않고 "G1, G2라는 게 결국 이런 움직임이다."라며 그림을 곁들여 설명하였다. 이렇듯이 G1과 G2에 대한 설명은 오랜 시간이 지났기 때문인지 증언자마다 다소 차이가 있다. '동파스 플레이'를 마콘이 개발한 것은 확실하지만 이 전술이 G1, G2와 어떤 관계가 있는지, '동파스 플레이'가 G1이나 G2 중에 하나인지, 아니면 '동파스 플레이'에서 G1, G2로 변형됐는지 단언하기 어렵다. G1, G2가 '동파스 플레이'와는 완전히 다른 전술이라면 이를 개발한 인물이 누구인지에 대해 정설을 확인하기도 어렵다. 당대에 활약한 주요 대표선수들도 정확하게 기억하지 못하고 있기 때문이다. 다만 신동파를 활용하여 공격의 성공률을 극대화해야 한다는 인식에는 마콘이나 고스폴, 훗날 대표 팀의 코치를 맡는 김영기도 이론이 없었던 듯하다. 나중에 김영기는 2008년 10월 15일 월간 '점프볼'과 인터뷰를 하면서 "공격에서는 'G2'라고 내가 만든 전법인데, 지금도 농구를 보다 보면 자주 나오더라고 'G2'는 예전에 첩보 TV 연속극 제목이었는데, 갖다 붙인 거지. 시대가 지나도 변화가 없이 일반화되어 있더라고"라고 말함으로써 이 공격 방법을 자신이 개발했다는 취지의 발언을 하였다. 어찌됐든 '동파스 플레이'와 G1, G2는 근본적으로 같은 주제를 가지고 있는데, 전술적인 움직임과 스크린에 의한 신동파의 득점 기회 창출이다.

김인건, 세계를 보다

김인건은 국가대표 선수로서 활발하고도 폭넓은 국제 경기 경험을 쌓아 나갔다. 1964년 도쿄올림픽, 1965년 제 3회 ABC(쿠알라룸푸르), 1966년 제 5회 아시아경기대회(방콕), 1967년 제 4회 ABC(서울), 제 2회 유니버시아드(도쿄), 1968년 멕시코시티올림픽, 1969년 제 5회 ABC(방콕), 1970년 제 6회 유고 세계남자농구선수권대회, 제 6회 아시아경기대회(방콕), 1971년 제 6회 ABC(도쿄) 등 한국 남자농구 대표 팀이 출전한 대회에 모두 출전하여 부상이나 질병으로 인한 경우를 제외한 대부분의 경기에서 주전 선수로 활약하였다. 이 시기에 축적된 다양한 경험은 김인건을 비롯하여 비슷한 시기에 대표선수 생활을 한 농구인들에게 강한 인상과 영향을 남겼다. 이 농구인들이 활약한 시기는, 그들이 은퇴한 뒤 상당수가 각급 농구 팀의 코치나 감독 등 지도자가 되어 후진을 양성했다는 점에서 한국농구의 역사라는 측면에서 볼 때도 의미 있는 시기였다고 평가할 수 있다. 김인건은 이 시대의 인물군(人物群) 가운데 그 족적이 뚜렷하며 선수로서는 대표 팀의 리딩 가드로서, 지도자로서는 남자실업농구의 전성기를 장식한 명문 팀 삼성의 감독이 되어 업적을 쌓아 나갔다. 김인건은 또한 1970년 유고에서 열린 세계남자농구선수권대회에 출전함으로써 그동안 쌓아온 국제경험을 집약하는 과정을 거쳤다. 이 과정은 매우 의미가 있는데 이 대회가 끝난 다음 1년 남짓 대표선수로 더 활약한 다음 은퇴의 길을 걷기 때문이다. 그러므로 이 경험은 훗날 지도자로서 새 출발하는 데 자산으로 기능했을 것이며 그가 한국 남자농구의 엘리트 지도자로서 자리를 굳히는 바탕이 되어 주었다. 김인건은 이 대회와 관련하여 구체적인 기록을 남기지 않았다. 그의 메모는 간략하다.

나는 선수로서 두 번의 올림픽(1964 동경, 1968 멕시코시티)과 세계선수권대회 (1970 유고)에 참가하였다. 두 번의 올림픽에서는 참패를 면치 못하였으나 유고 대회에서는 상당히 좋은 경기를 펼쳤다. 우리 조에 속한 브라질, 캐나다, 이태리 등 강호들과 거의 대등한 경기를 펼쳐 브라질과 이태리한테 근소한 차이로 졌으나 캐나다를 이긴 것이다. 비록 결선 8강전에는 진출 못했으나 결선에서 우리 조의 브라질이 2위를 하였고, 이태리가 5위를 하였던 것이다. 또한 코치로서 두 번의 세계선수권 대회(1986 스페인, 1990 아르헨티나)에 참가하여 하위권에 머물렀으나 많은 점을 느꼈다. 신장(키)면에서 많이 작았지만, 풀(full)게임을 프레싱(pressing)으로 뛸 수 있는 체력과 우리 실정에 맞는 작전을 구사한다면 어느 정도 따라갈 수 있지 않을까 생각한다. 순위 결정전에서 허재 선수는 아프리카 팀과 대전에서 혼자 62점을 기록했다. (3점슛 14개 포함)[121]

당시 선수단 단장은 이병희 회장이었고 감독 강재권, 섭외 조동재, 코치 김영기였다. 선수는 김영일, 이인표, 김인건, 신현수, 이병국, 최종규, 박한, 곽현채, 유희형, 윤정근, 이자영, 신동파. 한국은 이 대회에 대비해 장신을 상대하기 위한 훈련을 쌓았다. 타이트 맨 투 맨, 2-3 지역방어, 1-2-2 하프 코트 존 프레스 등을 수비 전술로 익히고 공격에서는 최대한 지연작전을 써 슛을 쏘는 방법을 택함으로써 상대방의 공격 시간을 최소화했다. 이 대회 참가국은 한국, 캐나다, 파나마, 유고, 브라질, 소련, 미국, 이탈리아, 체코, 우루과이, 쿠바, 호주, 아랍 등 13개국이었는데 한국은 브라질, 이탈리아, 캐나다 등 강한 상대들과 한 조가 되었다. 3개 조로 나뉜 팀들은 예선리그를 해서 상위 2개 팀이 상위리그에 올라가고 나머지는 하위리그를 벌였다. 한국은 브라질에 77-82, 이탈리아에 66-77로 지고 캐나다만 97-88로 이겨 1승2패를 기록함으로써 하위그룹으로 처졌다. 이 대회에 참가한 한국 선수들은 브라질을 상

---

121) 김인건 자필 수기, 2017. 7. 28.

대로 한 첫 경기를 매우 아쉽게 생각한다. 거듭되는 심판의 오심 때문에 이길 수 있는 경기를 놓쳤고, 그 결과 상위리그에 진출하지 못했다는 것이다. 당시 경기 상황을 돌아보면 경기 막판까지 한 점을 놓고 밀고 당기는 접전이었다. 그런데 승부처에서 오심 또는 편파판정이 속출한다. 유희형이 브라질의 수비를 과감히 뚫고 드라이브 인해 들어갈 때 상대방 선수가 밀어제쳤다. 그러나 체코의 주심은 유희형의 오펜스 파울을 선언했다. 역전할 기회가 날아갔지만 추격은 계속됐다. 게임 종료 1분여를 남겨 놓았을 때 김인건이 브라질 수비를 뚫고 골밑으로 맹렬히 대시해 들어간다. 다급해진 브라질 선수가 김인건을 밀어제쳤다. 김인건이 공을 가진 채 라인 밖으로 튕겨나갈 정도로 강하고 고의적인 반칙이었다. 그러나 체코인 주심은 김인건의 터치아웃을 선언했다. 더 이상 기회는 없었고, 한국 선수들은 의욕을 상실했다. 이렇게 결정적인 오심이 속출하는 가운데 경기가 끝나 한국의 첫 승리가 날아갔다. 하지만 소득이 전혀 없지는 않았다. 김인건을 포함한 한국 선수들은 우리 농구가 세계정상과 어깨를 나란히 하고 겨뤘다는 데 자부심을 느꼈다. 한국은 2년 전 멕시코시티올림픽에서 브라질에 59-91로 크게 졌다. 그러나 2년 동안 성장을 거듭한 한국 남자농구는 공격과 수비 양면에 걸쳐 많은 발전을 보였고 장신에 대한 대책도 세웠기 때문에 대등한 경기를 했다. 당시 브라질은 미국이나 소련과 정상을 다툴 정도로 강했고 결국 이 대회에서 준우승을 차지하였다. 주최국인 유고가 우승, 소련은 3위, 미국은 5위를 기록했다.

■ 김인건의 세계선수권대회 기록

대회	상대	날짜	기록	경기결과(전반)
1970 유고	브라질	5월 10일	10득점	77-82(39-44)
	캐나다	5월 11일	12득점	**97–88(49–50)**
	이탈리아	5월 13일	10득점	66-77(31-36)
	파나마	5월 17일	2득점	88-91(34-39,84-84)*
	캐나다	5월 19일	10득점	**79–77(45–45)**
	통일아랍공화국	5월 20일	8득점	**93–73(47–36)**
	쿠바	5월 22일	8득점	76-77(40-39)
	호주	5월 23일	10득점	**92–79(49–41)**

* 연장 승부.

김인건은 세계선수권대회에서 한국이 출전한 모든 경기에 나가 70득점을 기록하였다. 경기당 8.8득점이다. 또한 김인건은 두 차례 올림픽에 참가하였는데, 1964년 도쿄올림픽에는 아홉 경기에 출전해 74득점(경기당 8.2득점), 1968년 멕시코시티올림픽에는 아홉 경기에 출전해 47득점(경기당 5.2득점)을 기록하였다. 김인건은 도쿄올림픽에 출전했을 때는 아직 팀의 중심 선수가 아니었지만 멕시코시티에서는 팀의 리더로서 책임이 막중했다. 멕시코는 해발 3000여 m에 이르는 고지대로, 산소가 희박해 선수들에게 큰 고통을 주는 곳이었다. 한국 선수들은 이런 조건에 적응하기 위해 2개월 동안 훈련을 했으나 현지에서 당장 효과를 보지는 못했다. 선수들은 매일 코피를 흘렸고, 몸이 제대로 풀리지 않아 항상 찌뿌드드했다. 이런 상태 속에서 홈 코트의 멕시코를 첫 상대로 만나 62-75로 졌다. 타이트 맨 투 맨으로 장신의 공격을 차단하며 시소게임을 거듭했지만 후반에 들어가자 체력이 떨어지고 호흡곤란을 느끼면서 제대로 뛰지 못했다. 하위그룹으로 떨어진 한국은 숙적 필리핀에도 져 14위에 머물렀다. 이 패배는 호된 결과를 낳았다. 한국 선수들은 필리핀과 경기를 마치면 3일 동안 자유 시간을 즐길 예정이어서 기대를 잔뜩 했다. 하지만 다른 팀도 아닌 라이벌 필리핀에 또 지자 당시 한국선수단 단장이던 이병희 회장이 '외출금지령'을 내린 것이다. 선수들은 하루 종일 선수촌 아파트에 처박혀 잡담으로 소일한 기억을 억울해 하며 오래 기억했다.

■ 김인건의 올림픽 기록

대회	상대	날짜	기록	경기결과(전반)
1964 도쿄	핀란드	10월 11일	15득점	72-80(31-37)
	우루과이	10월 12일	4득점	64-105(29-66)
	브라질	10월 13일	4득점	65-92(24-51)
	호주	10월 14일	11득점	58-65(19-31)
	페루	10월 16일	4득점	57-84(20-41)
	유고슬라비아	10월 17일	6득점	66-99(30-47)
	미국	10월 18일	12득점	50-116(23-70)
	헝가리	10월 20일	14득점	83-99(43-38)
	페루	10월 22일	4득점	66-71(31-37)
1968 멕시코시티	멕시코	10월 13일	4득점	62-75(27-39)
	폴란드	10월 14일	1득점	67-77(27-38)

소련	10월 15일	10득점	58-89(34-44)
쿠바	10월 16일	5득점	71-80(29-34)
브라질	10월 18일	6득점	59-91(32-42)
모로코	10월 19일	7득점	76-54(38-17)
불가리아	10월 20일	2득점	60-64(33-32)
세네갈	10월 22일	4득점	76-59(37-28)
필리핀	10월 23일	8득점	63-66(34-31)

동영상!

한국 남자농구가 세계선수권대회나 올림픽 못잖게 큰 비중을 둔 대회는 아시아남자농구선수권대회(ABC)이다. 이 대회는 아시아의 최강 팀을 가리는 이벤트로서 전통적으로 아시아 강호들의 각축장이 되어 왔다. 김인건은 1963년 제2회 대회(대만)부터 1971년 제6회 대회(일본)까지 다섯 차례 출전하였으며, 1965년 제3회 대회(말레이시아)에 출전할 무렵에는 한국 팀의 리딩 가드로 자리를 완전히 굳혔다. 경복중고등학교와 연세대학교를 졸업한 그가 태극마크를 처음 단 시기는 1962년 제4회 아시안게임부터. 한국은행에 입단한 해는 1966년이다. 국가대표로 10년(1962~1971년), 국가대표 감독으로 14년(1977~1990년) 동안이나 헌신한 그에게는 '한국농구의 발전을 이끌었다'는 평가가 무색하지 않다. 더구나 1969년 아시아선수권대회, 1970년 아시안게임 우승 멤버가 아닌가. 김인건이 국가대표로서 마지막으로 출전한 국제대회도 1971년 일본 도쿄에서 열린 제6회 대회다.[122] 이 경기는 몇 가지 점에서 기록에 남길 가치가 있다. 현재로서는 유일하다고 해도 과언이 아닐 실황녹화 동영상이 존재하기 때문이다. 나는 오랫동안 노력한 결과 이 영상을 입수하였는데, 여기에 그 경위와 내용을 밝힌다. 이 내용은 논문으로도 작성하였다.

일반적으로 스포츠 경기나 행사를 다룬 동영상은 물적(物的) 자료의 하나로서, 스포츠와 체육사 연구의 자료로서 매우 가치가 있다. 스포츠와 관련한 역사적 사실의 확인이라는 일차적 미덕을 넘어 문화사 측면에서는 경기문화와 관전문화, 유니폼을 비롯한 복식에 대한 연구를 위한 자료로서 유익하다. 자연과학적 연구 측면에서는 동작 분석을 통한 역학적 고려, 기술에 대한 고찰도 가능하다. 무엇보다 스포츠의 역사를 다루는 측면에서는 신문이나 잡지 등 문서로 이루어진 일차자료가 가지는 메시지의 한계를 일시에 극복할 수 있다는 점에서 매우 가치가 높다고 할 수 있다. 역사적 사건에 대한 문서는 숫자로 이루어진 객관적 지표가 아닌 한, 그 서술에 있어 필연적으로 글쓴이의 관점이 개입하지 않을 수 없는 숙명을 지녔다. 춘추(春秋)의 필법이라 할지라도 선비의 절개를 반영하는 것이 필연의 사실이다. 그러나 동영상으로 기록된 역사

---

122) 1971년 10월 30일부터 11월 10일까지 일본의 도쿄에서 열렸다. 요요기경기장을 사용하였다.

는 실제 사건을 기록하는 한 원초적 정보를 제공하는 매개체로서, 문서로 기록된 역사를 검증하거나 최소한 보족(補足)하는 데 매우 긴요하다. 우리 스포츠는 일제강점기를 거쳐 광복 이후 70여 성상을 겪는 동안 스포츠 종사자들과 체육인들, 그리고 전문 연구자들의 노력에 힘입어 눈부신 발전을 거듭하였다. 뿐만 아니라 국가정책의 일부로서 대중의 삶에 깊은 영향을 미쳐왔음을 부인하기 어렵다. 서양식 근대 스포츠의 도입과 발전이 이 시기에 집약적으로 이루어진 만큼 이에 대한 역사적 기록 역시 이 시기에 집적되었다고 보아도 무리가 아니다. 그러나 사진이나 동영상과 같은 시각 자료가 문서 기록에 비하여 상대적으로 빈곤하다.

일제강점기와 광복 이후 산업화와 민주화를 동시에 수행하는 과정, 즉 '가까운 과거'에 대한 검토는 풍부하고도 방대한 자료를 통하여 체계적으로 정리되는 한편 평가와 의미부여가 수행되는 것이 이상적이다. 이는 해당 종목과 분야의 종사자들과 연구자들이 공동의 노력으로 경주하여야 할 문제임에 틀림없다고 본다. 그러나 일부 종목과 분야에서는 미디어의 발달이 부족하거나 언론의 인식이 미치지 못한 관계로 기록되지 않거나 유실되어버린 역사적 사실이 적지 않다. 대중적 종목과 분야라고 할지라도 기술적인 한계로 인하여 문서와 회고 외에 사실에 대한 접근에 한계를 노정하는 경우도 있다. 대중스포츠로서 프로 경기가 운영되고 있는 농구 종목의 경우에도 예외는 아니다. 한국 사회에서 '농구'라는 스포츠 종목은 1907년 황성기독교청년회 간사로 일하던 미국인 선교사 필립 질레트 의해 보급됨으로써 야구와 더불어 일본을 경유하지 않고 직수입된 역사적 정체성이 분명하다. 일제강점기에 식민 제국의 중심 문화에 대항하는 민족 문화운동의 일부로서 기능했으며, 농구가 정식종목으로 처음 채택된 1936년 베를린올림픽에 이성구, 염은현, 장이진 등이 비록 일본의 대표 자격으로라도 출전하여 세계의 중심을 경험하였다는 역사적 사실 또한 분명하다. 그러나 이들이 활동한 내용을 확인할 수 있는 방법은 당대의 기록과 언론 보도, 그리고 관계자들 사이에 전해 내려오는 구전(口傳) 등으로 제한되며, 동영상은 남아 있지 않다. 오직 사진 한 장이 베를린 올림픽 공식기록집에 게재되어 있는데 바로 이성구이다.

광복 이후 열린 첫 올림픽에 대표선수단을 파견한 우리 농구는 1960년대 중반을 지나면서 기술적으로 괄목할 성장을 이룩하였다. 1964년 도쿄올림픽, 1968년 멕시코시티올림픽에 잇따라 참가하여 세계의 농구강국과 조우하였고 이 과정에서 집적한 기술과 경쟁력은 1969년 아시아남자농구선수권대회와 1970년 아시아경기대회 우승으로 귀결되었다고 평가할 수 있다. 여기에 소개하는 동영상은 우리 농구가 두 차례 아시아 제패를 달성한 전성기의 끝자락에서 아시아 열강인 일본, 대만(당시 국호는 중국), 필리핀과 아시아의 패권을 다툰 1971년 아시아남자농구선수권대회의 기록이다. 이 동영상을 통하여 지금과는 다른 경기 규칙을 관찰할 수 있으며 참가자들의 신체적 능력과 경기력 이외에 그들이 착용한 유니폼과 경기화 등 장비의 발달 정도와 유행을 관찰할 수도 있다. 무엇보다도 당시 한국과 일본 남자농구대표팀의 주요선수들이 보인 경기력과 경기방식, 기술과 전술, 경기의 진행상황과 내용 및 결과를 확인하고 고찰하며 분석할 기회를 포착할 수 있다. 동영상이 구현하는 당대의 현실 일부는 국내 미디어의 보도 내용과 비교할 수 있으며 그럼으로써 문서 기록의 오류를 시정하고 스포츠 역사의 귀중한 일부로서 편입할 가능성을 확보하게 된다.

우리 학계에서나 미디어 분야에서 농구 경기 내용 자체에 대한 접근은 일반적이지 않다. 특히 과거에 벌어진 특정한 농구 경기를 분석하여 특징적인 내용을 추출하거나 의미를 부여하고 현대에 미친 영향을 살핀 사례는 매우 희박하다. 각종 종목의 경기기술을 살피는 데 동영상이 더러 활용된 사례가 아주 없지는 않으나 존재 여부가 불분명한 동영상을 찾아 연구하거나 그 본질을 확인한 사례는 찾기 어렵다. 내가 이 글을 쓰는 이유는 두 가지다. 첫째, 동영상의 입수 경위를 밝혀 스포츠 종목 연구자들이나 미디어 부문 종사자들이 향후 다양한 추가 발굴을 하는 데 참고할 사례로서 제공하고자 한다. 둘째, 동영상 자체를 분석하여 경기의 내용과 과정 결과 등을 요약하고 문서 기록과 대조함으로써 동영상이 지니는 사료로서의 가능성을 극대화하고자 한다. 이를 위하여 당대에 활약한 선수 중 생존한 인물들을 관찰과 분석 과정에 참여시켜 경기의 내용과 의미를 확인했다. 또한 그들의 증언과 확인을 신문 등 당대 매체의 보도와 교차 검토함으로써 1971년 11월 10일 도쿄 요요기체육관에서 구현된 우리 농구의 의미심장한 일순간을 현재에 형상화하고 더 심도 깊은 연구의 기회도 열어 두고자 하였다.

이 동영상은 현재로서는 유일한 자료로서 그 내용이 보여주는 경기 규칙 등이 현재와 다소 다르고 화질도 맑지 않아 개개인의 동작을 정밀하게 분석하고 검토하는 데 한계가 있다. 또한 오직 한 편에 불과한 동영상은 한 대회 내지 시대를 관류하는 맥락 속에서 우리 농구에 대한 이해를 확충하는 데 한계가 있다. 생존한 해당 경기의 참가자들이 고령이어서 기억이 분명하지 않은 경우도 있으며 의견이 엇갈리거나 서로 다른 부분에서 문제점과 의미를 찾아내는 현상도 없지는 않다. 하지만 동영상의 물리적 약점은 컴퓨터를 이용한 영상 기술의 발전에 따라 앞으로 개선될 여지가 있다. 또한 동영상의 관찰과 분석에 참가한 인물들의 엇갈린 기억은 텍스트가 가진 스펙트럼을 다양하게 해준다는 점에서 긍정적으로 볼 수도 있다.

동영상 입수 경위

이 동영상은 총 1시간 21분 33초 분량으로, 소재는 1971년 도쿄에 소재한 국립요요기체육관(國立代代木競技場, Yoyogi National Gymnasium)에서 아시아남자농구선수권대회가 열렸을 때 일본 대표로 출전한 아베 이게아키(阿部成章)의 개인 소장품이다. 아베는 NHK 텔레비전 방송국의 현장 중계방송을 가정용 비디오 테이프에 녹화한 것을 DVD로 전환하여 나에게 제공하였다. 전달자는 일본인 농구 저널리스트 고나가요시 요코(小永吉 陽子)이며 동영상은 흑백 화면으로서 화질은 비교적 명료하지 못한 편이다. 중계방송은 일본어로 진행되며 간간이 학생 시위로 인하여 전철이 마비되었다는 긴급보도가 자막으로 제공되는 등 당대의 일본 사회상을 반영하는 사례도 발견된다. 이 동영상이 기록한 경기는 대회의 마지막 경기이다. 따라서 대회에 참가한 대한민국 남자농구 대표 팀의 마지막 경기

이기도 했다. 한국 대표 팀은 이때까지 6승1패를 기록하여 일본과의 경기 결과에 따라 우승, 준우승 또는 3위가 결정되는 상황이었다. 또한 이 대회는 이듬해에 독일(당시는 서독)의 뮌헨에서 열리는 제20회 하계올림픽의 아시아 예선을 겸하고 있었다. 이 동영상은 2015년 8월 현재 유일하게 남아 있거나 유일하게 발견되어 국내로 반입된 것으로 경기의 시종을 관찰할 수 있는 사적 자료이다. 1969년 제5회 아시아남자농구선수권대회와 1970년 방콕에서 열린 제6회 아시아경기대회에서 우승한 한국 남자농구 대표 팀의 주전 선수가 대체로 잔존하는 시기의 경기 모습을 확인할 수 있는 사료이기도 하다. 동영상에 등장하는 인물들은 1969년과 1970년 우리 농구의 아시아 제패를 이끈 인물들로서 당대의 스타들이며 같은 시대에 최선의 경기력을 발휘한 인물들로 간주해도 무리는 아니다. 또한 이 인물들 가운데 상당수가 훗날 일선 지도자가 되어 남녀 실업팀과 대학팀을 지도하였을 뿐 아니라 일부는 국가대표 팀을 이끌게 된 만큼 우리 농구의 현재를 가능하게 한 시원(始原)을 소환한다는 의미 부여도 가능하다.

나는 스포츠 사료로서 동영상의 가치에 주목하여 특히 한국 남자농구가 아시아의 정상에 오르는 시기에 경기한 중계방송 동영상을 찾기 위한 노력을 수년간 경주하였다. 그러나 그 성과는 대체로 미미한 가운데 신동파를 사적으로 면담하는 과정에서 동영상의 존재 가능성을 확신하게 되어 구체적인 노력을 다방면으로 기울였다. 신동파는 "한국이 아시아선수권대회에서 처음으로 우승한 1969년 결승 경기를 필리핀에서 생중계했으며 이후 한 달 이상 여러 차례 녹화 방송하였다는 증언을 필리핀 친구들로부터 자주 들었다."라고 하였다.[123] 신동파는 2014년 12월 5일 주한필리핀대사 라울 에르난데스(Raul Hernandez)를 면담한 자리에서 각별한 관심을 가지고 동영상 발굴에 협조해 둘 것을 요청하기도 하였다.[124] 그러나 2015년 8월 현재까지 동영상은 발견되지 않았고, 그 존재 여부조차 확인되지 않고 있다. 나는 1970년을 전후로 한 시기의 경기 장면을 담은 동영상이 존재한다면 그 장소는 일본이 유력하다고 판단하였다. 그 이유는 1971년 도쿄에서 아시아남자농구선수권대회가 열렸고, 이 대회는 홈 팀인 일본이 우승하였으며 한국은 일본, 대만, 필리핀 등 아시아의 경쟁국들과 차례로 경기를 했기 때문이다. 일본은 당시 아시아에서 유일하게 올림픽(1964년)을 개최한 스포츠 선진국으로서 첨단의 중계방송 기술을 가졌고, 전통적으로 아시아 남자농구의 상위권을 지켜 온 데다 이전 대회 우승 팀인 한국과 일본의 경기는 빅 카드로 분류되었을 가능성이 컸다. 나는 동영상 자료를 입수하기 위하여 2012년 5월 9일 일본 내 농구경기 방송권 추이를 확인한 다음, 시기별로 농구 경기 중계를 담당한 방송국에 문의하는 방식으로 당시의 경기 동영상을 수배하

---

123) 신동파 면담, 2010. 2. 25.
124) 스포츠조선, 2014.

였다. 그 결과는 다음과 같다.

첫째, 일본농구가 일본체육협회 가맹단체로 있던 1975년까지 TV아사히가 중계권을 독점하였고, 아마추어 단체인 구 일본농구협회(구 JBA)가 행정단체로 활동한 1976년부터 2006년까지 TV아사히, SKY A, NHK가 중계권을 나누어 가졌다. 실업과 프로가 혼재(混在)할 때 일본농구협회(JBA)가 행정을 관장한 2007년부터는 SKY A가 중계권을 독점했다. 각 방송국에 동영상의 존재 여부를 문의한 결과 TV아사히와 NHK, SKY A 모두 보관된 동영상 자료가 없다고 확인하였다. 동영상 자료가 남아 있지 않은 이유는 각 방송국이 일정기간 자료를 보존한 이후에는 중요도에 따라 파기하는 경향이 있고, 농구 경기가 일본 방송의 메이저 콘텐트가 아니라는 점을 감안해 이해해야 할 필요가 있다. 2012년 6월 5일에도 'NHK 인터내셔널'을 통하여 문의하였으나 역시 해당 영상은 없다고 확인하였다. 이러한 과정을 통하여 온전한 경기 내용을 담은 일련의 동영상 자료가 공식적으로 관리 보관되고 있지 않을 가능성이 크다는 결론에 도달하였다. 그래서 나는 2013년 9월 14일 한국을 방문한 일본인 농구 저널리스트 고나가요시 요코에게 협조를 요청하였다. 고나가요시는 2017년 8월 현재 농구전문지인 '더 케이저(The Cager)'와 '월간바스켓볼(月刊バスケットボール)' 등의 매체에 기고하는 농구전문기자이다. 나는 고나가요시에게 1971년 일본에서 열린 아시아남자농구선수권대회의 실황중계 동영상이 존재할

가능성을 언급하였다. 또한 그동안의 검색 과정과 결과를 설명한 다음 개인적으로 동영상을 보관하고 있는 농구 관계자가 있을 수 있음을 지적하면서 협조를 요청하였다. 고나가요시는 일본 농구 역사를 잘 아는 일본의 원로 농구인 호리우치 히데노리(堀內秀紀)에게 문의하였다. 호리우치는 수소문 끝에 1971년 아시아남자농구선수권대회에 일본 대표로 출전한 아베 이게아키가 당시 일본과 한국의 대회 최종일 경기 동영상을 VHS테이프로 보관하고 있다는 사실을 확인하였다. 아베는 당시 일본의 주전 선수로서 경기당 15.25득점·1.9리바운드를 기록하였고, 한국과의 경기에서는 20득점을 기록하였다. 아베는 자신이 소유한 VHS테이프를 DVD로 구운 다음 호리우치에게 전달하였고 이를 고나가요시가 받아 2014년 2월 6일 우편을 통하여 연구자에게 전달함으로써 입수가 완료되었다.

동영상의 소재와 관련, 몇 개 항목에 걸쳐 호리우치-아베에게 일본어 전문통역가인 박강자(朴康子)에게 의뢰하여 질문을 하고 답변을 구했다. 이들은 "원본(테이프)은 남아 있는가?"라는 나의 질문에 "원본이 남아 있다면 NHK가 보관하고 있겠지만 자세히 알지 못한다."고 답변하였다. 내가 이전에 NHK에 문의한 결과 보관하고 있지 않다는 답변을 얻었으므로 동영상이 존재할 가능성은 없다고 판단하였다. "다른 아시아 남자농구 경기 동영상을 보관하고 있는가?"라는 질문에는 "1979년에 일본의 나고야에서 열린 모스크바올림픽 일본과 중국의 예선 경기도 보관하고 있다. 그러나 기본적으로 1970년대 이전의 동영상은 아직 비디오가 보급되지 않았던 시기이기 때문에 가지고 있지 않다."는 답변을 들었다. 따라서 현재로서는 아베 이게아키가 개인적으로 보관하고 있으면서 나에게 DVD로 구워 제공한 본 동영상이 당시 한국 남자농구 대표팀의 경기를 확인할 수 있는 유일한 물적 자료라고 간주할 수 있다.

김인건의 고별전

　나는 동영상의 내용을 검토하기 위하여 당시 남자대표팀의 주전 선수로 활동한 인사들 가운데 연락 가능한 대상자에게 의뢰하여 동영상에 등장하는 인물을 식별하고 당시 남자농구대표팀이 사용한 전술과 현장 상황 등에 대한 설명을 구하였다. 요청에 응해 동영상 검토에 참여한 인물은 김인건·신동파·유희형·최경덕·박한이다. 김인건과 최경덕은 당시 대표 팀의 포인트 가드로서 김인건이 선발, 최경덕이 교체 전문이었다. 유희형은 슈팅 가드와 포워드를 겸하였으며 신동파는 득점전문 포워드였다. 박한은 센터로서 최종규와 교대로 골밑을 지켰다. 최종규도 생존하고 있으나 미국에 거주하고 있어 동영상 검토 작업에 참여하지 못했다. 동영상 검토 작업을 수행한 시기는 2015년 7월 18일이었고 장소는 서울시 강남구 논현동 2번지 KBL센터 6층 접견실이었다. 이곳을 선정한 이유는 동영상 검토 작업에 참여하는 인사들이 모이기 좋았을 뿐 아니라 프로농구 경기를 모니터링하기 위해 설치한 텔레비전과 동영상 구동장치의 성능이 우수하였고, 기계 조작 등을 하는 데 KBL 전문 인력의 조력을 구할 수 있었기 때문이다.

스포츠 경기의 경쟁 방식은 시대에 따라 변화한다. 기술과 장비의 발전은 경기의 수준을 향상시키며 뛰어난 운동선수의 등장은 해당 종목의 대중적 인지도를 높이는 데 결정적인 영향을 미친다. 1971년 아시아남자농구선수권대회에 출전한 우리 대표 팀의 구성은 얼핏 보기에 1970년 아시안게임 우승 멤버와 큰 차이가 없다.[125] 그러나 가장 큰, 또한 결정적인 변화는 대표 팀의 중심 선수이자 정신적인 기둥이었던 김영일이 은퇴하여 코치로 일하고 있었다는 점이다. 김영일은 1966년부터 1967년까지 한국 남자농구 대표 팀을 지도한 미국인 코치 찰리 마콘이 역량을 인정한 선수로서 패스와 슛이 정확했다. 마콘은 "속공을 하지 않을 때는 개인기와 득점력이 뛰어난 신동파와 김영일의 개인기를 이용하여 일대일 공격(isolate Shin Dong Pa and Kim Yong Il one-on-one)을 지시하였다"라고 증언하였다.[126] 김영일이 비운 센터 자리는 최종규와 박한이 메웠다. 포인트 가드로는 김인건이 건재했고 슈팅 가드로 유희형이 전성기를 누리고 있었다. 가드 포지션의 교체 선수로는 최경덕

125) 대한농구협회, 2008: 342.
126) 찰리 마콘 이메일 인터뷰, 2010. 5. 6.

과 신현수가 있었다. 최경덕은 1970년 아시안게임에 나가지 않았지만 먼저 대표선수가 된 신현수보다 자주 기용되었다. 신동파는 이 해 7월 6일 서울 장충체육관에서 열린 연세대 동문과 고려대 동문의 친선경기를 앞두고 훈련하다 허리를 다쳤는데 채 회복되지 않은 상황이었다. 이밖에 곽현채와 이인표가 교체선수로 뛰었다. 김인건과 이인표는 이 경기를 마지막으로 국가대표 팀에서 은퇴했다.

이 대회에 참가한 한국 남자농구 대표 팀은 멀리 보면 1964년 도쿄올림픽, 가까이 보면 1967년 도쿄 유니버시아드가 열릴 때부터 주축 선수들이 확립되어 경기력을 꾸준히 향상시킨 견고한 팀이었다. 이 팀은 1967년 도쿄 유니버시아드 준우승, 같은 해 서울에서 열린 아시아남자농구선수권대회 준우승, 1968년 멕시코시티 올림픽 본선 진출 등 쉼 없이 국제대회 우승 메달에 도전하였으며 1969년 태국에서 열린 아시아남자농구선수권대회와 1970년 태국 방콕에서 열린 아시아경기대회에서 우승함으로써 대표 팀이 젊어져야 했던 한 시대의 소명을 완수하였다. 또한 1970년 유고에서 열린 세계남자농구선수권대회에 참가, 11위를 기록하면서 세계무대에 중심에서 한국농구의 존재감을 과시하기도 하였다. 1971년 아시아남자농구선수권대회에 참가한 한국 대표 팀은 오래 호흡을 맞춰 온 데 따른 경험에 따라 특별한 작전을 사용하지 않고 상황에 맞춰 즉흥적인 공격을 주로 구사하였고 이따금 약속에 의한 공격을 하기도 하였다. 특히 '스플릿 더 포스트(Split the Post)'가 주요 공격 방법이었다.[127] 스플릿 더 포스트는 외곽 선수들이 센터를 끼고 골밑으로 파고들며 수비를 떨어뜨리고 슛이나 패스 기회를 만드는 공격 방법이다. 1970년까지 센터 자리에서 이 전술을 주도한 인물이 김영일이었다. 동영상에서도 한국의 대표선수들은 약속에 의하지 않고 즉흥적으로 풀어 나가는 공격을 주로 구사하였다. 수비에서는 개인방어 외에 2-3지역방어 또는 개인방어와 2-3지역방어를 혼합한 매치업 존(Match-Up Zone Defense), 전면강압수비와 함정수비를 혼용하였다.

---

127) 김인건 면담, 2015. 7. 18.

정상에서 퇴장하다

　이 경기에 대한 국내 언론의 보도를 요약하면 다음과 같다. 한국은 재일동포 응원단 2000여 명을 포함, 7000여 명의 관중이 스탠드를 메운 가운데 벌어진 경기에서 유희형의 선제골로 기선을 잡았으나 5분 이후 골게터 신동파가 일본의 장신 고마다와 소다 등에 철저히 마크 당하자 득점원을 봉쇄당한 채 일본의 일방적인 리드를 허용, 전반을 30-37로 끝냈다.128) 후반전에 들어 일본의 주전멤버들이 세 명이나 5반칙 퇴장당하면서부터 최종규의 과감한 플레이와 신동파가 페이스를 되찾아 8분47초에 54-54, 5분36초를 남기고 60-60으로 두 차례 타이를 이루는 시소를 벌였으나 일본의 장신 선수 누마다의 리바운드 독점으로 끝내 76-68로 분패했다.129) 이 날 경기의 결과로, 제 6회 아시아남자농구선수권대회는

---

128) 경향신문, 1971.

홈코트의 일본이 8전 전승으로 우승, 필리핀이 7승1패로 2위를 차지, 뮌헨올림픽의 출전자격을 획득하였고, 한국이 2년간 누려온 아시아 패권은 일본으로 넘어갔다. 한국은 6승2패로 3위에 머물러야 했다.

일본과의 경기에서 한국 대표 팀은 개인방어로 시작, 스코어가 20-25로 뒤지자 2-3 매치업 존으로 전환하여 23-33까지 이 수비 전술을 유지하다가 공격에서 G2를 한 번 사용한 다음 개인방어로 전환하였다. 30-37으로 추격한 다음 사이드라인에서 공격을 시작하여 G2를 또 한 차례 구사하고 다시 매치업 존으로 전환하였다. 후반 8분 10초 쯤 48-54로 뒤진 가운데 세 번째 G2를 사용했으며 신동파와 유희형의 연속 득점으로 8분 47초에 54-54로 이날 첫 동점을 만들었다. 이 과정에서 유희형이 5반칙 퇴장을 당하였는데, 수비가 강하고 리바운드 기여도가 높은 그의 퇴장은 큰 손실이 되었다. 한국은 54-56에서 다시 G2를 구사하며 경기 종료 5분 36초를 남기고 60-60으로 다시 동점을 이루었다. 60-64로 뒤진 3분 16초 전 전면강압수비와 함정수비로 공을 뺏기 위한 수비를 구사한 다음 2-3 매치업 존으로 전환하였다. 당시 대표 팀의 가장 강력한 공격 전술이었던 'G2'라는 작전은 네 차례만 사용하는 데 그쳤다. 그 이유는 남자농구 대표 팀의 전성기에 이 전술을 수행하는 데 중심인물인 김영일의 은퇴로 인한 부재가 영향을 주었을 것으

---

129) 동아일보, 1971.

로 추정한다. G2는 득점력이 높은 신동파의 슛 기술을 최대한 활용하기 위하여 많은 선수가 (수비 선수를 가로막는) 스크린을 해서 신동파로 하여금 슛을 던지게 하는 작전이었다.[130] 이 전술이 단번에 성공하여 득점으로 연결된 경우는 한 번도 없었고, 이 전술에 이어지는 추가 공격이 점수로 연결되었다.

이 경기 결과에 대하여 국내 언론은 1972년 뮌헨올림픽 출전 자격을 놓치고 아시아의 패권을 일본에 넘겨준 데 대하여 강한 유감을 표명하였다. 특히 '동아일보'는 조광식의 논평을 통하여 남자농구 대표 팀이 '노쇠했고 안일했다'라고 혹평하였다. 조광식은 "아시아 4강인 일본·필리핀·중국(현재의 대만) 등과 비교할 때 선수 개개인의 기술과 체력 신장 및 팀플레이 등이 가장 뒤떨어지는 형편이었다. 가장 두드러진 한국 팀의 약점은 리바운드의 열세였다." 라고 평가하였다. 그는 한국 대표 팀이 리바운드가 달려 속공을 할 수가 없으며 속공을 못하게 되니 세트 플레이에 의존하게 되고 슛률의 저조, 기동력 부족으로 플레이를 뜻대로 운영할 수 없었다고 분석하였다. 또한 조광식은 "일본을 비롯, 필리핀과 중국 등이 이번 대회에서 보여준 전력은 지난 2년간 한국에 빼앗겼던 아시아 정상을 재탈환하면서 뮌헨 행의 꿈을 실현키 위한 집념에 찬 노력이 얼마나 집요했던가 짐작하고도 남는다. 그들의 대단한 신진대사에 기인한 스피드·테크닉·파워가 겸비한 점과 노쇠하여 패기

---

130) 신동파 면담, 2010. 2. 25.

없고 안일한 모습의 한국 팀과 비교할 때 너무나 대조적이었다."
라고 썼다. 대표 팀이 매너리즘에 빠졌다던가, 노쇠했다는 조광식
의 지적은 단지 대표 팀이 패한 데 따른 언론의 상투적인 비난을
넘어 상당한 설득력이 있다고 본다. 이 대회가 끝난 다음 김인건
과 이인표가 은퇴하겠다고 선언하며, 세대교체의 주역이어야 할
곽현채·최경덕·신현수 등이 은퇴를 앞둔 선배들의 대역을 충분
히 해내지 못했기 때문이다. 다른 시각으로는, 이토록 혼란스러운
가운데 아시아 3위에 입상했다는 사실을 통하여 남자농구 대표 팀
이 상당한 저력을 발휘했다는 평가도 가능하다. 한국은 이 대회
이후로도 아시아 정상을 탈환하는 데 어려움에 봉착하였다. 특히
1958년 국제올림픽위원회(IOC)에서 탈퇴하면서 국제무대에서 자취
를 감추었던 중국(中華人民共和國)이 등장하면서 아시아 정상에서 완
전히 밀려났다. 한국 남자농구가 아시아 정상을 탈환하는 시기는
뉴델리 아시아경기대회 결승에서 중국을 84-83으로 제압하는
1982년 12월 3일로 이 동영상에 등장하는 경기가 끝난 뒤 11년이
나 지난 뒤의 일이었다. 아시아남자농구선수권대회 타이틀을 기준
으로 살펴보면 1997년 11~19일 사우디아라비아의 리야드에서 벌
어진 제19회 아시아남자농구선수권대회에서 우승하기까지 무려
28년이 걸렸다. 한국 남자농구는 2002년 부산, 2014년 인천에서
열린 아시안게임에서 우승했으나 아시아남자농구선수권대회는
2000년대 들어 2017년 현재까지 우승을 기록하지 못하였다.

이 동영상은 한국 남자농구 대표 팀이 아시아의 패권을 걸고 일본을 맞아 벌인 치열한 경기 양상을 가감 없이 보여주며 신문의 보도나 대한농구협회의 기록 등이 보여주는 추상성을 돌파하여 즉각적이고도 직정적인 이해를 가능하게 한다. 그러므로 발견만으로도 긍정적인 면이 없지 않으나 더 많은 과제와 가능성을 동시에 남기고 있다. 무엇보다도 유사한 자료의 추가 발굴 내지 발견과 입수가 시급하고, 그럼으로써 추가 연구가 풍부하게 진행될 수 있다. 1시간 30분도 되지 않는 짧은 동영상으로는 한 시대 우리 남자농구 대표 팀의 농구를 꿰뚫어보는 데 한계가 있기 때문이다. 특히 아날로그 시대가 종언을 고하고 디지털의 시대로 이행하는 과정에서 오래된 아날로그 자료들이 빠르게 폐기되거나 분류에서 제외될 가능성이 크다. 그럴 경우 자료가 유실되거나 그렇지 않다 해도 발굴이 더 어려워질 수 있다. 그런 점에서 여러 종목의 경기 단체와 전문학회, 방송을 비롯한 미디어 등에서 네트워크를 적극 가동하고 필요하다면 협업도 이루어져야 한다고 본다. 또한 이미 발견한 자료에 대해서는 다채로운 추가 연구를 통하여 우리 스포츠 역사 지식의 지평을 확대할 필요가 있다. 이러한 작업은 기록과 기억 사이의 심연을 메워가는 조소(塑造) 작업이 긴요함을 뜻한다. 스포츠와 관련한 여러 학제의 독자적인 심층 연구도 필요하다.

김인건만 잡아라

    이 동영상으로는 김인건이 얼마나 뛰어난 가드였는지, 그의 플레이 스타일과 장단점이 무엇이었는지 짐작하기 어렵다. 이 동영상이 녹화되는 시점에서 김인건은 부상 중이었으며 당시로서는 노장이었기 때문에 은퇴를 준비하고 있었다. 당연히 김인건이 뛴 시간은 적은데, 짧은 기용 시간에도 불구하고 그의 강한 집중력과 정확한 슈팅능력을 확인할 수 있다. 김인건의 기량과 영향력을 확인하려면 동시대 선수들의 증언을 청취하는 쪽이 정확할 것이다. 여기 매우 흥미로운 증언이 하나 있다. '매일경제신문의 1981년 10월 20일자 12면에 게재된 기사인데, 제목은 '김인건 선수만 잡아라'이다. 조승연이 고려대학교에 다니던 시절 연세대학교와 경기하며 체험한 내용을 설명하고 있는데, 그의 증언은 당대의 농구 코트에서 김인건의 실력과 위상을 반증한다.

1965년 9월말, 그날은 유난히 더웠다. 3년 만에 부활된 고연전 정기전을 앞두고 지나친 긴장을 한 때문인지는 모르지만 당시 농구를 갓 시작한 나에게는 무척이나 덥다는 느낌밖에 없었다. 더욱이 농구경기가 벌어진 장충체육관은 젊음의 열기가 꽉 찬 전투장을 방불케 했다. 전반전은 우리 고대가 3포인트를 진 상태에서 끝났다. (중략) 휴식시간이 끝난 후 후반전 출전 직전에 주기선 코치가 나를 스타팅 멤버로 전격 기용했다. 주 코치는 연대의 김인건 선수만 따라잡으라고 단단히 일러 주었다. 연대의 주득점원인 신동파 선수에게 볼이 패스되지 않도록 김인건 선수를 철저하게 마크하는 것이 후반전의 고대 전략이었다. 이 전략대로 나는 김인건 선수만 마크했다. 동문들의 응원소리는 하나도 들리지 않았고 코치가 보내는 손짓과 김인건 선수의 몸놀림만 시야에 들어왔을 뿐이다. 타임아웃이 되었다고 했을 때 (나는 게임 종료 총소리도 못 들었지만) 우리가 오히려 3포인트 역전한 숫자가 크게 보였다. 주 코치가 무표정하게 등을 친 것이라든지, 철학과 친구들이 한턱 낸 막걸리 파티는 지금도 잊히지 않는다. 이튿날 고대신문에 내 이름 승연(승연)은 연세대에 이기란 뜻으로 선친께서 지어준 것이라고 대서특필되는 등 나는 당장 히어로가 되었다. (후략)

조승연은 고려대를 나와 기업은행에서 선수생활을 했다. 국가대표로 김인건, 신동파 등과 동시대에 활약했다. 선수로서뿐 아니라 여자농구 지도자로서 많은 업적을 남겼다. 실업농구 삼성의 감독으로 일하는 동안 농구대잔치에서 여섯 번 우승을 기록했다. 특히 국가대표 감독을 맡아 1984년 LA올림픽에서 여자대표팀을 은메달로 이끌었는데, 이는 2017년 현재까지 우리 여자농구가 올림픽에 참가해 기록한 가장 좋은 성적이다. 행정가로서도 뛰어난 능력을 발휘해 한국여자농구연맹(WKBL) 출범에 기여했고 2005년에는 남자프로농구 팀인 서울 삼성 썬더스의 단장을 맡기도 했다. 조승연은 아버지인 조득준과 함께 농구사에 족적을 남겼다는 점에서 김인건과 흡사하다. 조득준은 1940년대 골밑을 장악한 센터로서 보성전문과 일본 릿교대학에서 뛰어난 실력을 발휘했고, 광복 이후 고려대학교에서 지도자생활을 하며 슈퍼스타 김영기를 길러냈다. 나는 조승연을 매우 매력적인 농구인으로 기억한다. 늘 미소를 머금은 그의 얼굴은 마주앉아 대화하는 사람을 안심하게 만든다. 또한 아무리 젊고 미숙한 기자와 대화할 때도 진지함을 잃지 않는다. 젊은 기자가 무언가 비리를 발견하거나 일련의 사태에 비분강개해 전화할 때도, 약간 흥분하거나 화가 난 채 찾아가 따져 물을 때도 그는 늘 침착했고 예의를 지켰다. 그가 언성을 높일 때도 있었지만 결코 실수는 하지 않았다. 아마 '넘어서는 안 될 선'을 스스로 정하고 지키기 위해 노력하는 것 같았다.

조승연은 말에 통찰력을 담는다. 1995년 3월 2일자 '중앙일보' 38면에는 그가 남자농구와 여자농구를 비교한 인터뷰 기사가 실렸는데, 당시 여자팀 삼성생명의 총감독으로 일하던 그는 "'남자농구가 매운탕이라면 여자농구는 프랑스 요리다'. 거친 흐름, 스피드,

힘을 앞세운 남자농구는 관중의 스트레스를 풀어 주는 박력이 묘미인 반면 여자농구는 오밀조밀하게 이뤄지는 부드럽고 섬세한 플레이가 매력"이라고 설명하였다. 매운탕과 프랑스 요리. 이렇게 간결한 비교를 달리 찾기 어렵다. 압축된 묘사는 충분한 관찰과 사고를 통해 숙성한다. 이러한 숙성 작용은 조승연이 몸보다 먼저 '머리'로 농구를 시작한 데서 비롯되었을지 모른다. 그는 대학에 가서야 농구선수가 됐다. 농구를 하기 전에 농구에 대해 헤아릴 수 없이 많은 생각을 해 봤을 것이다. 이러한 습관은 농구선수와 지도자로서 성공하고 행정가가 된 다음에도 달라지지 않았다. 그는 미래를 내다보는 사람이었고 새로움에 대한 두려움이 없었다. 나는 지난 2010년 8~9월 조승연이 프로농구 삼성 농구단을 이끌고 일본에서 전지훈련을 할 때 여러 날 나고야에 함께 머무르며 그 과정을 지켜보았다. 그는 새로운 정보나 물건에 대한 호기심이 강했다. 적극적으로 다가가 경험해 보려 애쓴다. 나고야에서는 스마트폰을 손에 넣고 그 활용법을 익혔다. 인터넷에 접속해 뉴스를 읽고 일정도 관리했다. 트위터에 대한 관심도 대단했다. 훈련장을 오갈 때는 게임을 했다. 그의 생각은 놀라웠다. "이런 기계들이 세상을 바꿀 게 틀림없어요. 사람들의 생활도 바꾸겠지. 이 트위터나 블로그 같은 거…, 참 이상하죠? 아이들은 이런 데서 아주 먼 데 있는 낯선 사람과도 대화를 하죠. 그런데 곁에 있는 가족이나 친구와는 아무 말도 안 한단 말이에요? (중략) 그래서 프로농구 같은

스포츠의 책임이 막중해요. 우리가 잘해야죠. 어쩌면 경기장이 사
람들이 소통하는 마지막 공간이 될지도 모르니까요. 우리가 곁에
앉은 친구와 손을 마주치고 얼싸안고 소리를 지를 곳이 이제 경기
장밖에 더 있겠어요?"

최초의 정통 포인트 가드

포인트 가드는 공을 운반하고 동료 선수의 득점 기회를 창출하거나 기회를 포착한 동료에게 패스를 해야 한다. 하지만 사람마다 심성이 같지 않듯이 포인트 가드를 맡은 선수마다 역할에 차이가 있다. 첫째는 정통 게임 리더. 감독이 추구하는 농구(훈련을 통해 숙지하고 있을 것이다)를 충분히 이해하고 거기에 충실하게 맞춰가는 농구다. 모험적인 플레이를 즐기지 않기 때문에 실수가 적다. 이런 포인트 가드들은 경기를 지배한다는 느낌을 주지 않고 어시스트 등 기록도 낮은 편이다. 그러나 이들이 없으면 팀이 쉽게 흔들린다. 두 번째는 매우 공격적인 플레이를 즐기는 포인트 가드다. 가드 자신이 슛이 정확하고 돌파력이 뛰어나며 상대 수비수 한두 명을 쉽게 제치는 개인기를 지녔다. 자신의 득점을 먼저 추구하므로 동료의 득점 기회를 만드는 일은 뒷일인 것처럼 보이기도 한다.

그러나 득점 부문에서 뛰어난 능력을 보유했다면 덩달아 동료의 플레이도 살려낼 수 있다. 김현준이 선수로서 원숙기에 접어들었을 때 이런 농구를 했다. 그는 포인트 가드가 아니었지만 공을 오래 소유하면서 상대 수비수와 일대일 대결을 즐겼고 그 과정에서 수비가 무너지고 동료에게 기회가 생기면 주저 없이 어시스트 패스를 해주었다. 세 번째는 수비력이 강한 포인트 가드 농구에서 가드의 일대일 대결은 삼국지의 장수들이 벌이는 '일기토'와 같다. 이기는 팀은 사기충천하지만 패하는 팀은 "오늘 경기는 힘들겠구나" 하는 좌절감에 빠진다. 가드의 열세를 극복하는 유일한 대안은 포스트 점령이다. 그러나 전통적으로 빅 사이즈의 센터가 귀한 우리 농구에서 이러한 대안은 이론일 뿐이었고, 그렇기에 이렇게 수비가 강한 가드가 버텨주는 것이 필요했다. 네 번째는 올라운드 플레이어로서 앞서 말한 미덕을 겸비했을 뿐 아니라 슈팅 가드나 스몰 포워드 역할까지 해낼 수 있는 범용성을 보유한 경우이다. 그러나 이런 선수가 반드시 팀을 우승으로 이끄느냐 하는 문제는 논쟁의 여지가 있다.

내가 보기에 김인건은 첫 번째 부류에 속한다. 그리고 김인건의 경복고등학교와 연세대 후배인 유재학 역시 김인건 유(類)의 가드였다고 본다. 두 가드는 슛이 정확했다는 공통점이 있지만 각기 나름의 개성을 발휘했다. 김인건은 동료들의 신뢰 속에서 팀에 강한 조직력을 부여하고 지켜내는 코트의 사령탑이었다. 당시 활약한 가드들 가운데서는 키가 큰 편이어서, 골밑으로 밀고 들어가 상대 가드를 등지고 동료의 득점 기회를 찾아 패스하거나 일대일로 공격해 득점하는 데도 능했다. 나는 언젠가 신동파로부터 "김인건은 상대팀에서 막기가 어려운 가드였고, 슛을 많이 던지지 않았지만 성공률이 높았다. 상대가 밀착방어를 하면 더 좋아했는데, 이 '맘보'는 그 큰 엉덩이로 쑥쑥 밀고 들어가 골밑에서 상대를 요리했다"는 증언을 들었다.[131] 유재학은 키(180㎝ 이하다)가 작은 편이었지만 절륜한 패스 테크닉을 활용해 실오라기만한 빈틈만 발견해도 어시스트를 꽂고 장거리슛으로 득점을 추가하는 능력이 있었는데 모험심도 숨기지 않았다. 유재학의 농구 정신은 연세대 후배인 이상민으로 연결된다고 본다. 연세대가 대학 팀으로서는 처음으로 종합농구대회인 '농구대잔치'에서 우승할 무렵 유재학은 코치로서 이상민을 지도하는 입장이었다. 이밖에 나는 박수교를 공격적인 가드로, 신동찬은 수비 능력이 뛰어났던 가드로 판단한다.

만약 허재를 포인트 가드로 분류한다면 공격적이며 올라운드 플레이를 했다고 볼 수 있다. 그러나 나는 허재를 포인트 가드라고 생각하지 않는다.[132] 1987년 아시아선수권대회에서 중국과 결승전

---

131) '맘보'는 김인건의 별명이다. 이 별명으로 불린 이유를 방열에게서 들었다. "당시는 '맘보'라는 춤이 유행하던 시절이다. 젊은 시절의 김인건은 엉덩이가 눈에 띄게 컸는데, 우리는 맘보를 추는 여성 댄서들의 엉덩이에 빗대 그를 맘보라고 불렀다."

132) 김인건과 나는 이와 같은 인식을 대체로 공유했다. 그는 대표 팀에서 포인트 가드의 맥을 이은 후배로 김동광-박수교-유재학-이상민을 꼽았다.

을 할 때 그가 보여준 농구는 포인트 가드의 플레이가 아니었기 때문이다. 당시 감독 방열은 다이어그램을 그려 가장 슛이 정확한 이충희에게 마지막 슛을 던지도록 작전을 지시했지만 허재가 공을 끌다가 던져버린 슛이 림을 외면하면서 연장으로 끌려갔다. 실력이 떨어지는 팀이 본 경기에서 잘 버티고, 때로는 승리하는 경우가 적지 않지만 연장에 가서는 조금이라도 더 강한 팀이 이기게 되어 있다.[133] 우리는 이 경기에서 지는 바람에 아시아 타이틀을 되찾을 기회를 놓쳤다. 당시 허재의 플레이는 두 가지로 해석할 수 있다. 방열이 훗날 자서전에 기록했듯이[134] 공명심에 사로잡혀 자기 손으로 승부를 결정하고 싶었을 수 있다. 허재는 그럴 만한 심장과 기술을 가진 선수다. 두 번째는 감독의 지시대로 이충희에게 패스할 기회를 노렸으나 상대의 수비에 봉쇄당해 기회를 놓쳤거나 이충희가 슛 기회를 맞을 만큼 좋은 움직임을 보이지 못했을 수 있다. 그렇다면 포인트 가드로서 능력이 부족했다는 반증이 된다. 나는 당시의 상황을 첫 번째 가정과 두 번째 가정의 사이 어느 곳에 있다고 본다. 그렇기에 허재를 포인트 가드로 간주하지 않는다. 그를 포인트 가드의 범주에 넣지 않는다 해도 그가 평생에 걸

---

133) 40분 동안 76-76으로 승부를 가리지 못했다. 연장까지 마친 결과는 79-86이었다. 감독 방열과 대표 팀은 경기 종료 40초 전 76-73으로 앞선 스코어를 굳히지 못했다는 점, 마지막 공격 기회를 살리지 못했다는 점에서 많은 비판을 당했다. 동아일보 1987년 11월 28일자 5면. '한국 준우승, 이충희 MVP'.
134) 방열, 1994: 84-85.

쳐 펼쳐 보인 농구는 기술 수준을 볼 때 우리 남자농구 사상 최고
로 보아도 지나치지 않다.

세기의 대결

    이 대목에서 술 이야기를 빼뜨릴 수 없다. 1970년 방콕아시안게임이 끝난 다음 농구 대표 팀과 축구 대표 팀 선수들이 술 마시기 내기를 했다는 일화는 우리 스포츠의 전설로 남았다. 그러나 심판을 세우고 시간을 정해 모월 모시에 어디에서 경기를 하자는 식으로 정하지 않았으므로 말하자면 우리 스포츠 역사에 있어 야사(野史)내지는 야담(野談)에 속한다. 그런 만큼 우리 스포츠계와 주당계 공통의 전설로 남은 이 회전(會戰)은 정설이 따로 없이 수많은 참가자와 목격자의 전언이 각기 다른 버전, 구체적으로는 당시 술내기에 참가했던 여러 사람의 기억이 파편처럼 흩어져 있다. 이 파편들을 퍼즐 조각처럼 맞추면 실제의 사정을 매우 가깝게 재현할 수 있을 것이다. 내가 직접 만나 구술을 녹취한 신동파 외에도 김영기, 김인건, 유희형 등 당대의 뛰어난 인물들이 방콕에서 벌어진 술내기에 대한 기록을 여러 매체에 소개한 사례가 있다. 다음에 소개하는 내용은 필자가 2013년에 발간한 '아메리칸 바스켓볼'이나 2014년에 발간한 '우리 아버지 시대의 마이클 조던, 득점기계 신동파'에 실린 내용과 상당 부분 겹친다. 그러나 술 얘기를 하려면 결코 지나칠 수 없는 내용이어서 여기 다시 싣는다.

김영기는 2004년 '중앙일보'에 회고록을 연재하면서 26일째 되던 날 '술 마시기 대회'라는 제목으로 한 회 분을 할애하였다. 7월 15일자에 게재된 이 글에서 그는 방콕 아시안게임 우승 뒤풀이 때 농구팀의 '술 선수'들이 축구 팀 선수들에게 '완승(完勝)'했다고 기록하였다. 그 내용은 다음과 같다.

1970년 방콕 아시안게임 때 한국농구선수들과 축구선수들 간에 있었던 '술 마시기 대회'는 30여 년이 지난 지금도 많은 사람의 입에 오르내린다. 그 사건(?)의 전말은 이렇다. 농구팀은 우승한 날 밤 장덕진 선수단장에게 인사를 갔다. 축구협회장을 겸하고 있던 장 단장은 "수고했다."며 선수들에게 금일봉을 줬다. 그런데 봉투엔 고작 300달러가 들어 있었다. 다음날 축구팀이 버마와 비겨 공동우승을 차지했다. 우리는 "족구(足球)는 반쪽 우승"이라고 놀려댔으나 정작 포상금은 우리보다 훨씬 많은 1인당 100달러였다는 사실을 알게 됐다. 기분이 찜찜했다.

농구팀은 폐막식을 마치고 호텔 앞 일본식당에서 조촐한 회식을 하고 있었다. 그때 축구선수들이 들어왔다. 자연스럽게 술을 한 잔씩 나눈 뒤 나는 한홍기 축구감독, 최은택 코치와 함께 호텔로 돌아왔다. 식당을 나서면서 선수들에게 적당히 마시라고 당부했다. 다음날 새벽 한국행 비행기를 타야 했기 때문이다. (중략) 그런데 출국하는 날 아침 큰 소동이 일어났다. 농구선수들은 멀쩡하게 짐을 꾸려 모두 공항버스에 올랐으나, 몇 명의 축구선수가 보이지 않았던 것이다. 그들 중 일부는 숙소에서 자고 있었고, 어떤 선수는 화장실에서 잠들어 있었다. 힘들게 그들을 공항으로 옮겼으나 그 곳에서도 인사불성이었다. 원인을 알아보니 전날 일본식당에서 농구선수들과 축구선수들이 밤새도록 술 대결을 벌였기 때문이라는 것이었다. 포상금이 적어 심사가 뒤틀린 농구선수들이 술 대결을 제의했고, 축구선수들이 이에 응한 것이다.

두 팀은 일곱 명씩 '술 선수'를 뽑았다. 농구팀에선 김영일, 이인표, 신동파, 유희형, 김인건, 박한, 최종규가 나섰다. 축구팀에선 오인복, 김홍일, 이회택, 박이천, 정규풍, 최재모, 김호가 나왔다. 서로 테이블을 사이에 두고 마주 앉았다. 맥주를 상자 째 갖다 놓았다. 잔은 하나뿐이었다. 1대 1대결을 벌였다. 한 명이 탈락하면 옆 사람이 대신 잔을 받아야 했다. 마지막 한 명이 남을 때까지 시합은 계속됐다. 쉴 새 없이 술잔이 오갔다. 순식간에 술병이 쌓였다. 두 시간쯤 지나 자정을 넘어서자 축구팀에서 탈락자가 나오기 시작했다. 술잔을 받아 마시자마자 토하거나 화장실 변기 앞에 쓰러져 코를 고는 사람도 있었다. 자리에서 소변을 보는 사람도 생겼다. 급기야 최재모 혼자 일곱 명의 술잔을 받아야 하는 불상사가 발생했다. 그도 끝내 무릎을 꿇었다. 농구팀은 한 명의 낙오자도 없이 남은 술병을 깨끗이 비우고 숙소로 돌아왔다. 이 사실은 귀국 비행기 안에서 화제가 됐고, 농구선수들의 술 실력은 한국 스포츠 야사의 한 페이지를 장식했다.[135]

김영기의 회고는 당시의 분위기를 잘 알려준다. 그런데 몇 가지 점에서 사실과 다르거나 확인이 필요하다. 예를 들어 1970년 방콕 아시안게임에서 농구와 축구경기의 금메달을 결정하는 경기는 같은 날 열렸다. 1970년 12월 20일. 다만 농구 결승리그 마지막 경기가 먼저 열려 한국이 이스라엘을 81–67로 크게 이기고 우승했다. 한국은 이스라엘과 4승1패로 동률을 이루었지만 승자승 원칙에 따라 우승했다. 축구 결승은 대회를 장식하는 마지막 이벤트였고 한국은 버마와 연장까지 가는 접전 끝에 0–0으로 비겨 공동 우승했다. 술내기의 방식에 대해서도 다른 증언과 일치하지 않는 부분이 있다. 김영기는 지도자로서 방콕 아시안게임에 참가했으므로 선수들의 술자리에서 벌어진 일을 직접 보지 못하고 전해 들었을 것이다. 따라서 술내기 방식에 대해서는 참가한 인물들의 증언이 훨씬 더 정확할 것으로 판단한다. 예를 들어 당시 농구 대표팀의 '선수'로 출전한 김인건은 농구선수들이 숙소 근처에서 술을 마시고 있는데 축구선수들이 뒤늦게 합류해 어울렸고, 시간이 지나고

---

135) 중앙일보. 2004. 7. 15. http://article.joins.com/news/article/article.asp?ctg=12&Total_ID=363094[accessed 30. June. 2014]

보니 농구선수들만 남아 계속 술을 마시고 있었다고 회고하였다. 2009년 7월 13일자 '스포츠조선'의 인터넷 판(版)에는 이 내용이 비교적 자세히 실렸다. 정리하면 다음과 같다.

1970년 12월 태국 수도 방콕에서 열린 제6회 아시안게임에 출전한 한국 선수단은 연이은 낭보에 들떴다. 조오련이 수영 2 관왕에 오르고 '아시아의 마녀' 백옥자는 투포환에서 금메달을 따냈다. 권투 라이트급에서 김현치가 우승하는 등 한국의 금메달 수는 12개를 넘어섰다. 이 대회에서 한국 남자농구는 사상 처음으로 금메달을 따냈다. 김영일·김인건·신동파·이인표·유희형 등이 활약했다. 거기다 축구마저 우승하자 한국 선수단은 잔칫집이 됐다. 김호·이회택·정강지·박이천·박수일·김정남·정규풍·김재한 등이 축구 우승의 주역이었다.136) 목표로 삼았던 종합 2위 달성은 무난했다. …(중략)… 술을 마시기에 이 보다 더 좋은 날은 없었으리라. 기록에 의하면, 1970년 방콕 아시안게임에서는 농구 결승이 축구 결승보다 먼저 열렸다. 우승을 확정한 남자 농구 대표팀 선수들은 단체로 축구 대표 팀의 경기를 응원했다. 응원을 마친 그들은 하나 둘 숙소 근처 식당으로 모여들었다. 한국 선수단이 숙소로 사용한 곳은

---

136) 이 가운데 김재한에 대한 기억은 잘못되었다. 왜냐하면 김재한은 1972년에야 뒤늦게 대표선수가 되었고, 그 당시 그의 나이는 스물다섯 살이었다. 1970년 방콕에서 우승한 한국축구 대표 팀의 선수들은 오인복·이세연·서윤찬·김호·김기효·김정남·최재모·최길수·박병주·임국찬·홍인웅·이회택·박이천·박수일·정강지·김창일·정규풍·박수덕·김기복·최상철 등이었다.

마노라 호텔이었는데, 당시 선수들은 '마누라 호텔'이라고 불렀다고 한다. 마노라 호텔 바로 앞에 옥호(屋號)를 '오사카'라고 지은 작은 일식집이 있었다. 저녁은 호텔에서 이미 먹었으니 일본 요리를 먹을 생각은 아니었다. 김인건은 "맥주를 마시러 갔다."라고 기억하였다.[137]

"맥주 마시러 간 거죠. 위에서도 군이 말리지 않았습니다. 사고만 안 나면 된다는 분위기였죠. 태국 맥주는 독하고 머리가 아파 주로 수입 맥주를 마셨습니다. 독일이나 덴마크 맥주요. 작은 것 한 병에 5달러 정도 했던 걸로 기억합니다. 아주 비쌌지만 다들 주머니에 돈이 있었으니 큰 신경 안 쓰고 기분을 냈죠."

나중에 시상식을 마친 축구선수들이 들이닥쳤다. 미리 약속을 하지도 않았는데 자연스럽게 어울리면서 술자리가 떠들썩해졌다. 땅콩, 치즈크래커를 안주 삼아 모두 병째 들이켰다. 농구도, 축구도 사상 첫 금메달이었으니 할 얘기도 많았다. 맥주병은 쌓이고, 자정이 가까워지면서 술자리에 변화가 생기기 시작했다. 하나 둘 자세가 흐트러졌고, 엎드려 자기도 했다. 잔뜩취해 흐느적거리는 동료 선수를 부축해 호텔 방에 뉘어 놓고 돌아오는 선수도 있었다.

"정말 엄청나게들 마셨습니다. 적게 먹은 사람도 열댓 병은 해치웠죠. 다 해서 수백 병 마셨을 겁니다. 그 중에서도 박한씨가 유독 잘 마셨습니다. 저도 평소 자주 마시는 편은 아니었

---

137) 유희형은 2008년 9월 22일 점프볼 에 실린 인터뷰에서 이 식당을 '후지 레스토랑'이라고 기억했다. 또한 그는 당시에 마신 술이 알코올 함량 12%나 되는 태국 맥주였다고 기억하였다.

지만 한 번 마셨다 하면 웬만큼은 했죠. 그날도 끝까지 남았으
니까요."138)

　김인건의 술회에 따르면 당시 어느 기자가 술집 분위기를 재밌
게 전달하려고 '술내기를 했는데 농구선수들이 이겼다.'라고 적었
다고 한다. 그러나 그는 "사실 술내기는 아니었고 그냥 재미있게
마시다 보니 축구선수들이 하나 둘 나가떨어진 거다. 늦게 온 선
수도 있었고, 마시다 말고 볼일 보러 갔다 오는 선수도 있었고 그
랬으니까. 새벽녘에 판 정리를 해 보니 농구선수만 남았더라. 그래
서 또 마셨다. 결론적으로는 농구선수들이 이긴 게 되나?"라고 말
했다.139) 그런데 이 말을 전해들은 신동파는 펄쩍 뛰면서, "무슨
소리야. 그건 분명히 '시합'이었어."라고 잘라 말했다. 나는 2013

---

138) 스포츠조선. 2009. 7. 13. 인터넷 판(版).
139) 김인건은 이 책에 들어갈 내용을 갈무리하기 위해 수기를 쓰면서 술내기 일화
　　도 빠뜨리지 않았다. 그는 이렇게 적었다. "많은 사람들이 농구선수들이 제일
　　술을 많이 잘 마신다고 한다. 그 이유는 다른 종목 선수보다 키가 커서 장이
　　길기 때문이라고도 하고 또 혹자는 코트 위에서 많이 뛰어서 땀을 많이 흘리
　　기 때문이라고 한다. 둘 다 맞는 얘기인 것 같다. 술 이야기하면 많은 일화가
　　있겠지만 그 중에 하나를 꼽으라면 1970년 12월 방콕 아시안 게임에서 남자
　　농구경기 사상 처음으로 한국 팀이 우승을 한 후에 있었던 일일 것이다. 남자
　　농구가 우승을 한 그날 밤 한국 선수단 숙소인 마노다 호텔 앞 식당인 오사카
　　에서 목을 축인 우리들은 다음날 폐회식 직전에 열린 축구 결승에서 버마와
　　공동 우승을 차지한 축구선수들과 우승축하 겸하여 같이 어울렸다. 그 날은
　　한국 체육이 일본 다음으로 종합 2위를 한 날일 뿐만 아니라 인기 종목인 농
　　구와 축구에서 모두 우승을 하여 완전히 축제 분위기였다." 김인건 자필 수기,
　　2017. 7. 28.

년 6월 12일에 올림픽파크텔 커피숍에서 신동파를 만나 커피를 함께 마셨다. 그에게서 빌린 연구자료 꾸러미를 돌려주기 위해 비가 부슬부슬 내리는 수요일 오전 열한 시에 약속을 했다. 우리는 자리를 옮겨 점심으로 설렁탕을 먹어가며 오래 대화했는데, 이 자리에서 방콕에서 벌어진 술내기에 대한 설명을 들었다. 정리하면 다음과 같다.

　　농구선수와 축구선수들은 저녁 아홉 시부터 딱 규칙을 정해놓고 시작했다. 긴 탁자를 가운데 놓고, 마치 남북회담을 하듯이 농구선수와 축구선수가 여덟 명씩 마주앉았다. 농구에서는 김영일·김인건·이인표·신동파·최종규·박한·곽현채·유희형이 나갔다.140) 규칙은 이랬다. 첫째 술을 먹고 취해서 고성을 지르거나, 둘째 토하거나, 셋째 졸거나, 넷째 그밖에 주정을 하면 지는 것으로 했다. 우리는 작전을 짜기를, 자기 앞에 앉은 사람만 상대하기로 했다. 대각선으로든 어디로든 술잔을

---

140) 신동파는 축구 쪽에서 누가 나갔는지 일일이 기억하지는 못하였다. 그가 기억하는 축구선수는 김호·정규풍·박이천 등 김인건이 기억하는 인물들과 대체로 일치했다. 그러나 신동파는 "김정남은 술을 못하니까 안 나왔을 텐데……."라며 자신없어했다. 그의 기억은 김정남의 말을 통하여 확인할 수 있었다. 김정남은 2013년 6월 15일 일간스포츠 송지훈 기자와 전화 인터뷰를 하면서 "술내기를 했다. 그러나 나는 술을 못하기 때문에 대신 최재모를 내보냈다. 술자리는 새벽까지 이어졌다. 최재모는 술에 너무 취해 누군가 업어서 호텔로 옮겨야 했다. 다음 날은 한국으로 돌아오는 날이었다."라고 술회하였다. 또 유희형은 이때 양측에서 일곱 명씩 나갔다고 기억하였다. 사람마다 기억에 차이는 있지만, 전체적으로 볼 때 농구인들의 기억이 축구인들의 기억에 비해 세세한 편이다. '승자(勝者)'였기 때문일까.

건네지 않고 앞사람에게만 잔을 주기로 한 것이다. 한참 술을 마시다 보니 축구 쪽에서 세 명이 빠져나가 다섯 명만 남았다. 우리는 쉴 새 없이 잔을 비우고 축구선수들에게 권했다. 우리는 여덟 명이 모두 남아 있는데 축구 쪽은 달아난 세 명 몫까지 책임져야 하니까 시간이 갈수록 죽을 지경이었을 것이다. 판세가 기우는 것을 보고 우리는 차라리 항복을 하라고 축구선수들을 재촉했다. 견디다 못한 축구선수들이 마침내 '만세'를 불렀다. 더 이상 못 마시겠다는 것이다. 승리를 확인한 다음 박한의 말이 걸작이었다.

"그거 참, 농구는 이제 목 축였는데. 시작하려고 하니까 그만 하자네……."

그러자 축구 쪽에서 누군가 "에이, 짐승만도 못한 놈들. 너희가 사람이냐."라며 불평을 했다. 그때 우리 농구팀의 말단이 아마 이자영이었을 것이다. 우리가 계속해서 술을 마시고 있는데 이자영이가 들어와서 다급하게 외쳤다.

"형님, 큰일 났습니다. 지금 네 시 반이에요. 임원들이 지금 단복 입고 짐 들고 나오고 있습니다."

"무슨 소릴 하는 거냐."라며 시계를 보니 정말 네 시 반이었다. 일곱 시간 반 동안 술을 마셨는데, 시간 가는 줄도 몰랐던 것이다. 그때 우리는 대한항공 전세기 편으로 방콕에 갔는데, 대형비행기가 없어서 1진, 2진, 3진으로 나눠 파견되었다. 축구와 농구는 우승을 했으니까 결승전은 물론 폐막식까지 보고 돌아온 셈이다. 호텔로 돌아가 보니 과연 임원들이 태극기가 붙은 단복을 입고 모두 현관 앞에 나와 있었다. 우리는 하나같이 불쾌해진 얼굴로 건들거리며 "어, 죄송합니다."라고 사과했지만 임원들은 별 말 없이 "이놈들 빨리……."하고 재촉하기만 했다. 우승을 했기에 망정이지 메달을 따지 못했다면 아마 우리 모두 징계를 당했을 것이다.

그 일이 있은 지 꽤 시간이 지난 다음의 일이다. 우리 농구선수들은 휴가를 받으면 명동에 모여 술을 마시곤 했다. 그때 명동에는 우리 농구선수들과 축구선수들이 자주 가는 단골술집이 있었는데, 옥호가 '신지'였다. 우리가 술을 마시고 있을 때 축구선수가 들어오면 우리는 "한번 또 할래?"하고 농담을 섞어 놀리곤 하였다. 그때마다 축구선수들의 반응은 한결같았는데, "야 너희 인간 같지도 않은 놈들과는 다시 안 어울린다."고 손사래를 치곤했다. 내가 이상하다고 생각하는 일이 한 가지 있는데, 그때 우리가 축구선수들과 술내기한 사실을 제대로 기억하는 사람이 없다는 거다. 이긴 쪽이나 진 쪽이나 모두 고주망태가 돼서 그런 걸까?

발동이 걸린 선수들의 술잔치는 그 자리에서 끝나지 않았다. 대회가 끝났으므로 선수단은 오전 네 시까지 호텔 로비에 짐을 내놓고 다섯 시에는 공항으로 가는 버스를 타야 했다. 그렇다고 멈출 선수들도 아니었다. 밤새도록 마셨다. 새벽에 호텔에 들어가 짐을 싸서 로비에 내놓고는 비행기를 바꾸어 타는 오사카로 갔다. 오사카에서도 줄곧 술과 씨름했다고 한다. 선수들이 귀국하는 동안 서울에서는 환영행사와 축하 퍼레이드를 준비하고 있었다. 선수단은 귀국하자마자 환영행사에 참석했다. 꽃가루를 맞으며 서울 시내에서 카퍼레이드를 하는 농구선수들은 술 냄새를 숨길 수 없었다.[141]

이 진술과는 조금 다른 버전이 있다. 신동파는 2010년 1월 15일 '문화일보'와의 인터뷰에서 "남자농구와 축구가 금메달을 딴 뒤 가벼운 마음으로 귀국 전날 밤 각 8명씩 모여 '술시합'을 했어요. 축구선수 중에 이회택, 김정남은 술을 못하고 이세연, 변호영, 박이천 등이 나왔죠. 규칙은 주정해도, 울어도, 시비 걸어도, 잠들어도, 토해도 '아웃', 생리작용인 화장실만 허용됐어요. 결국 새벽 5시에 축구는 네 명만 남고 농구는 모두 살아남았죠. 농구의 대표 술꾼인 박한이 '이제 시작인데 이게 뭐냐'고 하니까 축구선수들이 '너희가 인간이냐'며 백기를 들었죠."라고 진술하였다. 한편, 유희형은 2008년 9월 22일 '점프볼'에 실린 인터뷰에서 술내기에 대해 짧게 언급하였다.

> 술내기 발단이 재미있어. 축구 대표 팀이 우리한테 계속 고춧가루를 뿌렸었지. 한국선수단 단장이 우승하면 선수 한 명당 100불씩 준다고 했는데, 축구가 공동 우승을 하고 일인당 100불씩 주고, 우리는 이스라엘 꺾고 우승을 해냈는데도 회식하라고 300불만 준거야. 그 전에 농구는 69년 국제대회 첫 우승을 하고도 일주일전 축구가 킹스컵 우승을 하는 바람에 찬밥 신세가 됐었거든. 축구 대표 팀은 좋은데서 술 먹고 왔다고 우리한테 와서 자랑을 하는 거야. (중략) 방콕에 마노라 호텔이라고 아담한 호텔이 있었는데, 그 건너편에 일본식 후지 레스토랑이

---

141) 신동파 구술, 2013. 6. 12.

라고 있었지. 거기서 축구 대표 팀을 만난거야. 우리는 속으로 '요거 잘 만났다'라고 생각했지. 7대7정도 됐었는데, 맥주 내기를 시작한 거지. 그때만 해도 태국 맥주가 알코올이 12% 정도로 독했어. 한두 시간 지났을까. 우리는 그대로인데 축구단 일곱 명 전원이 오바이트를 했지. 그 중에 한 명은 앉아서 실례를 하는 애도 있었으니까, 우리가 완전히 이긴 거지. 그 날 새벽 다섯 시에 차를 타고 공항을 가야 하는데, 축구 팀 애들은 비실비실거렸지. 그 뒤에 태릉선수촌에서 축구선수들이 우리만 만나면 두 손을 번쩍 들었지. 허허.142)

아무튼 당시 선수들의 술잔치는 스포츠계에서 화제가 됐다. 나아가 누가 술을 더 잘 마시느냐는 문제로 논쟁거리가 되기도 했다. 정말로 농구선수들의 술 실력이 절륜하여 축구선수들을 전멸시킨 것일까? 이런 주장에 대해 축구인 들은 상당히 불만스러워 한다. 가장 큰 불만은 그 날의 술 마시기 대결이 불공평하게 진행됐다는 데 있다. 농구선수들은 일찌감치 경기를 마치고 식사까지 든든히 한 다음 한잔 하러 나왔다. 그런데 축구선수들은 태국의 무더위 속에서 연장전까지 가는 지옥 같은 승부를 했기 때문에 체력이 남아 있지 않았다고 한다. 이런 상태에서 우승의 기쁨에 취해 술을 바쁘게 들이켰으므로 쉽게 취할 수밖에 없었다는 주장이다. 농구

---

142) http://news.jumpball.co.kr/news/view/cd/83/seq/267/page/80[accessed 30. June. 2014]

인들과 축구인들의 일치하지 않는 주장을 검증할 방법은 없다. 방콕 대회전 이후 리턴 매치가 벌어진 일도 없으므로 확인한 사람도 없다. 전설은 전설로 남아 앞으로도 이어질 것이 틀림없다. 틀림없는 사실은 농구나 배구, 씨름 종목 선수들의 주량이 일반인에 비해 크다는 점이다. 아마도 몸집이 크니까 많은 술을 마실 수밖에 없고, 내장이 크고 튼튼해 술을 소화해내는 능력도 뛰어난 것일지 모른다. 운동선수들은 일반인보다 운동량이 많고 신진대사가 빨라 알코올도 빠르고 효과적으로 분해할 수 있을 것이다. 스포츠계를 둘러보면 적잖은 운동선수들이 술을 즐기고, 유난히 술을 밝히는 선수도 있다. 스포츠계의 음주 문화 내지 분위기와 관련이 있을 터인데, 지도자나 선배 선수들이 대체로 술을 즐기고 선수들의 음주에 대해서도 너그럽다 보니 술을 마시는 데 거리낌이 없다. 내가 기자가 되어 생활하는 동안 가장 곤혹스런 때는 술자리에 갔을 때다. 한 마디로 주력(酒力)이 달려 견디기가 어려웠던 것이다. 더구나 농구 종목에 종사하는 분들은 대개 말술을 마다않는 주당들이었다. 내가 만나 본 농구인들 가운데 고려대 감독 시절의 박한, 실업농구 삼성 감독 시절의 김인건 같은 사람들은 절륜한 술 실력으로 감탄을 자아냈다. 실업농구 현대와 프로농구 기아의 감독을 지낸 박수교나 프로농구 LG와 오리온스 감독을 지낸 이충희도 술 실력에 관한 한 둘째가라면 서러워할 맹장에 속한다. 나는 이 사람들이 취한 모습을 제대로 본 적이 없다. 프로농구 동부와 KT에

서 감독으로 일한 전창진과 같이 일적불음(一滴不飮)인 경우도 없지
는 않다. 그러나 이런 농구인은 매우 드물다. 적지 않은 농구인들
이 강력한 간장(肝臟)을 자부심의 상징 내지 정체성인 것처럼 여기
는 것 같은 느낌을 여러 번 받았다.

두주불사, 그리고 이언 플레밍

김인건은 '더 바스켓'의 2015년 5월호에 실린 인터뷰에서 개인적으로 여유 있는 시간이 많지 않았음을 고백했다. 그런데 여기서 불쑥, 그러나 매우 자연스럽게 헤밍웨이가 등장하는 대목이 흥미롭다.

이병진 : 지난 60년 동안 정통 체육인으로 숨 돌릴 새 없이 지내오셨는데, 정신적으로 여유를 가졌던 적은 있습니까.

김인건 : 지금이 그렇잖아요. 또 있었지요. 2005년 KBL 전무이사로 부임하기 전에 아내와 미국 여행을 갔어요. 애틀랜타에 있는 친구를 만나고, 몇 번이나 읽은 헤밍웨이 작품이 만들어 진 곳—플로리다 남단 그림 같은 바다 위 도로 끝 키웨스트에서 한가롭게 아내와

함께 헤밍웨이의 흔적을 느껴 봤습니다. 참으로 오랜
만에 가져본 여유였어요.143)

김인건은 뛰어난 스포츠맨인 동시에 매우 지적인 인물이다. 두
주불사하는 주당이지만 취한 모습을 본 사람은 거의 없다. 수많은
한국인 남성들이 그렇듯 그도 술을 마시기로 마음먹으면 끝을 본
다. 그의 가르침을 받은 여러 제자들에게서 듣기로는 병원에서 검
사를 했는데 김인건의 간이 '신생아'와 다름없을 만큼 싱싱하여
매일 쉬지 않고 술을 마셔도 거뜬히 회복한다고 했다. '김인건은
연투(連投)가 가능한 술꾼'이라는 말을 여러 사람들에게서 들었다.
나는 언젠가 지방에 있는 상가(喪家)를 조문하고 돌아왔다는 김인
건, 최종규, 박한을 농구 경기가 열린 서울 학생체육관에서 만난
적이 있다. 세 사람 모두 턱에 수염이 웃자라 있었다. 오후 늦게
그날 일정이 끝나자 김인건이 "좀 이르지만 저녁이나 먹고 들어가
지" 하고 제안하였다. 그런데 대한민국 최고의 주당으로 명성이
드높은 박한이 뜻밖의 말을 했다. "형, 살려줘요 오늘은 못하겠어
요" 김인건이 말한 '저녁'은 물론 '한 잔 더'를 뜻하는 말이었을
테고 박한이 사양한 이유는 전날 마신 술이 과했다는 뜻일 것이다.
그러나 나는 이 장면을 오래도록 잊지 못했고, 언젠가는 글로 옮
겨야겠다는 생각을 했다. 김인건은 술보다는 술자리를 즐겼던 것

143) '더 바스켓' 2015년 5월호.

같다. 그가 함께 하는 술자리는 늘 우정이 넘치며, 즐거운 화제가 끊이지 않는다. 특히 김인건은 화제를 이끄는 편인데, 그럴 수 있는 비결은 아마도 동시대의 농구 스타들 가운데 비교할 대상을 찾기 어려운 독서량에 있을 것이다.

　나는 언젠가 김인건이 이언 플레밍이 지은 '007시리즈'에 대해 설명하는 것을 넋을 잃고 들은 적이 있다. 그는 이 책에 대해 막힘없이 그 내용과 결말에 대해 설명하였다. 운동선수들이 책을 가까이하는 경우가 드물다는 선입견이 잘못되었다는 사실은 잘 알고 있었지만 김인건의 책 이야기는 남다른 구석이 있었다. 그는 대회에 참가하기 위해 지방에 가거나 외국에 나갈 때 반드시 책을 가져갔다고 한다. 그 중에는 소설이나 수필집 같은 순문학 서적 외에도 김인건이 각별히 즐긴 스파이소설이나 미스터리, 추리물이 적지 않았다. 그는 애거서 크리스티나 플레밍, 아서 코난 도일 같은 작가들의 이름을 척척 대가면서 이 부문에 해박한 지식을 드러냈다. 이때의 놀라움은 내가 나중에 농구 자체에 흥미를 느껴 그 지식에 천착할 때 김인건에게서 농구를 배우며 놀랐던 기억으로 직결된다. 나는 여러 가지 농구이론 책자를 통해 농구를 공부했는데 선수로 생활해본 적이 없기에 이해하지 못할 대목을 자주 만났다. 그때마다 전문가에게 전화를 걸거나 직접 찾아가 배움을 청했다. 김인건은 방열, 한창도와 함께 나의 교사 역할을 해주었다. 방열은 뛰어난 이해력과 해박한 지식, 막힘없는 언변으로 나의 궁금

중을 해소해 주었다. 읽지 않은 책에 대해서도 해설을 할 수 있을 만큼 짐작이 빠르고 구성능력이 뛰어났다. 한창도는 MBC와 SBS에서 미국프로농구를 해설하면서 명성을 얻었다. 나는 그가 이화여대 농구팀을 지도할 때부터 취재하기 시작했다. 그에게는 미국 대학과 프로농구 경기 동영상이 많았고, 각종 농구 이론을 해설하는 비디오도 적지 않았다. 또한 책이 많고 없는 책을 수소문해 입수하는 속도도 빨랐다. 김인건은 즉문즉답(卽問卽答)하는 스타일이 아니었고 대답하는 속도도 가장 늦었다. 내가 뭔가를 질문하면 자료를 요구했고, 자기도 원본 보기를 원했다. 1995년에 나는 딘 스미스가 쓴 'Basketball‐Multiple Offense and Defence'를 탐독하고 있었는데, 이 책을 이해하는 데 김인건의 도움이 컸다. 그는 이 책을 읽지 않기 때문에 내게 계속 다이어그램을 보여 달라고 요구했다. 내가 팩시밀리를 통해 보낸 다이어그램을 분석한 그는 빠르게 요점을 파악해 설명해 주었다. 이 책의 52쪽에 나오는 'T게임'은 나와 김인건에게 공통의 화제였는데 둘 다 이 다이어그램에서 영감을 얻었기 때문이다. 나는 훗날 독일의 바이엘 레버쿠젠 자이언츠 농구클럽(2017년 9월 현재 프로B 리그에서 뛰고 있지만 내가 연수를 한 2002~2003년에는 분데스리가 즉 1부 리그 팀이었다)에서 연수할 때 이 다이어그램을 활용해볼 기회가 있었다. 김인건도 T게임 다이어그램에서 영감을 받았겠지만 실제 경기에서 날것 그대로 활용하지는 않을 것이다. 하지만 T게임은 분명히 싱글 포스트를 운영하는

231

팀에서 다양하게 변주할 수 있는 작전으로서 노련한 코치라면 훈련하기에 따라 매우 큰 효과를 기대할 수 있었다.

코치

    1975년부터 한국은행 코치였어요. 1977년 동시에 창단한 현대와 삼성 두 군데에서 스카우트 제의가 왔습니다. 가족은 물론 주위에 자문을 구했는데 권위주의적이고 경직된 한국은행 업무 스타일에 이미 익숙해진 나로서는 "무조건 부딪치고 본다"는 현대건설보다는 삼성이 나을 것이라고 판단해 삼성을 택했지요. 삼성으로 결정하자 이인표 남녀 총괄감독이 있었는데 나하고 동기생이었습니다. 국가대표 10년을 함께 뛰었고, 1969년 방콕 아시아선수권, 1970년 방콕 아시안게임에서 우승했을 때 베스트 멤버로 활약했던 절친이었습니다. 삼성은 총괄은 이인표, 여자팀은 조승연, 남자팀은 나에게 지휘권한을 맡겼습니다. 창단 순간부터 현대와의 경쟁, 특히 스카우트 싸움은 지금 생각해도 끔찍합니다. 다행히 스카우트의 대부분은 이인표가 감당해 지금도 고맙게 여기고 있지요. 첫해에 '확실하다'고 여겼던 박수교와 신선우가 현대 행으로 뒤바뀌었어요. 당장에 스카우트 전쟁이 시작돼 이듬해엔 황유하, 이문규를 확보했다고 안심했는데 이번엔 둘이 현대로 가고 박인규, 진효준, 안준호는 우리 삼성으로 완전히 거꾸로 돼버렸습니다. 이때부터 1년 열두 달 대학졸업예정선수를 대상으로 두 기업의 명예와 위신을 건 전방위 스카우트전이 벌어진 것입니다. 선수를 지도했던 내 입장에선 스카우트 이전에 이기기 위해 새로운 전술 구상, 도입 등 끊임없이 공부했습니다. 결과적으로 긍정적인 면도 많았다고 봅니다.[144]

중요한 진술이다. 김인건의 지도자 경력은 한국은행에서 시작되었지만 그의 농구가 꽃피고 역사에 남을 코치로 이름을 남기는 계기는 삼성 남자농구 팀을 이끌면서 마련됐다. 또한 삼성의 라이벌인 현대가 등장하며, 이 팀을 이끈 인물이 김인건의 한 해 선배인 방열이다. 하지만 여러 이야기의 중심에 그가 삼성의 코치가 되었다는 사실을 적시하지 않고는 어떤 주제도 전개하기 어렵다. 김인건은 1978년 2월 28일에 열린 창단식에 참석함으로써 공식적으로 삼성 남자 농구단 창단 코치로 임무를 시작했다. 2005년 삼성을 떠날 때까지 약 19년에 걸친 긴 인연이 시작된 것이다. 당시에는 비서실 소속이었다. 덕분에 창단 초창기에 현대와 선수 스카우트 문제로 치열하게 경쟁할 때 회사의 적극적이고도 직접적인 지원을 받았다. 김인건은 1979년 대구 종별선수권대회에서 우승한 다음

---

144) '더 바스켓' 2015년 5월호.

이병철 선대 회장과 이건희 회장이 선수단을 비서실로 불러 특별히 격려해 준 기억을 성명하게 간직했다. 삼성전자로 팀 소속이 바뀐 후에도 회사의 지원은 모든 면에서 나무랄 데 없었다. 삼성의 농구팀은 늘 정상을 다투는 위치에서 내려온 적이 없었고, 김인건의 공로는 차곡차곡 쌓여갔다. 1989년에는 그 공로를 인정받아 이인표, 조승연, 그리고 레슬링의 장창선과 함께 임원으로 승진하기도 했다. 그는 삼성의 문화에 대해 간략하게 설명했다.

세간에 삼성의 조직 문화 즉, 직장문화에 대해서는 굉장히 차갑고, 한 번 잘못하면 용서가 없을 만큼 경직되어 있다고 한다. 그러나 그 안에서 일하는 임직원들은 여러분의 짐작과 다르다. 그렇게 사려가 깊고 인정이 많은 분들은 달리 없을 것이다. 농구대잔치가 최고의 대회였던 시절, 사우들은 농구사랑모임(농사모)을 결성해 우리 팀의 경기가 있는 날이면 바쁜 일정을 아랑곳하지 않고 체육관을 찾아 응원하는 것은 물론이고, 숙소까지 찾아와 선수들을 격려하고 힘을 내라고 당부하곤 했다. 그렇게 고마울 수가 없었다. 이제는 삼성을 은퇴한 지 오래되었지만, 그때 그 임원 그 얼굴들이 한 달에 한 번씩 만나 술잔을 기울이며 옛 일을 함께 회상하곤 한다.145)

---

145) 김인건 자필 수기, 2017. 7. 28.

숙적 방열

김인건이 코치로서 전성기를 구가하던 시절, 그와 승패를 주고받던 필생의 라이벌이 있었으니 바로 경복중고등학교와 연세대학교 1년 선배인 방열이다. 김인건의 기억 속에는 방열의 존재가 선명하다. 선수로서 업적이나 명성은 방열이 김인건에 필적하기 어려울지 몰라도 지도자로서의 명성과 성취는 난형난제이며 객관적인 수치로 비교한다면 뛰어난 일면이 있음도 부인할 수는 없다. 방열은 1982년 뉴델리아시안게임에서 아시아 최강 중국을 누르고 우승함으로써 우리 농구사에 길이 남을 업적을 새겼기 때문이다. 김인건은 수기에 이렇게 썼다.

방열형과는 경복중 1학년에 진학하면서부터 숙명적으로 인연을 맺게 됐다. 바로 1년 위 선배에 방열 선수가 2학년으로 재학 중이었다. 한참 성장기의 1년은 굉장히 차이가 나서 그 형으로부터 학교생활이나 농구부 생활에 대해 눈치껏 많이 배웠던 것 같다. 방열 선배가 고등학교를 졸업할 때까지 우리는 많은 시합을 치렀고 또 많은 우승도 했다. 그 후 연세대에 진학해서도 또 만나서 운동을 함께 할 수 있어서 매우 즐거웠다. 대학교 졸업 후 각각 1년 사이에 방열형은 기업은행 농구부에 스카우트되었고, 나는 한국은행 농구부에 입행하여 드디어 다른 팀에서 서로 맞붙게 되었다. 세월이 흘러 각각 코치 생활을 하고 있을 때, 삼성, 현대에서 남자농구팀 창단을 위한 준비를 하고 있다는 소식이 들렸다. 그때까지는 한국 남녀농구는 은행 등 공기업에서 정책적으로 팀을 운영하고 있었는데, 시대적 요청에 의해 민간 기업에서 남자농구를 창단하게 된 것이다. 주위 어른들과의 숙의 끝에 삼성으로 진로를 정한 후 방열형은 현대 감독으로 스카우트되고, 1983년부터는 새로 창설된 '농구대잔치' 대회가 장안에 인기몰이와 화제를 뿌리면서 자연히 삼성, 현대 라이벌 구도가 그려지고, 최고의 선수들이 각각 두 팀에 스카우트되어 최고의 정상 자리를 다투게 되었다. 이후 1997년 프로농구가 탄생하기까지 두 팀의 선의의 라이벌 전은 계속 되었고 많은 우승을 서로 나누어 갖게 되었다. 내 기억으로는 시합 전에 치밀한 준비를 하고 나가지 않으면 참패를 면치 못했다. 새로운 수비패턴 전략과 상대 수비를 깨뜨릴 전략을 짜고 나가야 했다. 지금 생각하면 그때만큼 새로운 수비 형태가 실전에 적용된 적도 없었다고 생각된다. 예를 들어 1-3-1 풀 코트 존 프레싱(Full court zone pressing)은 물론이고 박스 존 앤드 원(Box zone &1), 트라이앵글 존 앤드 투

(Triangle zone &2) 등이 그때 국내 경기에 실제로 적용이 되었고, 미국의 유명한 코치인 노스캐롤라이나대 딘 스미스 (Dean Smith)가 창안한 런 앤드 점프(Run & Jump Defense) 라는 수비도 삼성, 현대 팀이 사용함으로써 국내에 유행하게 되었다. 스미스 코치는 1976년 몬트리올올림픽 때 이 런 앤드 점프 수비를 사용하여 미국농구팀 코치로서 금메달을 획득한 유명한 사람이다. 돌이켜 보면 그 당시의 삼성, 현대 라이벌 전 은 국내 농구의 크나큰 붐을 조성하는데 한 몫을 했을 뿐만 아 니라, 기술적인 면에서도 한국농구가 몇 단계 업그레이드되는 데 기여했다고 생각된다. 146)

고수는 고수를 알아보는 법이다. 방열 역시 김인건을 존중했다. 그는 1994년 '명승부사 방열의 농구 만들기, 인생 만들기'라는 책을 출간했는데, 자서전의 성격이 강한 책이었다. 그는 '김영사'에서 낸 이 책의 뒷부분에 '코트의 인연'이라는 장을 통해 김인건에 대한 생각의 일단을 드러냈다. 방열은 324쪽에서 시작해 329쪽에서 끝나는 꽤 긴 글에서 김인건과 자신이 친 형제간이라고 할 만큼 가깝게 지냈다고 소개했다. 방열은 김인건을 처음 봤을 때의 인상을 '하얀 토끼 같았다'고 했다. 그만큼 착하고 순수한 소년이었다는 뜻이리라. 본성 자체가 맑기 그지없는 데다 기독교 신앙 때문인지 착한 아이의 전형이었다는 것이다. 방열의 기억에 따르

---

146) 김인건 자필 수기, 2017. 7. 28.

면 김인건은 그와 중고등학교 5년, 대학 3년을 함께 뛴 절친한 선
후배 관계이다. 방열은 중학교 1학년을 거의 마칠 무렵 농구를 시
작했고 김인건은 1학년 때 곧바로 농구를 시작했으므로 사실상 같
은 시기에 농구공을 만지기 시작한 셈이다. 방열은 김인건이 농구
를 일찍 시작한 이유를 아버지의 영향을 받았기 때문일 것이라고
짐작한다. 그의 김인건에 대한 회고는 뛰어난 글 솜씨에 하이틴
시절에 대한 향수가 깃들여 사뭇 달콤하게 읽힌다.

여름방학 때는 교실에 잠자리를 마련해 놓고 운동을 했다.
잠자리라는 게 별다른 것은 아니다. 책상을 모두 한쪽으로 붙
이고 의자를 쭉 마주보게 늘어놓은 다음 체육관에 있는 매트리
스를 가져다 깔아놓은 게 전부였다. 이처럼 잠자리를 만들고
나면 책상 하나씩을 끌어다 놓고 거기 앉아 공부를 하곤 했다.
대학에서는 서로 학과가 달랐기 때문에 공부를 함께 할 기회는
적었다. 반면 농구부에 가면 언제든지 만날 수 있었고, 더구나
함께 국가대표가 되어 태극마크를 가슴에 달고 뛸 수 있었다.
(중략) 우리가 다시 코트에서 만나게 된 것은 1977년의 일이
었다. 나는 쿠웨이트 생활을 마치고 현대 팀을 맡게 되었고, 김
인건은 라이벌 삼성을 지도하게 된 것이다. 양 팀 간의 라이벌
전이 치열했기 때문에, 나와 김인건 사이의 라이벌 감정도 치
열할 것이라고 짐작하는 사람들이 많다. 그러나, 나는 한 번도
김인건을, 아니 김인건뿐만 아니라 코트에서 맞서 싸우는 상대
팀 코치를 라이벌이라고 생각해 본 적이 없다. 우리는 참으로

좋은 경기를 많이 펼쳤다. 서로 상대를 이기기 위한 연구와 훈련에 밤을 지새우는 날이 많았고, 그만큼 우리 농구가 이론적으로나 실질적으로 발전을 이루는 계기가 되었다. 147)

방열은 이 책에서 아주 재미있는 상상을 한다. 그가 보기에 김인건은 농구 코치가 되기보다는 은행원으로 남았으면 더 좋았으리라는 것이다. 김인건의 적성과 능력이 금융기관의 간부로 더 적합했다고 생각하기 때문이다. 방열이 보는 김인건은 수학적이고, 이지적이며 기획력이 뛰어나다. 게다가 순수하고 인간적이며 경우에 밝다. 그런 능력과 성격을 가진 김인건이 한국은행에 남았다면 훌륭한 금융인으로 성공했을 것이다.148) 책에 실린 방열의 글을 따라가다 보면 그가 이끄는 현대가 김인건의 삼성을 압도했다는 느낌을 주지만 사실은 그렇지 않다. 그들이 현대와 삼성에서 지도자로서 전성기를 보낼 때는 실업농구가 중심이었고 가장 큰 무대는 농구대잔치였다. 현대는 세 번(1983년, 1985년, 1986년)에 종합우승을 했다. 삼성은 두 번(1984년과 1987년) 한국남자농구를 제패했다. 삼성의 우승을 마지막으로 기아가 타이틀을 휩쓰는 전성기를 맞이했는데, 이 시기는 현대와 기아가 양립하던 시대와는 차원을 달리한다. 기아는 이전 시대의 선수군과는 비교도 할 수 없을 만큼 뛰어

---

147) 방열, 1994: 325-326.
148) 같은 책, 328.

난 선수들이라고 할 수 있는 한기범, 김유택, 허재, 강동희, 김영만을 독점함으로써 장기집권 체제를 구축했다. 방열은 1986년 4월에 창단한 신생 기아의 사령탑에 올라 1988년부터 1990년까지 농구대잔치에서 우승한 뒤 총감독이 되어 일선에서 물러났다. 현대는 방열이 떠날 무렵 주전선수의 고령화와 간판선수인 이충희의 부상 등으로 내리막에 들어섰다. 방열이 떠난 뒤 한 번도 농구대잔치 결승에 오르지 못했다. 반면 삼성은 마지막 순간까지 명문의 자존심을 지키며 기아의 독주에 저항했다. 골밑이 약하고 김현준, 김진 등 주력 선수들이 고령화한 가운데 기아와 벌인 1991년, 1992년, 1994년 농구대잔치 최우수팀 결정전은 실업농구사의 최후를 장식하는 명승부로 남아 있다. 정오의 태양 아래서는 사람의 그림자가 보이지 않는다. 저마다 고독한 섬에 머무르며 내면에 갇히게 마련이다. 석양을 맞이했을 때 한 인격은 비로소 긴 그림자와 더불어 그 뚜렷한 윤곽을 드러내는 법이다. 방열이 김인건에 대한 글을 마무리한 석 줄은 조금도 어긋나지 않은 진실이리라.

> 우리 두 사람이 이처럼 오랫동안 한 길을 같이 걸으면서 절친한 동료이자 선의의 경쟁자로서 살아왔다는 사실이 무척이나 고맙고 다행스럽다.[149]

---

149) 같은 책, 329쪽.

스카우트 전쟁

김인건과 방열의 서로에 대한 기억은 사뭇 온화하다. 그러나 코트에서 격돌해야 했던 시기에 두 사람은 운명적인 대결을 피할 수 없었다. 김인건과 방열이 오직 경기를 통해서만 만났다고 주장한다면 사실이 아니다. 피를 말리는 경쟁이 두 사람 사이에 늘 벌어졌는데, 경쟁은 코트 위에서 뿐 아니라 좋은 선수를 영입하기 위한 경쟁으로 장외(場外)에서 더 치열했다. 김인건은 스카우트 경쟁과 관련해서 잊을 수 없는 기억을 간직하고 있다. 당대 최고 가드라는 이동균을 영입하기 위한 현대와의 경쟁.

1978년도에 남자 농구팀을 창단한 삼성과 현대는 팀 구성을 위한 선수확보에 심혈을 기울이고 있었다. 1979년도 졸업예정자 중에는 좋은 선수가 많았다. 고려대 졸업 예정인 진효준과 이동균, 문재국은 삼성, 황유하는 현대로 진로를 정한 상태였다. 12월 중순 장충체육관에서 그 해의 마지막 대회인 종합선수권대회가 끝난 다음 날 삼성 팀은 이동균을 합류시켜 제주도로 전지훈련을 떠났다. 하루 이틀 훈련을 마치고 저녁 때 숙소인 호텔 로비에서 외식을 하기 위해 모였는데 이동균이 보이지 않았다. 삼성 팀의 전지훈련은 즉시 마감됐고, 임원들은 이튿날 서울로 돌아가 탐문에 들어갔다. 그 결과 이동균이 울산에 있는 현대 숙소에 들어간 사실을 확인했다. 삼성은 이동균과 비밀리에 연락해 설득을 거듭한 결과 원래 목표대로 팀에 합류시킬 수 있었다. 이 사건은 미디어의 큰 주목을 받으며 세간에 화제가 됐다. 문제의 발단은 대한농구협회의 선수 등록 규정이 현실에 맞지 않았던 데 있었다. 신년도 모든 선수의 등록은 2월 한 달 동안에만 이루어지도록 되어 있어 모든 팀은 당해 연도 시즌이 가을에 끝나면 원하는 선수를 몇 달 동안 확보하고 있다가 이듬해 봄에 농구 협회에 등록을 했다. 선수 본인과 학부모, 출신 학교장과 원하는 팀이 동의할 경우 가등록 제도를 만들어 시행했으면 그러한 웃지 못 할 스카우트 소동은 없었으리라. 당시 각 팀은 선수를 지키기 위해 몇 달 씩이나 합숙 훈련을 하기 일쑤였다.150)

지금까지 살펴본 대로 김인건은 선수로서뿐 아니라 코치로서도 매우 뛰어났다. 그는 지도자 생활을 돌이켜보면서 '무척 바빴던 기억'을 떠올렸다. 선수 때는 코치의 말을 잘 듣고 그대로 수행하면

---

150) 김인건 자필 수기, 2017. 7. 28.

되었지만, 코치로서는 할 일이 하나 둘이 아니었다는 것이다. 우선 앞으로 나갈 대회에 대비해서 훈련하되 선수 개개인의 장단점을 파악해야 했고 팀 구성에 맞는 수비를 개발하는 한편 공격 형태도 준비해야 했다. 상대팀의 경기분석은 필수였다. 또한 우수한 선수를 선발하기 위한 스카우트에 나서지 않을 수 없었다. 삼성 감독 시절에는 '절친' 이인표가 궂은일을 도맡긴 했지만 손을 놓고 있어서 될 일은 아니었다. 김인건은 항상 농구기본기술에 충실하도록 노력했고, 선수들의 몸 상태를 체크해 두기 위해 애썼다. 경기에 이기면 이긴 대로, 지면 진대로 선수들에게 자신감을 불어 넣어 주었다. 경기에 졌다고 선수들을 꾸짖은 적은 없다. 졌을 때면 자신이 무엇을 잘못 가르치고 준비를 못했는지 항상 뒤돌아보고 기록을 해두었다. 단, 선수가 농구 이외의 사생활에서 잘못을 저질렀을 경우에는 매우 혹독하게 야단치곤 했다. 그가 삼성에서 커리어의 막바지를 향해 달려갈 때는 세상도 농구판도 빠르게 달라져가고 있었다. 선수들도 스포츠계의 문화도 달라져갔다. 선수들의 일탈도 빈번해서, 김인건은 농구 이외의 일로 골머리를 앓기 일쑤였다. 그러나 그는 언제나 아버지의 마음으로 선수들을 대했고, 그 결과 수많은 제자들이 주변을 맴돌며 절대적인 믿음을 보여주었다.

프로농구의 발아

　우리나라 프로농구의 출범을 아마추어농구의 한계 때문에 벌어진 일로 보기는 어렵다. 다만 몇 가지 계기로 분위기가 조성되고 야심만만한 인물들의 비전이 어우러져 강한 동력을 획득했다고 본다. '한국농구100년사'는 "세계농구가 급격하게 변하고 있는 가운데 농구대잔치는 매년 관중이 늘고 가장 인기 있는 동계스포츠로 점차 자리를 굳혀 정착단계에 있었던 당시 대만에서 돌아온 박찬숙의 태평양화학 광고 출연과 허재의 NBA 2부 리그 진출 설에 대하여 아마추어 선수자격문제가 거론되던 시기였기에 프로농구에 대한 연구의 필요성이 더욱 절실히 제기되었다"라고 기술하고 있다. 하지만 실질적인 설명은 곧이어 나온다. "농구의 인기도가 상승하자 실업팀들 사이에 대학졸업 우수선수를 스카우트하기 위하여 거액을 지급하는 등 과당경쟁으로 인하여 불미스러운 사태도

빈번히 발생했고, 이에 따라 팀을 유지하기 위해서는 많은 예산이 소요되는 등 부작용이 많아지자 프로화를 추진해야 된다는 여론이 농구계에 대두되기 시작하였다"는 것이다. 나는 이러한 주장도 사실의 일부만 반영했다고 본다. 농구대잔치가 절정의 인기를 구가하는 1990년대 초반은 전반적인 경기력의 향상 가능성과 스타플레이어의 잇단 등장, 일본만화 '슬램덩크'와 텔레비전 드라마 '마지막 승부'의 인기, 무엇보다도 미국프로농구 NBA 경기가 안방까지 중계됨으로써 체계화한 시즌 리그의 필요성이 어느 정도 인정을 받는 중요한 고비이기도 했다. 특히 이 시기에 쏟아져 나온 뛰어난 선수들은 일정한 지분을 가지고 저마다 관중동원 능력을 발휘하였는데, 이 점이 프로농구를 추진하려는 측에 용기와 확신을 주었을 것이다.

농구에서는 세대를 달리하여 뛰어난 선수들이 한꺼번에 쏟아져 나오는 현상이 자주 벌어진다. 우리 농구사상 기록으로 인정할 수 있는 첫 스타 세대는 아마도 이성구와 염은현, 장이진 등을 중심으로 한 1936년 베를린올림픽 세대일 것이며 그 다음이 1948년 런던올림픽에 참가한 이상훈, 안병석, 김정신, 조득준 등일 것이다. 김영기의 독보적인 활약이 있은 뒤 등장하는 김영일, 김인건, 김무현, 이인표, 신동파, 유희형 등은 매우 상징적인 세대로서 길이 농구사에 남을 것으로 본다. 이들은 1969년과 1970년 아시아 정상에 오름으로써 우리 농구의 자존심과 자의식을 완성했을 뿐 아니라 일제강점기에서 광복과 한국전쟁, 전후 재건의 시기를 관류해온 농구에서 탈피해 미국 중심의 선진 농구를 학습함으로써 현재까지 선명한 영향력을 발휘한 사람들이다. 나는 이들의 뒤를 1973년과 1974년에 대학에 입학한 박수교, 신선우, 신동찬, 이문규가 이으며 이충희와 김현준은 이들보다 나중에 등장했으나 정체성 면에서 이들과 공통점이 많은 부속세대로 보려 한다. 1983년 이후 등장하는 한기범, 김유택, 허재, 강동희는 농구 기술과 영향력 면에서 압도적인 일면이 있다. 이들은 1970년대에 등장한 선배 세대의 도태를 촉진했고, 1990년대에 등장하는 'X세대 스타'들의 목표이자 경쟁자로서 오랫동안 존재감을 과시했다.

그러나 우리 농구의 프로화라는 면에서 볼 때 'X세대', '마지막 승부 세대', '슬램덩크 세대'라고 할 수 있는 20세기의 마지막 스타 그룹만큼 결정적인 영향을 미친 세대는 없다. 문경은, 김승기, 이상민, 우지원, 김영만, 전희철, 서장훈, 현주엽, 양희승, 추승균 등 쏟아져 나온 우수한 선수들은 농구가 겨울철 스포츠의 대명사로 위세를 떨치는 우호적인 환경 속에서 큰 인기를 구가했고, 저마다 빠른 발전을 이루어 나갔다. 이들은 2002년 부산아시안게임 우승, 1997년 아시아남자농구선수권대회 우승, 1996년 애틀랜타올림픽 출전 등으로 그들에게 부과된 시대적 소명을 다했다. 가장 결정적인 사건은 1993~1994년 연세대학교가 이룩한 대학팀 최초의 농구대잔치 종합우승이다. 허재, 김유택, 강동희 등이 이끄는 당대의 최강팀 기아가 중앙대에 패해 탈락해 버린 가운데 연세대가 결승에서 군인팀 상무를 제압함으로써 역사의 한 페이지를 완성하는 동시에 새 역사의 페이지를 활짝 열어 제쳤다. 이전과는 차원이 다른[151] 신세대 스타 그룹의 등장과 그들의 엄청난 에너지는 삼성-현대-기아로 대변되는 실업농구 전성시대의 종언을 예고했고, 전혀 새로운 개념의 농구리그에 대한 필요성을 각성하게 만든 것이다.

1992년, 아시아농구연맹 회장 칭멘키가 한국에 아시아 프로농구리그 창설을 제의했다. 우리 농구협회가 이 리그에 참여하기 위해서는 실업팀이 중심이 되어 있는 국내 리그의 특수성을 어떤 식으로든 해소해야 했다. 농구협회에서는 이 문제를 검토하기 위하여 1992년 6월 '프로농구소위원회'를 구성하였다. 위원장 김영기(당시 부회장), 위원은 이인표(당시 삼성전자 농구부장), 조승연(당시 삼성생명 총감독), 방열(경원대교수), 박신자(농구인) 등이었다. 이 위원회는 1994년 7월 6일 열린 농구협회 상임이사회에서 '프로농구추진위원회'로 개편되었다. 위원들은 김인건(당시 삼성전자 감독), 정광석(당시 현

---

151) 상징적인 기술이 '슬램덩크'다. 이전 세대의 선수들도 더러 덩크슛을 할 수 있었지만 한기범과 김유택을 빼면 경기를 앞두고 몸을 풀 때 재미 삼아 해보는 수준이었다. 그러나 새로운 세대의 장신 선수들은 훈련이 아니라 실제 경기에서 이 기술을 사용했다. 신동파와 이충희, 김현준의 대를 이은 슈터 문경은과 가드 이상민에 이르기까지 거침없이 구사하는 슬램덩크는 어느덧 NBA 스타가 방한해야 실제로 볼 수 있었던 신비한 기술이 아니라 흔한 득점 방식의 일부로 받아들여지기에 이르렀다.

대전자 감독), 김홍배(당시 상무 감독), 최인선(당시 기아 감독), 신동파(당시 서울방송 감독), 이종희(협회 재무이사) 등이었고 해외 조사업무에 필요한 요원으로 최종규(당시 연세대 총감독)가 합세하여 미국 NBA를 비롯한 필리핀, 중국, 대만의 프로농구와 일본 J리그(프로축구) 등에 대한 자료수집 및 사례 조사가 이루어졌다. 이 결과를 토대로 1995년 8월 18일 농구협회 전체이사회는 한 단계 더 나아간 '프로농구설립위원회'로 명칭을 변경 승인하였으며 동위원회는 8월 30일부터 10월 17일 까지 3회에 걸쳐 남·여 실업팀 단장 및 농구 원로를 대상으로 프로농구 설명회를 개최하였다. 마침내 1995년 12월 27일 한국농구연맹(가칭) 설립준비위원회가 발족되어 서울 서초구 반포동에 있는 대우 최종규 개인 사무실에서 김영기, 백남정, 김인건, 이인표, 최종규 등이 참가한 가운데 프로농구 출범에 필요한 제도와 여러 규정의 제정 등 구체적인 업무를 진행했다. 김인건은 이때의 일을 다음과 같이 기억하였다.

1983년부터의 아마추어 농구대회인 농구대잔치가 한참 국내 스포츠에서 인기 몰이를 할 때 농구의 프로 창설 문제가 대두되고 있었고, 이미 국내 스포츠에선 야구와 축구가 프로화되어 인기 종목으로 관중들에게 선보이고 있었다. 당시 일부 대학과 농구인들의 반대도 있었지만 농구 경기의 기술 발전과 국내 농구 팬들에게 좋은 볼거리를 제공하기 위해서는 프로화가 필요하다는데 공감하고 있었다. 프로화를 위해서는 사전 준비

작업이 필요했다. 미국은 물론이고 아시아에서도 필리핀, 대만, 중국 등이 프로 경기를 이미 하고 있었던 것이다. 프로 추진 위원회의 김영기 부회장을 비롯하여 백남정, 이인표, 최종규, 그리고 나 등이 거의 매일 모여 회의에 회의를 거듭하고, 위에서 열거한 프로경기 운영국가에 파견하여 그 실태를 연구하고 자료를 수집하여 안(案)을 만들었다. 나는 불과 몇 년 전에 창단한 프로축구 리그로서 야구보다도 인기몰이를 하고 있다는 J리그를 연구하기 위해 일본에 파견되어, J리그 본부와 축구 담당 기자 등을 면담하고 많은 자료를 수집하였다. 이러한 작업을 거쳐 수립된 안(案)들은 당시 프로리그에 적극적으로 참가하기를 희망한 대우의 오기택 단장, 오리온스의 박용규 단장, 기아의 최상철 단장, LG의 권혁철 단장, 그리고 SBS의 문근 단장과 이충기 단장 등이 참가하는 회의에서 하나씩 결정해 나갔다. 이렇게 모은 자료들과 한국적인 농구 현실을 감안한 프로리그 창립 안을 만들어 공청회를 열었다. 또한, 공청회에서 나온 좋은 의견들을 정리하여 농구협회 김상하 회장과 집행부, 그리고 각 시도지부에 설명회 등을 개최한 뒤 관계당국의 법인화 허가를 얻어 한국농구연맹(KBL) 리그를 정식으로 출범시켰다. 대학연맹 관계자와 일부 인사들의 프로출범 반대 의견도 있었으나 큰 문제는 되지 않았다. 훗날 돌아볼 때 1997년에는 한국 경제를 강타한 외환위기(IMF사태)가 터졌으므로 만약 그 전에 프로농구가 출범하지 못했으면 아마도 몇 년 후에도 프로화는 힘들었으리라 생각된다.[152]

---

152) 김인건 자필 수기, 2017. 7. 28.

김인건은 자신의 손으로 출범시킨 국내 프로농구 리그의 감독과 단장, KBL 이사를 섭렵하는 드문 경력을 쌓았다. 그는 진로농구팀의 단장, SK의 부단장으로 일했으며 SBS의 감독이었고, KBL의 경기이사였다. 그는 자신이 경험한 프로농구에 대해 '아마와 프로의 차이'라는 글에서 다음과 같이 생각을 정리하였다.

아마추어는 말 그대로 직장 팀에서 뛴다면 경기 출전과 훈련 이외 시간은 직장인으로서 회사의 업무를 수행하고, 은퇴 후 평생직장으로 근무하여야 한다. 그러기 위해서는 회사(은행)업무도 평소에 게을리 하면 안 되겠다. 프로는 농구를 위해서 자기 체력과 기술을 부단히 단련하고 훈련하여 팀에서 허용하는 최고의 연봉을 받기 위해 모든 것을 바쳐서 노력해야 한다. 경기에 나가서 최고의 컨디션과 기량으로 승리할 수 있도록 은퇴하는 날까지 농구에 올인하는 자세가 필요하다.153)

---

153) 김인건 자필 수기, 2017. 7. 28.

태릉선수촌장

2002년 가을 어느 날, 김인건은 대한체육회로부터 체육회 이사로 선임이 되었다는 연락을 받는다. 김인건은 '뜻밖의 일'이었다고 했다. 그해 가을 부산에서 아시안게임이 열리자 김인건은 한국 선수단의 홍보담당 이사로 참가하였다. 대회 기간 중 한국 선수단의 대외 홍보를 책임지는 자리였다. 그는 선수나 코치, 감독으로 아시안게임과 올림픽 경기에 자주 참가했으나 한국 선수단 본부임원으로서 참가하기는 처음이었기에 적지 않게 긴장했다. 그래서 그동안의 경험을 살려 많은 준비를 했다고 한다. 그는 우선 벡스코(BEXCO)에 한국 선수단과 한국 스포츠를 홍보하기 위한 부스를 설치했다. 또한 아시안게임을 취재하는 국내 기자단을 위한 브리핑을 매일 오전 9시에 실시하여 50~60개 경기장에서 전날에 열린 각국 선수단의 성적과 기록을 정확하게 제공하고 취재진의 다양한 요구사항을 현장에서 해결하도록 함으로써 좋은 반응을 얻어냈다. 부산 아시안게임에서 눈에 띄는 활약을 했기 때문인지 대회가 끝난 다음 새로운 요청이 들어왔다. 당시 대한체육회 회장을 맡은 이연택이 전화를 걸어 태릉선수촌 촌장을 맡아 달라고 했다. 대한체육회 정관에 따르면 사무총장과 선수촌장은 체육회 이사회의 동의를 얻어 체육회장이 임명하도록 되어 있었다. 2002년 말 태릉선수촌장으로 정식 임명을 받고 태릉에 발을 들인 김인건은 감회가 새로웠다. 그는 1966년 5월 태릉선수촌이 개관할 때 선수로 입촌하여 훈련한 이후로 선수생활을 하는 내내 그곳에 땀을 흘렸다. 현역에서 은퇴한 다음에는 코치, 감독이 되어 선수들과 숙식을 함께 하며 수많은 대회에 대비해 훈련했다. 그는 1990년 중국 베이징에서 열린 아시안게임에 남자대표팀을 이끌고 참가한 것을 마지막으로 대표 팀 감독을 사퇴했으므로 한국체육의 요람인 태릉선수촌의 촌장이 되어 들어갔을 때 감회가 남다를 수밖에 없었다. 김인건은 자랑스러움을 느끼는 한편 걱정이 앞섰다. 수많은 종목 선수와 지도자들이 모여 훈련하는 태릉선수촌이 어떤 곳인지, 어때야 하는 곳인지 너무나도 잘 알고 있었기 때문이다. 그곳은 단지 특정 대회를 준비하는 장소를 넘어 우리 스포츠의 미래를 설계하고 육성하는 장소였다. 김인건은 엘리트 경기인 출신 촌장으로서 올림픽, 아시안게임 등 국제 대회에서 국민 모두에게 희망과 자랑과 긍지를 심어주는 결과를 그곳에서 만들어 내야 한다는 생각에 잠이 오지 않을 지경이었다. 그가 촌장으로 근무할 무렵 태릉선수촌은 임원과 선수를 포함해 300~400명과 이들의 훈련을 지원하는 체육회 직원 및 지원 요원 100여 명 등 400~500명이 생활하는 곳이었다.

김인건은 경기인 출신 촌장으로서 자신이 해야 할 일이 무엇인지를 잘 알았다. 그리고 대한민국의 대표선수로서 태릉에서 훈련을 받는다는 사실이 무엇을 뜻하는지, 그러므로 어떠해야 하는지도 잘 알았을 뿐 아니라 그러한 인식을 선수들에게 심어주고 싶어 했다. 그러나 그의 신념은 어떠한 정의나 진실이라 하더라도 결코 강요해서는 안 된다는 데 있었다. 그러므로 김인건의 신념은 훈련하는 선수들을 원활하게 지원하고 그럼으로써 한 걸음 한 걸음 국가와 선수 본인이 기대하는 목표에 다가가는 형태로 이루어질 수밖에 없었다. 그는 대표선수들을 차질 없이 지원하기 위해 선수단과 직원의 소통을 첫 과제로 삼았다. 다음으로 중요하게 생각한 것은 바로 옆에서 근무하는 체육과학연구원과의 원활한 협조였다. 김인건은 이를 위해 연구원의 각 종목별 담당제를 도입했다. 해당 종목의 코치와 연구원 박사들이 종목의 특성에 맞는 훈련기법을 적용하고 측정을 통해 기록 단축과 향상을 기대했다. 체육 심리학 박사들과의 주기적 면담 등을 추진하여 선수들의 심리적 안정을 꾀하기도 했다. 김인건은 국제대회와 그에 대비한 훈련에 대해 잘 알았다. 한 선수가 대표선수로 선발되어 4년여에 이르는 긴 시간 동안 훈련하여 올림픽이나 세계선수권대회에 나가지만 종목에 따라 하루나 이틀 만에 경기를 끝내는 종목이 적지 않다. 양궁, 유도, 역도, 사격 등이 그런 종목이다. 이런 종목에 출전하는 선수들은 경기 시간이 다가올수록 엄청난 부담감을 느끼게 마련이고 경기가 열리는 날에는 상상하기조차 어려울 만큼 큰 압박감에 사로잡힌다. 이때 절실하게 필요한 것이 심리적 안정이다. 미국, 중국 등 체육 강국들은 올림픽에 출전할 때 경기 임원들과는 별도로 국내에서 수년간 일대일로 선수 면담 프로그램을 진행해 온 수십 명의 체육심리학 박사들을 현장에 파견하여 경기 전에 선수들의 심리적 안정을 돕고 있었다. 김인건은 또한 남다른 생각을 가진 사람이었는데, 2009년 '한겨레신문'에 실린 그의 칼럼은 시대를 앞서간 면이 있다.

나는 중학교 때 농구를 시작했다. 은퇴 후에는 실업과 프로 팀 코치, 감독, 단장을 역임했다. 보통 체육인이 걷는 길이라 할 수 있다. 이런 길을 걷는 체육인을 보는 일반인의 시선은 양극단으로 갈린다. 운동장이나 경기장에서는 환호와 갈채를 보낸다. 그러다 일상으로 돌아오면 선수는 무식함이나 폭력의 모습으로 투영된다. 이중구조 속에 있는 것이다. 후자의 부정적인 시각은 매우 안타까운 일이다.

길은 한 가지다. 우리 체육인 스스로 긍정적인 변화를 위한 노력을 지속적으로 해 나가는 일이다. 이미 대한체육회와 태릉선수촌에서는 '존경받는 체육인'을 목표로 변화를 시도하고 있다. 학생선수는 학업을 위해 오전에는 등교해 수업을 받도록 하고 있다. 훈련 뒤 저녁 시간에는 어학교육을 제공하고, 취미교실을 운영한다. 교양강좌도 실시하고 있다. 지적 튼튼함을 보완하려는 이러한 노력은 이제 모든 경기단체, 시·도체육회 그리고 일선의 운동부로 점차 파급되고 있다.

나는 '운동선수를 제대로 평가해주는 사회'를 만들기 위해 일선 코치, 감독 선생님들에게 한 가지 제안을 드리고자 한다. 바로, 선수의 이름을 부르자는 것이다. 선수를 부를 때 흔히 "야", "너"라는 호칭을 쓰곤 한다. 스스럼없이 사용하는 이런 표현이 듣는 선수에게나 텔레비전을 통해 보는 일반인들에게 적지 않은 거부감을 일으킨다. 나 역시 농구감독 시절에 선수이름보다는 "야", "너" 또는 "이 자식이"라고 불렀다. 선수의 인격을 존중해주기보다는 내 편한 대로 부르곤 했다. 그러나 요즘은 많은 지도자들이 선수의 이름을 부르는 것을 본다. 참 좋은 일이다. 선수의 이름을 불러주는 것은 선수에게 자존감을 불어넣는 첫 단추다.

몇 년 전 아내 이름을 불러주자는 게 유행한 적이 있다. "집사람", "어이"를 "000씨"라고 부르자는 것이었다. 이름을 부른다는 것은 상대방을 있는 그대로 온전한 존재로 받아들인다는 것을 의미한다. 훈련 중 지도할 때나 경기 중 작전지시 등을 할 때 선수의 이름을 불러줌으로써, 선수에게 자존감을 부여하고 지도자와 선수간의 친밀감도 더해질 수 있다. 여기에 더해 체육인에 대한 좋은 인식 전환의 첫 단추를 꿰는 것이라면 우리 모두 시작해야 하지 않겠는가. (후략)

그가 태릉선수촌장 직을 성공리에 마치자 숨 돌릴 틈 없이 농구계의 부름이 있었다. 한국농구연맹(KBL)의 김영수 총재가 그를 찾은 것이다. 그는 자신이 출범에 참여한 KBL의 전무이사 겸 경기본부장이 되어 유소년 장신 유망선수 발굴 사업을 전개하는 한편 전용 훈련장 건립을 추진하고 KBL 근무자들의 어학실력을 향상시키기 위한 프로그램 등을 새로 만들었다. 김인건은 훗날 "이연택 대한체육회장과 김영수 한국농구연맹 총재를 가까이서 모시고 태릉선수촌장과 KBL 임원으로서 일한 것이 나에게는 행운이었음을 고백한다. 많은 것을 배우고 느끼며 조직을 올바른 길로 끌고 가는 능력을 옆에서 지켜보며 배웠다. 두 분에게서 많은 실무와 경험을 전수받을 수 있었으며 조직을 운영하는데 철학과 가치기준을 어디에 두는가를 깨우칠 수 있었다. 회의에 참석한 임원들을 상대로 한국 체육의 올바른 발전 방향을 제시하며 때로는 토론하고 때로는 설득하여 이해시켜서 관철시키는 그러한 능력에 감탄하고 존경심을 갖지 않을 수 없었다."라고 고백하였다.154) 그의 경험과 소

---

154) 김인건 자필 수기, 2017. 7. 28. 그는 또한 김상하 전 농구협회 회장과 고 윤덕주 회장에게 각별한 존경의 뜻을 밝혔다. "농구경기가 한국에 전파되었을 때부터 현재까지 많은 분들이 회장을 맡아 농구 발전을 위해 노력을 기울였지만, 그 중에서도 약 12년 동안 대한농구협회 회장을 맡아 1983년 창설된 '농구대잔치'를 겨울 스포츠로 뿌리 내리게 하고 최고의 인기종목으로 만들어 준 김상하 회장을 존경한다. 농구대잔치의 인기를 바탕으로 프로농구가 출범할 수 있었음은 주지의 사실이다. 여자농구 부문에서는 고 윤덕주 회장을 잊을 수 없다. 학창시절에 선수생활을 한 윤 회장은 여자농구의 발전과 국제경쟁력 강화를 위해 지원을 아끼지 않았다. 한국 여자농구는 윤 회장의 노력에 힘입

회는 농구전문잡지 '더 바스켓'의 2015년 5월호에 게재된 인터뷰 기사에 비교적 자세히 소개되어 있다.

이병진 : 궁금한 것부터 여쭤봐야겠네요. 국가대표선수들에게 가장 존경받는 어른은 대한체육회장이 아니라 '국가 대표 검찰총장'으로 불리는 태릉선수촌장입니다. 16 대(2002년 12월~2005년 3월) 18대(2008년 10 월~2009년 2월) 19대(2009년 2월~2010년 12월) 등 무려 세 차례, 만 5년으로 '선수촌 아버지' 김성집 (16년 재임)에 이어 역대 두 번째로 오랜 기간 역임 하셨는데 지면관계상 그 이유와 선수촌장 시절 에피 소드 딱 한 가지만 소개해 주시죠.

김인건 : 1966년 개장한 태릉선수촌 입촌 1호가 나였어요. 물 론 농구국가대표로요. 그 뒤 대표 팀 코치 감독을 합 해 선수촌장에 처음으로 임명될 때 이미 선수촌 생활 이 20년은 됐었어요. 이연택 대한체육회장이 그 점 을 인정하신 것 같아요. 선수촌 내 풀뿌리 하나까지 내 인생의 일부이지요. 선수촌장으로 올림픽이나 아 시안게임 등 굵직한 종합대회에서는 현장에서 직접 격려나 응원하는 것도 업무의 하나였습니다. 2010년 밴쿠버 동계올림픽 때 이승훈의 5000m 은, 1만m

---

어 올림픽과 세계선수권대회에서 강호로 군림할 수 있었다. 1984년 LA올림픽 준우승은 불멸의 업적이다. 윤 회장은 훗날 국제농구연맹(FIBA)의 임원으로서 우리 농구의 국제화와 세계농구 발전에도 크게 기여했다."

금메달이 가장 인상적이었던 것 같아요. 밴쿠버 올림픽은 김연아의 올림픽이기도 했지만, 대한민국 체육 입장에선 세계빙상 무대에서 한국이 일본을 완벽하게 앞지른 첫 국제무대란 의미가 컸습니다. 결정적인 게 이상화의 500m 금과 이승훈이(거둔 개가)였습니다. 이승훈이 5000m에서 은을 따내자 옆에 있던 일본 임원이 우리보다 더 감격해 해서 의아했어요. "아시아인이 스케이팅 중장거리에서 세계정상수준은 불가능하다고 여겼는데 당신들(한국)이 해냈다"고 기뻐하는 겁니다. 이어서 이승훈이 1만m 금메달을 따내자 일본임원들은 나에게 축하하는커녕 벌린 입을 다물지 못하고 멍하니 서서 고개를 절레절레 흔들더군요. 그때의 뿌듯함이란! 김연아의 금메달은 이에 비하면 흥분보다는 감동적이었어요. 이왕 말 나온 김에 한 가지만 더. 보조선수촌인 태백 선수촌 문제입니다. 고지대인데다 주변 환경도 좋아 "바로 이거다!"라는 생각이 들었지요. 미국 콜로라도 스프링필드의 선수촌 못지않아요. 모든 종목 대표선수들에게 의무적으로 태백에서 훈련스케줄을 넣도록 했습니다. 다만 바람이 세게 불고, 여전히 탄광 잔해 부스러기가 날리는 등 문제가 있어 스타디움을 돔으로 덮고 통로 숙소 시설을 개선하는 야심찬 플랜을 올렸는데 정부에서 최종 거부됐습니다. 아쉽습니다.

이병진 : 농구 얘기로 가보죠. 태릉선수촌장 16대와 18대 사이에 3년 6개월이 비는데요?

김인건 : 16대 선수촌장을 끝내자마자 대한농구협회 이종걸 회
장이 불러 부회장으로 업무를 맡았지요. 이때는 프로
농구계가 어수선한 상황이었습니다. 신임 김영수 총
재가 나를 불렀는데, 협회보다는 KBL이 훨씬 심각하
고 시급한 상황이어서 협회를 떠나 KBL 경기본부장
겸 전무이사로 부임하게 된 것이지요. 부임 즉시 대
표선수 운영원칙, 심판제도 개선, 유소년 농구 지원
및 장신자 발굴 등을 추진했어요. 그러다 이연택 대
한체육회 회장이 재선임 돼 나를 다시 부르는 바람에
의리상 어쩔 수없이 다시 선수촌장이 된 것이고요.

연애, 결혼, 자녀 교육

책머리에 밝혀 두었거니와 이 책은 김인건의 전기가 아니다. 김인건을 중심으로 우리 농구 이야기를 하고 있다. 그러나 김인건이 주인공인 한 그의 본질에 대해 이야기하지 않을 수 없다. 한 인간의 본질은 개인의 역사 즉 그의 인생으로 형상화되게 마련이다. 한 인간의 생애를 통틀어 부모에게서 몸을 얻어 세상의 빛을 보고 자라고 배우며 연애하고 결혼하는 일과 자식을 낳아 기르고 가르치는 일은 더할 것도 뺄 것도 없는 진실의 국면에 속한다. 나는 2017년 8월 3일 김인건을 만났을 때 "선생님과 사모님의 연애와 결혼 이야기를 좀 듣자"고 청했다. 그러나 그는 역시 점잖은 사람으로서 그러한 주제로 길게 이야기하고 싶어 하지 않았다. 그래서 "그럼 메모를 해서 이메일로 보내 달라. 이번 책에 그 얘기도 꼭 넣고 싶다"고 당부했다. 그는 잠깐 고민을 했겠지만 나의 기대를 끝내 저버리지는 않았다. 하지만 역시 메모 이상은 아니어서 짜릿한 사랑의 이야기를 기대한 사람이라면 실망할 정도였다. 하지만 거대한 저택으로 통하는 현관의 강철 대문이 살짝 열린 것처럼 그 은근하면서도 떼어낼 수 없는 인연의 고백을 음미하기에는 충분했다.

김인건은 대학에 입학한 뒤 친구들과 함께 '미팅'을 몇 번 해 보았다고 한다. 그러나 별로 흥미를 느끼지는 못했는데 이때만 해도 농구 말고는 어떤 일에도 관심이 없었기 때문이다. 그에게는 한국의 남자농구 대표선수가 되어 올림픽과 아시안게임 등 국제대회에 태극 마크를 달고 출전하는 것이 가장 큰 목적이었기 때문에 오직 운동만 생각했다. 그러한 생활은 대학을 마치고 한국은행에 들어간 뒤에도 변함없이 계속되었다. 이 당시에는 운동선수 대부분이 선수생활을 모두 끝낸 뒤에야 결혼했다. 그만큼 은퇴 시기가 빠른 편이기도 해서 나이 서른이 가까우면 '노장'으로 불리기 일쑤였다. 아무튼 김인건도 은퇴가 멀지 않을 무렵에야 연애를 시작했는데 운동선수답게 여성에게 대시해 데이트를 청하는 모습과는 거리가 멀었다. 그가 전성기를 구가할 때는 누구보다 팬이 많았는데 교향악단의 지휘자 임원식도 그 수많은 팬 중에 한 사람이었다. 임원식은 서울예술고등학교의 교장으로 근무하는 한편 KBS교향악단을 지휘하고 있었다. 임원식은 서울예고에서 피아노를 전공하고 서울시립교향악단에서 근무하는 제자 이경래를 김인건에게 소개했다.

오빠는 첼리스트로 KBS교향악단의 멤버였고 언니도 바이올린을 전공한 음악인 집안의 재원이었다. 김인건은 훗날 아내가 되는 이경래가 '당연히' 음악을 전공한 사람이었으며 처음 만난 장소는 서울시 소공동 경향신문사 옥상에 있던 '조그마한 레스토랑'이라고 기억하였다. 두 사람은 약 3개월 동안 만남을 거듭한 다음 결혼을 하기로 했다. 연애는 좋은 차에서 우러나는 향기처럼 은은하면서도 담백했다. 폭풍 같은 열애와 사랑을 확인하는 이벤트 따위는 없었다. 두 사람은 그렇게 은근하게 상대방의 마음속으로 스며들었다. 그런 가운데서도 김인건이 약간 식은땀을 흘린 장면이 있다. 그가 이경래를 두 번째로 만나기로 한 날은 토요일이었다. 명동에 있는 다방에서 만나기로 약속을 했는데, 그날 마침 한국은행 농구팀은 부평에 있는 미군부대 선발팀과 경기를 했다. 일진이 좋지 않았는지 김인건은 후반전 경기 도중 미군 선수의 무릎에 얼굴이 부딪히는 바람에 눈썹 주위가 찢어져 피를 흘렸다. 토요일에는 그 부대에 군의관이 없고 한국인 위생병만 근무했다. 어쩔 수 없이 위생병이 벌어진 상처를 봉합하고 아주 큼지막한 의료용 테이프를 붙여 주는 대로 맡겨두는 수밖에 없었다. 거기까지는 좋았는데, 그 얼굴로 약속한 장소로 나가려니 보통 곤혹스럽지가 않았다. 그러나 전화를 걸어 만남을 다른 날로 미루지는 않았다. 김인건은 이경래가 무척이나 마음에 들었고, 눈두덩을 허연 의료용 테이프로 덮고라도 꼭 만나고 싶었다. 두 사람은 결혼하여 슬하에 1남1녀를 두었다. 스포츠맨과 예술가 사이에서는 운동선수도 연주자도 나오지 않았다.

> 이병진 : 자제분은 농구 안합니까.
> 김인건 : 딸 하나, 아들 하나인데 (키가) 190㎝ 이상이면 모를까, 내 키(180㎝) 정도로는 안돼요. 본인도 관심 없고… 그냥 평범한 회사원이지요.155)

'더 바스켓'과 인터뷰할 때 김인건이 말한 것과 다르게, 아들은 농구를 하고 싶어 했었던 것 같다. 김인건은 내게 간단한 메모를 적어 보낼 때 아들 이야기도 했다. 이 메모에 따르면, 아들은 운동하기를 원했지만 아버지가 보기에는 신체조건이 따라 주지 않았다고 한다. 중학교 2, 3학년 때 아들의 키는 큰 편이었지만 특출하지는 않았고, 농구선수를 기준으로 생각하면 중간 정도였다. 김인건은 운동을 하고 싶어 하는 아들을 설득해 공부를 하도록 했다. 평생 농구를 터전 삼아 전설적인 커리어를 살아온 김인건이 보기에도 운동선수로 살아가는 삶은 벅찬 과정의 연속이었기에 아들에게는 권하고 싶지 않았던 것 같다. 또한 대대로 학문을 우선으로 생각한 가풍에 따라 김인건의 아버지 김정신이 그랬듯 김인건도 그 아들에게 공부하기를 권했을 것이다. 김인건은 1977년부터 2015

---

155) '더 바스켓' 2015년 5월호.

년까지 반포에서 생활했는데, 아들이 사춘기를 보낼 무렵 이 지역에는 상설 농구부가 있는 남학교가 없었다. 기어이 농구를 하려면 상설 농구부가 있는 지역의 학교로 전학을 해야 했지만 아들도 그 정도로 에너지를 가지고 고집을 부리지는 않았다. 김인건은 학생이 운동을 시작하면 공부와는 완전히 담을 쌓고 학교 수업을 등한시하며 오직 운동 하나에 매달려 귀중한 성장기를 보내는 현실에 문제의식을 지니고 있었다. 그는 어떻게든 이런 현실을 타개해야 한다고 생각하는 사람이거니와, 자신의 아들이 운동을 선택할 것이냐 하는 문제를 앞에 놓고서는 다소 강경하지 않을 수 없었다. 김인건이 농구에 입문할 무렵에도 그의 부모는 반대를 했는데 아들이 공부에 소홀할까 염려해서였다. 그가 학교에 다니며 운동을 할 때만 해도 학생 선수들은 모든 수업을 마치고 방과 후에 운동을 했는데도 어른들은 우려했다. 그러니 요즘처럼 공부와는 담을 쌓아 간단한 학문적 이치조차 깨닫지 못하고 대학이 요구하는 최저학력을 갖추기도 어려운 요즘에야 말해 뭐하겠는가.

265

에필로그

　모든 스포츠 종목이 그렇지만, 농구도 세대를 걸러 황금세대가 등장해 한 시대를 수놓고 그들이 물러가면 한동안 암흑의 시기를 보낸다. 앞에 적은 대로, 내가 아는 한 기록이 말해주는 우리 농구의 1세대 황금세대는 이성구가 활약하던 시기다. 이성구-장이진-염은현은 일제강점기 한반도 출신의 뛰어난 농구선수로서 1936년 베를린올림픽에 일본대표선수로 출전하였다. 베를린올림픽 공식 기록집을 보면 눈매가 날카로운 이성구가 경기가 벌어지는 코트를 바라보고 있는 사진이 나온다. 헝겊농구화를 신은 그의 주변에는 머리를 빗어 넘긴 일본인 동료 선수와 물을 담았을 것으로 짐작되는 큰 주전자가 있다. (주전자… 그렇다, 1960~1970년대 교실 한편에 있었고 매일 오전과 오후 당번학생이 수돗가에 가서 채워오곤 하던 그 주전자다. 우리는 플라스틱 컵으로 그 물을 마셨고, 학기가 중간쯤 지나 플라스틱 컵이 깨지거나 어디론가 사라진 다음에는 뚜껑에 물을 받아 마시기도 했다. 거친 녀석들은 주전자 주둥이에 입을 대고 마시기도 했다. 또한 운동회가 열리거나 반 대항 축구 경기가 열릴 때에는 반드시 물을 채워 들고 나가기도 했다.) 나는 이 사진을 볼 때마다 가슴이 저릿한 아픔과 감동을 함께 느낀다. 사각모를 쓰고 신촌 바닥이나 종로를 누볐음직한 식민지 청년의 응어리와 체념을 사진 속에서 본다. 이성구는, 당연한 일이지만, 일본어가 유창했고 일본 농구인들과 유대가 돈독했다. 내가 스포츠 기자가 되어 농구를 취재하기 시작했을 때 이성구는 아직 살아 있었다. 그에게서 강한 민족혼이나 일제에 대한 증오심 같은 것은 발견하지 못했다. 광복이 되지 않았다면 식민지에서 고등교육을 받은 지식인으로서, 또한 선수로서 높은 수준의 경기력과 더불어 남다른 실적을 쌓은 농구인으로서 일정한 역할을 하며 살아갔으리라고 생각한다. 이성구는 광복 이후 한국의 농구계에서 큰 영향력을 행사했고 늙어서는 원로로 대접받았다. 물론 이성구-장이진-염은현 이전 세대가 있었을 것이다. 하늘 아래 새로운 것은 없고, 스타도 땅에서 솟듯 어느 날 갑자기 등장하지는 않으니까. 그러나 문서나 사진 등으로 남은 자료가 충분치 않은 가운데, 이성구-장이진-염은현 세대만이 기록이 베푸는 특혜를 최초로 향유하였다.

한국에서 신문이 스포츠 내지 체육을 적극적으로 보도한 시기는

1890년대로 거슬러 올라간다. 계몽적 수단으로서 신문이 보건위생과 체력증진이라는 목표에 초점을 맞춘 기사를 게재하는 경향이 강했다. 방송에 의한 스포츠 중계는 1927년 전조선 야구선수권대회를 중계한 것이 시초이며 최초의 농구 중계는 1939년에 이르러서야 시작되었다. 1939년 7월 27일부터 3일 동안 캐나다 웨스턴 농구단이 한국을 방문해 연희, 보성전문과 경기를 할 때 경성방송에서 중계를 한 것이다(김원제, 2005). 한국농구 역사에 이름을 남긴 첫 실력자들은 이성구·장이진·염은현 등인데 이들의 명성이 널리 알려진 시기는 1936년 독일의 베를린에서 열린 올림픽에 참가하는 일본대표팀의 일원으로 선발되었을 때다.[156] 이들의 소식은 '조선중앙일보'나 '동아일보' 같은 국내 언론 매체를 통하여 대중에 소개되었다. 그러므로 이들은 얕은 수준에서일지언정 미디어의 세례를 받은 최초의 선수들이라고 할 수 있다. 광복 후 출현한 김영기는 걸출한 기량을 지닌 선수로서 제3공화국 시기에 강력하게 시행된 체육정책에 영향을 받은 방송 매체들이 활발히 중계방송에 참여한 데 힘입어 전국적인 스타로 부각되었다. 김영기는 1956년부터 1965년까지 국가대표를 지냈고, 1969년부터 1974년까지 국가대표 코치와 감독을 지낸 성공한 농구인이다. 전례 없는 테크닉과 잘생긴 용모로 인기를 모은 그가 활약한 시기는 라디오를 통한

---

156) 이들 외에 육상 마라톤 종목의 손기정과 남승룡, 축구 종목의 김용식 등이 일본의 대표선수로 선발되어 베를린올림픽에 출전하였다.

중계가 일반화된 시기였다. 또한 정부홍보 시책으로 필름 영상물이 제작되기도 하였는데, 예를 들어 '대한뉴스'는 1964년 도쿄올림픽에 참가한 한국 남자농구 대표 팀의 경기 내용을 영상물로 보도하면서 1964년 9월 25일 열린 쿠바와의 경기, 9월 27일에 열린 태국과의 경기 내용 및 결과를 전하였다.157) 김영기는 자서전적 저서인 '갈채와의 밀어'에서 1964년 9월 30일 일본 요코하마에서 벌어진 멕시코와의 도쿄올림픽 예선전 방송 내용을 상세히 소개하고 있다. 당시 활약하던 임택근·이광재·최계환·김주환 등이 합동방송단 캐스터로서 참여한 이 방송 중계 기록은 당시의 라디오 중계 형식과 내용을 알 수 있는 귀중한 자료라고 할 수 있다.

광복 이후 최고의 스타는 김영기임에 틀림없다. 그가 선수생활을 통틀어 보여주었던 뛰어난 기량을 기록으로 확인하기는 매우 어렵고 제한적이다. 또한 시대의 특징과 농구 경기의 특성을 고려해 보아야 한다. 그러나 곳곳에 단편적으로 남은 공식 기록만으로도 김영기가 당대 한국농구로서는 상상하기 어려운 수준에 도달한 인물이었다는 사실을 확인할 수 있다. 나는 여러 농구계 인사들로부터 선수 시절 김영기가 얼마나 뛰어난 선수였는지에 대한 증언을 들을 수 있었다. 1969년과 1970년에 한국 남자농구를 아시아 정상에 올려놓은 전설적인 인물들도 한결같이 김영기의 위대함을 언급하였고 무한한 존경심을 표현하였다. 이러한 인정과 존경은

---

157) 대한뉴스, 1964.

훗날 김영기가 행정가가 되어 활동할 때에도 변함이 없었고, 그러 므로 그가 원하는 일을 추구해 나가는 데 있어 적지 않게 유리한 국면을 조성해 주었을 것이 틀림없다. 나 또한 기자로서, 또한 스 포츠 연구가로서 김영기를 자주 인터뷰하고 자료를 열람해 갈무리 해오는 동안 농구와 한국 스포츠에 대한 그의 탁견을 여러 차례 확인할 수 있었다. 그리고 매우 다행한 일이지만 그에게는 광복 이후 활발히 전개된 언론의 스포츠 보도활동이라는 행운도 따랐 다. 대한민국의 여러 도서관에 산재한 신문 스크랩은 당대를 열광 시킨 김영기의 족적을 확인하는 데 결정적인 힌트를 제공한다. 물 론 그 시대 언론의 보도 방식이 현재와는 확연히 다르기에 혹 김 영기에 대해 연구하려는 학자가 있다면 역사적 상상력의 도움을 받은 다음에라야 도전할 수 있을 것이다. 특별히 득점 기록과 같 은 수치는 당대의 언론으로부터 얻어내기가 매우 어렵다.

당대 최고의 스타 선수로 우뚝했던 김영기의 바로 뒤 세대로 출 현해 1960년대 국가대표팀의 주축을 이루는 선수들이 김영일, 김 인건, 이인표, 신동파, 유희형 등이다. 재능으로 충만한 이들은 김 영기의 맹활약으로 인해 고조된 국민들의 농구에 대한 관심과 언 론 매체의 활발한 보도 및 중계 문화를 유산으로 물려받은 세대였 다. 김인건은 그 중에서도 첫손에 꼽힐 자격이 있다. 그에 대한 자 료도 김영기에 비해 많다고 보기는 어렵다. 그는 올림픽에 두 차 례(1964년 도쿄올림픽과 1968년 멕시코시티올림픽), 세계선수권대회에 한

차례(1970년 유고슬라비아 세계남자농구선수권대회) 출전했다. 그가 출전
한 대회 기록은 올림픽위원회나 국제농구위원회에 온전히 보관되
어 있다. 이 소중한 기록이 그들의 출신 국가인 대한민국이 아니
라 국제경기기구에 남아 있다는 사실에 대해 개탄할 수는 없지만
누구도 비난하기는 어렵다. 그들이 활동하던 시대는 지금처럼 누
가 몇 점을 넣었느냐를 따지기에 앞서 얼마나 많이 이기느냐, 얼
마나 순위표 상단에 올라 국위를 선양하느냐가 우선인 시대였다.

　김인건은 당대 남자농구계에서 발휘한 영향력은 말할 것도 없고
훗날 지도자와 행정가로 변신하여 우리 농구는 물론 스포츠 전반
에 기여한 바가 매우 크다. 그러나 그에 대한 본격적인 자료는 지
나칠 정도로 부실하여 이대로 가다가는 훗날 연구자들이나 언론인
들이 제대로 된 정보를 얻거나 수집하기조차 힘들 지경이다. 본인
이 손수 쓴 글도 양이 매우 적어서 본격 연구자들이나 언론의 심
층 기사에 활용하기 어려운 수준이다. 김인건은 나의 요청에 응해
스케치 수준의 수기를 써서 넘겨주었을 뿐 장기간에 걸쳐 신문 등
에 기고하지 않았다. 그를 인터뷰한 언론의 보도도 특정한 상황에
관계되어 있을 뿐 그의 삶 전체를 조망하고 있지 않다. 중앙대학
교의 김재우 교수가 김인건을 인터뷰하여 구술 받은 내용을 정리
한 것은 김인건이 쓴 수기와 크게 차이 나지 않는다. 역시 스케치
수준으로서 한 시대를 풍미한 체육인을 전체적인 윤곽으로 바라보
는 데 제한적인 도움을 주고 있다. 김인건은 흔히 한국 최초의 포

271

인트 가드라는 평가를 받는다. 물론 이전에도 경기를 리드하고 공을 운반하며 득점 기회를 포착한 동료에게 패스하는 역할을 한 선수가 있었을 것이다. 그러나 현대적 개념의 본격적인 게임 리더로 존재가 뚜렷한 선수, 그 뛰어난 기량을 통하여 대표 팀과 한 시대의 농구에 영향력을 행사한 선수로서 전례를 찾기 어렵다는 데서 '최초'의 의미를 찾아야 하지 않을까. 그러나 뛰어난 선수로서 소속팀과 대표 팀에서 맹활약하고 유능한 코치로서 삼성과 국가대표 팀에서 헌신한 그에게는 '한국농구의 발전을 이끌었다'는 평가가 무색하지 않다. 더구나 1969년 아시아선수권대회, 1970년 아시안 게임 우승 멤버가 아닌가.

김영기나 신동파가 수용하지 않을 수 없었던 국위선양의 테제는 김인건에게도 예외가 아니었다. 왜 아니겠는가. 김인건은 두 사람과 같은 시대에 농구를 했다. 세 사람 사이에는 단층(斷層)이 없고, 그저 '앞서거니 뒤서거니'라는 말이 적합할 정도의 시간차만 있다. 그들을 짓누른 시대의 요구는 이후의 세대로 거침없이 이행하는데, 21세기에 들어서도 근본적으로 달라졌다고 보기 어렵다. 김인건이 국가대표에서 물러난 뒤 한국 남자농구는 중국이라는 거인과 조우하면서, '만리장성 돌파'가 시대의 과업으로 떠오른다. 김인건과 같은 시대에 아시아를 제패하고 김인건과 이인표, 신동파가 은퇴한 다음 대표 팀의 대들보로서 힘겨운 길을 앞서 걸어간 유희형 이후 수많은 후배들이 '중국 격파=아시아 정상'이라는 현실과 싸우지 않을 수 없었다. 이 가운데 김인건의 몫을 이어받은 엘리트 그룹으로 김동광, 신선우, 박수교, 이문규, 신동찬, 유재학, 강동희, 이상민 등을 꼽을 수 있다. 이들 모두는 중국을 극복해야 세계로 진출할 수 있다는 절박함 속에 분투하였다. 나는 이 가운데 국가 대표 포인트 가드의 맥을 이은 선수는 김동광-박수교-유재학-이상민이라고 본다.

위대하다는 평가를 받아 마땅한 김인건과 그 주변 세대의 인물들은 이제 인생의 황혼을 맞고 있다. 김영일은 이미 세상을 떠났고, 이 책을 쓰는 현재 대부분의 인물들이 70대의 고령으로서 농구계의 원로 그룹에 진입했다. 그러나 그들은 결코 낡은 인물들이 아니고 우리 농구의 현재, 그 가장 가까운 이정표 아래 우뚝 서서 이쪽을 바라보고 있다. 우리가 현재 보고 있는 한국 남자농구는 거의 50년 전에 그들이 이미 완성해 놓았다. 김인건이라는 이름과 그가 펼쳐 보인 농구, 그가 수행한 역할은 현재에 살아있고 또한 그래야 한다. 내가 김인건에 대해 책을 쓰는 이유도 과거가 아니라 그로 인하여 현재와 미래를 말하기 위해서이다. 나는 다시 말한다. 미네르바의 부엉이는 과거를 향하여 날지 않는다.

참고 문헌

강내희(2001). 근대성의 '충격'과 한국 근대성의 논의의 문제, 문화과학, 25, 203~221.

강신복, 정성태(1987). 농구. 서울 : 동양문화사.

경향신문 1969. 12. 1. 8면. 농구 60년 최고의 날.

경향신문. 1963. 10. 12. 8면. 靑軍 팀, 白軍 눌러.

경향신문. 1963. 5. 29. 6면. 代表選手 18名 선정.

경향신문. 1966. 12. 19. 6면. 한·태 농구 난투극.

경향신문. 1966. 5. 7. 4면. 미 레온 마콘 소위 농구강화 코치 임명.

경향신문. 1967. 1. 9. 4면. 마콘 농구코치 후임 미 고스폴 소위 위촉.

경향신문. 1967. 10. 2. 6면. 1위에 신동파 ABC 베스트5.

경향신문. 1967. 12. 1. 4면. 외국 코치, 선수 선발에 불만.

경향신문. 1971. 11. 11. 6면. 일방적 리드 許咨, 뮌헨길 挫折 한국男子籠球

경향신문. 2008. 1. 31. 4면. 인수위 영어 올인 왜……. 영어실력이 곧 국가경쟁력.

고기환(2007). 체력요인에 의한 농구경기의 경기력과 점프 슛의 결정요인. 한국스포츠리서
　치, 18(4), 505~514.

고바야시 히데오(2004). 만철, 일본제국의 싱크탱크, 임성모 역. 서울 : 산처럼.

국민일보 2012. 10. 4. 26면. 싸이와 빌보드 차트

기든스, 앤서니(2001). 현대사회학, 김미숙 역. 서울 : 을유문화사.

김동규(1982). 농구의 이론과 실제, 서울 : 형설출판사.

김봉섭(2003). 한국 근대 스포츠의 전개양상. 박사학위논문. 용인대학교 대학원.

김승현(1999). 전지구화와 미디어, 21세기 미디어산업의 전망, 한울아카데미. 59~60.

김영기(1966). 갈채와의 밀어, 서울: 원문각.

김인건(2005). 김인건의 농구이야기. 스포츠 온, 2005년 6월호, 48-49.

김인건(2012). 50년 전의 경복고 농구단 일본 원정기, 북악37, 33-36.

김인건(2016). 한국농구 발전과 선진농구 도입, 한국농구, 38-39.

김재우(2009). 서울YMCA 근대체육 100년사, 서울: 서울YMCA.

김형수(2000). 농구 원 핸드 점프 슛의 3차원 운동학적 영상분석. 한국체육학회지, 39(4), 698
　~705.

김형수·박제영(1999). 여자 농구선수들의 원 핸드 점프 슛의 운동학적 분석. 한국사회체육

학회지, 12, 465~475.

대한농구협회(1989). 한국농구 80년, 서울: 대한농구협회.

대한농구협회(2008). 한국농구 100년, 서울: 대한농구협회.

대한뉴스, 1964. 10. 3. 도쿄올림픽 남자농구 경기.

대한뉴스, 1969. 12. 6. 축구, 농구 아시아의 패권.

동아일보 1969. 12. 1. 1면. 한국농구도 아주 제패.

동아일보 1955. 8. 10. 3면. 농구강습회 개최 美코취 지도로

동아일보 1962. 11. 29. 8면. 籠球 男子優秀選手 24名 選拔

동아일보 1963. 10. 16. 3면. 亞細亞籠球選手權 代表 12名 選拔

동아일보 1964. 12. 19. 8면. 그만둘 생각 없다, 은퇴란 낭설.

동아일보 1966. 12. 16. 4면. 농구 극적 승리에 감격의 울음바다.

동아일보 1966. 8. 10. 4면. 방콕대회 파견선수 합동훈련 차질.

동아일보 1967. 12. 2. 8면. 농구선수강화훈련 코치 사의 철회 요청 농구협회서.

동아일보 1967. 12. 21. 8면. 농구팀 미에 원정.

동아일보 1967. 12. 23. 4면. 西獨 축구코치 크라우춘 씨 契約

동아일보 1967. 9. 4. 2면. 승리와 기쁨과…

동아일보 1968. 11. 7. 8면. 고스폴 코치 물러나.

동아일보 1971. 11. 11. 8면. 亞州 남자籠球 폐막 韓國, 3位로 轉落.

동아일보 1974. 2. 5. 8면. 아시아 第一의 籠球 골게터 申東坡 돌연 은퇴.

라우, 리디아(2005). 언어횡단적 실천, 민정기 역. 서울 : 소명출판.

마루야마 마사오·가토 슈이치(2000). 번역과 일본의 근대, 임성모 역. 서울 : 이산.

매일경제신문. 1981. 10. 20. 12면. 김인건 선수만 잡아라.

매일경제신문. 1981. 10. 8. 7면. 듀퐁 한국지사장 고스폴씨.

매일경제신문. 1982. 12. 29. 12면. 拳鬪王國 과시…日·中共 넘볼 수 있게 돼.

바바, 호미(2005). 문화의 위치, 나병철 역. 서울 : 소명출판.

바트 무어, 길버트(2001). 탈식민주의! 저항에서 유희로, 이경원 역. 서울 : 한길사.

박기수(2010), 해리포터, 스토리텔링 성공 전략 분석, 한국콘텐츠진흥원 FOCUS, 10(8) 2~75.

박남환(2002). 스포츠와 문화의 연관성에 관한 일고, 한국사회체육학회지 17. 51~59.

박상기(2001). 탈식민주의의 양가성과 혼종성, 비평과 이론 6(1). 85~110.

박영민(2002). 골프의 한국도입과 발전과정, 한국체육사학회지 7(2). 77~92.

방열(1994), 명승부사 방열의 농구 만들기 인생 만들기, 서울:김영사.

방열(2006), 농구바이블, 서울 : 대경북스

사이드, 에드워드(2005) 문화와 제국주의, 박홍규 역. 서울 : 문예출판사.

상백 이상백 평전 출간위원회(1996). 상백 이상백 평전. 서울 : 을유문화사.

서민교(2008, 9). 외길 농구인생 걸어온 한국농구의 이단아 유희형. 점프볼, 46-49.

선병기 외(1982). 농구의 기술지도, 서울 : 형설출판사.

슈바르스, 호베르뚜(2008), 주변성의 돌파. 창작과비평 142. 112~135.

스포츠과학연구소(1984). 농구의 코칭, 서울 : 대한체육회.

스포츠조선. 2014. 12. 12. LG 농구단과 신동파, 필리핀의 특별한 인연. 온라인.
http://sports.chosun.com/news/ntype.htm?id=2014121301001475500090918&servicedate=20141212
[accessed 15. July. 2015]

안철택(2006). 문화제국주의와 언어의 다양성, 독일문학 100. 153~180.

연합뉴스 2005년 10월 19일자.

연합뉴스 2006년 12월 28일자.

오생근 역. Michel Foucault(1994). 감시와 처벌. 서울 : 나남출판.

윤태호, 이해병, 최영식, 하의건, 김상웅(2008). 한국농구 100년, 서울 : 대한농구협회.

이대희(2000), 스포츠의 세계화와 국제정치경제, 학술대회-한반도 통일조건과 평화를 위한 과제 발표 논문.

이동진 · 정익수(2010). 농구 3득점 점프슛 동작의 운동역학적 분석. 한국운동역학회지, 20 (1), 49~55.

이성구(2000). 농구의 기본적 배경, 서울 : 도서출판 일원.

이우재 · 손대범(2008). 농구용어사전, 서울 : KBL.

이태문 역. 吉見俊哉 · 白幡洋三郎 · 平田宗史 · 木村吉次 · 入江克己 · 紙透雅子(2007). 운동회-근대의 신체. 서울 : 논형.

이학래(2000). 한국체육백년사. 서울 : 한국체육학회.

이학래(2008). 한국현대체육사, 서울 : 단국대학교 출판부.

이호근 · 신수용 · 김선종 · 신현규(2003). 골프의 기원과 형성과정 연구, 한국체육철학회지 11 (1). 149~169.

일간스포츠 1974. 1. 10~1974. 2. 8. 농구에 묻혀 15년.

일간스포츠 1974. 1. 30. 3면. 농구에 묻혀 15년 - 사흘을 洗手도 못해.

일간스포츠 1974. 1. 31. 3면. 농구에 묻혀 15년 - 카나다 對戰선 全敗.

임화(1940). 문학의 논리, 서울 : 학예사.

전재문(2004). 회계의 국제화와 언어제국주의, 經營論集 38(2 · 3). 81~114.

점프볼. 2007. 1. 37쪽. 아시아 농구연맹 사무총장 역임한 국제통.

점프볼. 2009. 5. 86~87쪽. 신이 내린 슈터 이충희.

정성범(2011). 일본에 있어서 스포츠의 문화성, 日語日文學 50. 369~385.

정희준・이광용(2000). 세계화 과정 속의 한국 프로스포츠 : 그 현실과 미래에 대한 사회학적 접근, 한국체육학회지, 39(1), 242-253.

조광식(2002). 세계를 향한 창의와 도전, 서울: 국민체육진흥공단.

조광식(2007, 12). 바스켓에 담긴 영욕의 1세기, 점프볼, 104-107.

조동표(1997). 극일의 횃불-연보전. 서울 : 국민체육진흥공단.

조선일보체육부(1981). 국가대표선수 : 잊을 수 없는 순간들, 서울: 문학예술사.

중앙SUNDAY. 2008년 9월 7일자. 17면.

중앙일보(2005). 아! 대한민국. 서울 : 랜덤하우스중앙.

중앙일보 1966. 10. 21. 4면. 아주경기 대표 구성 말썽.

중앙일보 1966. 11. 22. 8면. 아주경기 우리 대표단 실력.

중앙일보 1966. 6. 14. 8면. 아주 경기 파견 농구 후보 선수 15명 선발.

중앙일보 1966. 8. 3. 4면. 아주 경기 선수 훈련 차질.

중앙일보 1966. 8. 4. 8면. 농구대표팀 훈련에 큰 타격, 연대원정팀에 대표선수 7명 끼어.

중앙일보 1967. 12. 2. 8면. 고스폴 농구코치 선수선발 불만 사의.

중앙일보 1969. 12. 1. 4면. 반세기의 숙원…아주 정상에.

중앙일보 2007. 12. 29. 8면. 세계적 프랑스 작가 르 클레지오 서울서 교수 생활 4개월.

중앙일보 2010. 7. 24. 16면. 페어웨이 레프트에서 라이트로… 때로는 낯선 스포츠 해설.

최경옥(2005). 번역과 일본의 근대, 서울 : 살림.

최지영・황인승・이성철(1992). 투사거리에 따른 농구 점프 슛 동작의 운동학적 분석. 한국체육학회지, 31(2), 261~270.

최현 역, Platon(2006). 국가론. 서울 : 집문당.

캐시모어, 엘리스(2001). 스포츠, 그 열광의 사회학, 정준영 역, 서울 : 한울.

파농, 프란츠(2003). 검은 피부, 하얀 가면, 이석호 역. 서울 : 인간사랑.

허진석(2010). 1960년대 한국농구의 미국농구 체험, 한국체육사학회지, 15(2) 63-76.

허진석(2010). 스포츠공화국의 탄생, 서울: 동국대학교출판부.

허진석(2011). 제프 고스폴의 한국농구대표팀 코치 활동(1967~1968)에 대한 구술사적 연구, 한국체육사학회지, 16(1) 99-116.

허진석(2012). 한국남자농구 대표 팀 최초의 미국인 코치 찰리 마콘에 대한 구술사적 연구, 한국체육사학회지, 17(2), 1~18.

허진석(2013). 아메리칸 바스켓볼, 서울: 글누림.

허진석(2014). 우리 아버지 시대의 마이클 조던 득점기계 신동파, 서울:글누림.

Alex Sachare(1994). The Official NBA Basketball Encyclopedia. New York, NY: Villard Books.

Basketball Illustrated(1971). ABC특집. Tokyo, Japan: Basketball Illustrated.

Bronx Science(2005). Nat Holman is still Mr. Basketball. New York, NY: CCNY.

Christgau, John(1999). The Origins of the Jump Shot. Lincoln: University of Nebraska Press.

Diem Carl(1980). Ewiges Olympia : eine Quellensammlung antiker und moderner Texte. Ratingen :
Henn.

Express Sports, 1973. 4. 29. p, 3. Can Shin be stopped?

FIBA, Shin Dong Pa's Profile. online.

Florian Wanninger & Anita Jankov(1993). FIBA Basketball Results. München, Bayern: Thomas
Denner Verlag & Medien-Service.

Gasset, Ortega(1983). Über des Lebens sportlich-festlichen Sinn. Weinheim : GKlohn.

Geddes, Olive(2007). A Swing Through Time : Golf in Scotland, 1457-1744. National Library of
Scotland, National Museums of Scotland.

Grupe, O(1987). Sport als Kultur. Zürich : Ed. Interfrom.

Grupe, O(1991). The Sport Culture and the Sportization of Culture. A search for the 21th
Century-Values and Normes I.

Huizinga J(1976). Homo Ludens, Vom Ursprung der Kultur im spiel. Hamburg : Reinbek.

Hoffman Christian & Wade Branner & Brad Salois(2010). VMI Keydets-2009-2010 Basketball Media
Guide. Richmond: B&B Printing Inc.

http://encykorea.aks.ac.kr/Contents/Index?dataType=0201&contents_id=E0048848[accessed 30. June.
2014]

http://news.jumpball.co.kr/news/view/cd/83/seq/850.html[accessed 30. June. 2014]

http://sportsmuseum.co.kr/mvp/2000/mar.htm[accessed 30. June. 2014]

http://www.articles.mcall.com/2008-03-28/news/4031525_1_davidson-wake-forest-10th-seeded-wildcats
[accessed 29 April 2010]

http://www.independent.co.uk/news/uk/this-britain/chinese-invented-golf-1000-years-ago-522596.html
[accessed 9th AUG. 2012]

http://www.kgba.co.kr/GolfCourse/Namechange.asp [accessed 24th. JUN. 2012]

Joe Hutton(1966). Basketball. Mankato, Minn: Creative Educational Society.

Kelbie, Paul(2006). Chinese 'invented golf 1,000 years ago'. the Independent, 12nd. JAN. 2006.

Kozlowski, M(1997). A Concise Dictionary of American Basketball. Warsaw: Ypsylon Ltd.

Laplanche and J.B. Potalis(1973). The Language of Psycho-Analysis. New York : Norton.

M. McLuhan(1962), The Getenberg Galaxy : The Making of Typographic Man, Toronto : University of Toronto Press.

Organisationskomitee Für Die XI: OLympiade Berlin 1936 e.v.(1936). The 11th Olympic Games Berlin 1936 Official Refort. Berlin: Wihelm Limpert.

Patrick Williams and Laura Chrisman(1994). Colonial Discourse and Post-Colonial Theory : A Reader. New York : Columbia University Press.

Sachare, A(1994). The Official NBA Basketball Encyclopedia. New York : Villard Books

The Davidsonian, 11 January 1963, p,3.

The Davidsonian, 9 February 1962, p,3.

The History of UC SanDiego, Korean basketball team plays UCSD Tritons. 1968. 2. 16. online http://libraries.ucsd.edu/historyofucsd/newsreleases/1968/19680216.html [accessed 6. January 2013]

The Morning Call, 28 March 2008. online.

The New York Times, 2 April 2011. online. http://www.nytimes.com/2011/04/03/sports/ncaabasketball/03jumper.html?_r=1 [accessed 30. August 2012]

Thomas P. Stewart, Arnold Palmer(1990). A Tribute to Golf : A Celebration in Art, Photography, and Literature. Stewart, Hunter & Associates, Publishers.

Veblen Thorstein(1989). Theorie der feinen Leute. Köln : Verlag Kiepenheuer & Witsch.

Via of the Lehigh Valley(2011). Lehigh Valley High School Basketball Hall of Fame. Bethlehem, PA.

Wanninger F & Jankov, A(1993). FIBA Basketball Results. München : Thomas Denner Verlag & Medien-Service.

http://archive.fiba.com/pages/eng/fa/player/p/pid/82796/sid/2907/tid/313/_/1970_World_Championship_for_Men/index.html [accessed 3. January 2013]

http://article.joins.com/news/article/article.asp?ctg=12&Total_ID=363094[sccessed 30. June. 2014]

http://news.jumpball.co.kr/news/view/cd/83/seq/267/page/80[accessed 30. June. 2014]

http://news.jumpball.co.kr/news/view/cd/83/seq/294/page/77[accessed 30. June. 2014]

http://www.asiae.co.kr/news/view.htm?idxno=2013080507160471396[accessed 30. June. 2014]

http://www.munhwa.com/news/view.html?no=2010011501032433008004[accessed 30. June. 2104]

http://xportsnews.hankyung.com/?ac=article_view&entry_id=357670[accessed 21. June. 2014]

한국농구 발전과 선진농구 도입

항상 선진 농구기술에 목 말라있던 우리의 농구 선배들은 기회가 있을 때마다 외국으로부터 최신 기술 도입에 심혈을 기울였다. 과거 한국 남자농구는 외국 우수 지도자를 초빙해 한국 지휘봉을 맡겼을 때 선수 실력들이 향상됐고 국제무대 특히 아시아무대에서 큰 성과를 거두며 발전을 거듭해 왔다.

1907년 농구경기가 YMCA선교사 질레트를 통해 한국에 소개된 이래 첫 번째의 선진기술 도입은 1931년 미국 워싱턴대학에서 선수생활을 한 한국인 전봉운을 통해서였다. 그는 졸업 후 미국광산회사 직원으로 함경도지역 지질조사차 내한하였다가, 지인의 소개로 연희전문 농구부를 3개월간 지도하게 된다. 그 내용은 수비의 기본인 풋 워크와 공격의 기본인 패스, 드리블, 숏 그리고 '스크린 플레이'다. 이는 한국에 처음 소개되는 기술이라, 후에 농구계 전체에 파급되었다고 기록된 바 있다.(한국농구 100년, 대학농구협회간행)

두 번째는 그 후 20여 년이 지난 후 1955년 8월~11월 3개월간 미국 스프링대학 코치 겸 교수인 존 번(John Bunn)이 아시아재단 초청으로 내한하여 주로 대학생 중심으로 선수를 선발하여 훈련한 기록이 있다. 그는 ▶미국농구의 기본적 개념과 이론, ▶단신인 한국농구가 나아갈 방향 등을 제시했다. 기초체력 훈련방법, '프레싱 등 전 코트 강압수비'와 '더블팀'등을 가르쳤고 '팀 디펜스' 수비를 한국에 유행시켰다. 또 원핸드 샷을 강조하기도 했는데, 당시에는 남자선수들도 투 핸드 샷을 구사하는 선수가 많았기 때문이다. 이러한 현대식 훈련과 기술은 곧 한국농구 발전에 큰 기여를 하게 되었다.

세 번째는 1959년 11월 내한한 전 뉴욕시립대 코치인 낫트 홀만(Nat Holman)이다. 미국 극동지역 미군 농구 기술 지도차 내한한 그는 아시아재단의 초청으로 약 3주간 고교농구선수를 중심으로 선발, 실용적인 전술과 기술을 가르쳤다. 'give and go play, zone press, Jump pass, baseball pass' 등을 강조하였다. 3주간의 훈련으로 그 기술을 소화하기에는 시간이 턱없이 부족한 면이 있었다. 그러나 당시 한국농구 수준으로 본다면 그 모든 것이 선진기술이고, 익혀야 할 기술임에 틀림없다.

네 번째로 1966년부터 3년 간 한국을 지도했던 마콘과 가스폴 코치는 한국농구 역사에 큰 영향을 끼쳤다. 이때 한국 남자농구는 기술적으로 최대의 전환기를 맞이했다고 해도 과언이 아닐 것이다. 남자대표 코치에 미 8군 사령부에 근무하는 마콘(Charles Marcon) 중위(1966, 1년간)와 가스폴(Jeff Gausepohl) 대위(1967~1968, 2년간)는 3년간 한국팀 코치를 맡아 선수들에게 미국의 선진농구 기술을 전수했다. 그들이 떠난 후 김영기 현 KBL총재가 이끈 한국대표팀은 역사상 처음으로 1969년 방콕 아시아농구선수권대회(ABC)와 1970년 방콕 아시안게임에서 연속으로 우승할 수 있었다.

마콘 코치는 미 펜실베이니아주 출신으로 데이비드슨대학에서 NCAA 1부 리그에 출전 경험이 있는 일류 선수였다. 맨투맨 수비만 고집하던 그는 당시 아시아 최강인 필리핀농구를 연세대농구팀의 원정길에 같이 가서 보고 온 후, 새로운 존 수비 형태인 'Match up zone' 수비를 도입, 훈련하여 대표팀이 1966년 방콕아시안게임에서 아시아 최강인 필리핀과 이스라엘을 격파하는 성과를 올리게 된다. 상기의 수비는 미국에서도 새로이 도입된 지역방어와 개인방어가 가미된 수비형태다. 이후 이 수비는 국내농구계에 널리 유행하게 됐다. 또한 'Full court zone press'를 도입하여 상대를 풀 코트에서부터 압박하는 적극적인 수비를 강조했다.

가스폴 코치는 VMI(Virginia Military Institute)에서 주전선수로 뛰었고, 졸업 후 미8군에서 근무 중 마콘 코치 후임으로 대표 팀을 지도하게 되었다. 가스폴 코치의 업적은 무엇보다도 1968년 초 대표 팀의 미국원정을 들 수 있겠다. 모든 것이 부족하던 시절 미군 군용 비행기를 겨우 얻어 타고 캐나다와 미국 서부해안 그리고 하와이 등에서 대학팀과 군팀 등을 상대로 16경기 중 5승 11패를 기록했는데, 이때 경험이 훗날 아시아를 제패하는데 큰 도움이 되었다.

선수들과 연령이 비슷한 두 코치는 지도스타일은 서로 달랐다. 마콘 코치는 야무지고 냉철한 성격의 소유자로 상당히 높은 수준의 기술을 갖고 있었고, 반면에 가스폴 코치는 인화와 단결을 요구하는 한국적 마인드를 갖고 있었다. 가스폴 코치는 1967년 서울 ABC대회 준우승, 같은 해 동경 유니버시아드게임에서 강호 캐나다, 브라질 등을 꺾고 미국에 이어 준우승, 1968년 미국 전지훈련에 이은 멕시코 올림픽 참가 등 실적을 올렸다.

다섯 번째는 미 노스캐롤라이나대 출신 휴스턴(Houston) 코치였다. 유명한 딘 스미스(Dean Smith) 코치의 제자인 그는 1977년 이화여대에 교환학생으로 왔다가, 우연한 기회에 연세대 코치로 1년여를 봉사하면서 딘 스미스 코치가 창안한 런 앤드 점프(Run and Jump) 수비를 한국에 전파한 바 있다. 런 앤드 점프 수비는 1976년 캐나다 몬트리올 올림픽에서 우승한 미국대표팀 코치를 역임한 스미스 코치가 미국 대표 팀에 사용해 세계농구계에 처음으로 알려진 전술이다. 휴스턴 코치는 그 수비방법을 한국에도 적용, 아시아지역에서 큰 반향을 일으키게 되었다. 1981년 캘커타 ABC대회에서 한국에 큰 점수 차로 패한 필리핀의 미국인 코치가 한국 팀 단장인 조동재 단장에게 찾아와 그 수비는 아직 미국 내에서도 유행하지 않은 수비방법인데 어떻게 한국선수단이 완벽하게 구사를 하는지 칭찬을 아끼지 않았다는 일화는 유쾌한 에피소드로 전해 오고 있다.

이처럼 한국농구는 외국의 선진기술을 도입하여 훈련과 경기방식이 세련되었을 때 좋은 결과를 냈다는 것을 잊지 말아야 할 것이다. 앞으로도 외국의 선진기술 도입에 적극적으로 나서야 함을 재차 강조하고 싶다.

〈한국농구, 2016년 7월〉

50년 전의 경복고 농구단 일본 원정기

1961년 5월 15일 월요일, 모교운동장, 매주 중·고등 전교생 합동조회가 열리는 날이다. 며칠 후인 5월 18일에 있을 제 1회 한일 친선 고교농구대회에 한국대표 자격으로 일본으로 출국하는 농구단의 환송행사가 중·고교 전교생과 선생님들 앞에서 열렸다. 우리 선수단은 필승을 다짐하며 잘 다녀오겠다는 인사를 드렸다. 그런데 이게 무슨 날벼락인가, 바로 이튿날 5·16군사혁명이 일어났다. 농구단의 일본출전은 물론 모든 국내외행사는 취소 내지 중단되었고, 우리 선수들은 모두 낙담하여 깊은 실의에 빠졌다. 바로 얼마 전 라이벌 휘문고와의 일본 파견 선발시합에서 79대 66으로 이겨 출국 날만 손꼽아 기다리며 가슴 부풀어 있었기에 그 실망은 더욱 컸던 것이다.

한 달쯤 후인 6월 13일, 정국이 빠르게 안정되고 있다는 메시지를 국내외 알리고자 하는 정부(국가재건최고회의)는 우리 농구단의 출국을 허가하였다. 천신만고 끝에 꿈에 그리던 해외여행, 그리고 건국이후 일본과의 첫 고등부 친선 농구교류는 이렇게 역사적 격변기에 극적으로 이루어졌다. 당시 일본과의 스포츠 교류는 올림픽경기 등의 공식적인 국제대회를 제외하고 모두 금지되었다.

프로펠러 비행기에 몸을 싣고 4시간여의 긴 비행, 비오는 궂은 날씨에 '에어 터뷸런스'까지 심하게 겪으며 모두 기진맥진하여 도쿄의 하네다 공항에 무사히 도착했다. 공항에서 많은 재일동포들과 일본 농구협회 관계자들이 우리 선수단을 따뜻하게 맞이했다. 일본 도쿄의 첫 인상은 거리의 활기찬 인파, 많은 자동차, 고층건물, 네온사인, 밝은 가로등, 잘 정돈된 거리 등으로 일본이 우리보다 잘 살고 있다는 것을 눈으로 확인할 수 있었으며 한편으로는 몹시 부럽기도 했다.

도쿄에서 열린 첫 경기에서 우리는 평소 연습대로의 작전으로 상대인 교세이고를 77:55로 손쉽게 이길 수 있었다. 두 번째 경기는 수백 개의 고등학교 농구팀을 보유한 일본에서 최강을 자랑하는 중대부속 스기나미 고등학교 팀이었는데 이 팀은 지난 3년 간 일본 국내경기에서 2번 밖에 패하지 않았다고 한다. 우리는 이 팀을 처음부터 속공으로 일방적으로 밀어붙여 103:72라는 큰 점수 차로 이겨 일본 농구계를 놀라게 했고, 한편으로는 우리들 자신도 매우 놀랐다. 왜냐하면 이번 대회에 모교의 박영대 코치가 갑자기 개인사정으로 동행하지 못하고 대신 농구협회 임원으로 참가한 이경재 연세대 코치가 임시로 벤치코치를 맡기로 했기 때문이다. 말하자면 전임코치 없이 시합에 출전한 셈이 되었던 것이다. 국내에서 한 번도 우리를 지도한 적이 없는 분이었지만 선수들은 그분의 지시를 잘 따랐고, 현우영 선생님과 함께 더욱더 정신적으로 뭉치고 단합하여 시합을 치러야 이번에 같이 합류하지 못한 박 코치님이나 모교 전교생의 응원에 보답하는 길이라고 다짐하였던 것이다.

이렇게 도쿄에서 시작한 시합은 일본 각 지역을 순회하며 거행되었는데, 체육관에는 민단계 교포뿐만 아니라 조선 한복을 입은 조총련계 교포까지 많이 와 목이 터지라고 응원하는 모습이 매우 감동적이었고 그 순간만큼은 남과 북이 따로 없는 것 같았다. 우리들은 이후 연전연승을 거두어 결국 7전 7승 전승의 놀라운 전적으로 일본과의 경기를 모두 끝냄으로서 한국농구의 기술적인 우위를 과시했다. 정말 스스로도 매우 자랑스러웠다. 출국 전 우리 학교 농구부를 시기하는 일부 인사들은 이번 시합에서 경복 팀은 전패를 할 것이라고 혹평을 하고 있었기 때문에 더욱 그랬다. 한편 이번 대회를 동행한 진명여고 농구단은 7전 4승 2무 1패를 기록했다.

현지 신문에서는 비록 고등학교 친선 경기였지만 매일 기사화하여 관심을 표시했으며, 일본 농구협회 관계자들은 경복고등학교의 농구실력에 내심 놀라는 눈치였다. 매 경기가 끝난 후 선수단은 우리 교포와 일본농구협회가 베푸는 환영만찬에서 많은 환영을 받으며 즐거운 시간을 보낼 수 있었다. 때로는 만찬이 무르익어 여흥시간을 갖게 되면 우리 선수 중 명가수인 송준일 동문이 이태리민요 <오 솔레 미오>를 멋지게 불러서 많은 박수를 받았다. 앵콜송으로 <수선화> <고향의 봄> 등 한국 가요를 부르면 만찬에 참석한 교포들이 따라 부르며 두고 온 고향생각에 흐르는 눈물을 몰래 훔치기도 했다.

한편 선수단 이동 시 차창 밖 일본의 풍경이 너무 아름다웠던 기억도 난다. 거의 대부분 민둥산이었던 한국보다 산림이 매우 울창하였으며, 라디오 시대였던 우리와 다르게 농촌에도 집집마다 TV 안테나가 안 달린 집이 없었다. 경기가 없는 날에는 관광을 하기도 했다. 대표적인 장소로 도쿄의 황궁과 도쿄타워, 오사카성, 교토궁성, 나라, 닛코푸코, 벳푸온천 등이다. 숙소는 주로 일본식 여관이었는데 아침 식사시간이 되면 전 선수단이 큰 다다미방에 ㅁ자로 빙 둘러앉아, 여관집 아주머니가 혼자서 자신의 키보다 높게, 한번에 10여 개쯤 아슬아슬하게 차곡차곡 쌓아올린 개인용 소반을 들고 와 능숙하게 서빙 하는 것을 보는 즐거움도 있었다. 김이 귀한 일본에서는 우리가 갖고 온 김을 간장에 찍어 마구 먹는 것을 보고 놀라기도 했다. 비오는 날에는 관광 대신 단체로 영화관을 찾기도 했는데 일본 사무라이 영화와 아카데미 수상작인 명작 '벤허(Ben Hur)'를 관람한 기억이 난다. 서울에서는 몇 년 후에 상영된 것으로 알고 있다.

모든 경기 일정을 마치고 귀국길에 오르는 우리 선수들의 가슴 속에는 여러 가지의 어려움 속에서도 목표를 이루어냈다는 성취감에 이루 말할 수 없는 희열과 기쁨이 가득했다. 연초에 용산 미군부대 내에서의 휘문고와의 비공개 선발시합, 출발 이틀 전의 군사혁명, 출발일정의 무기한 연기, 그때부터 가슴 졸이며 기다리던 한 달, 그리고 출전, 박 코치 선생님의 불참, 필승을 하여야 한다는 중압감으로 시합 전날 밤잠을 설치던 일, 농구 코트안에서의 긴장감 등이 일순간에 지나갔다. 50년이 지난 지금 한마디의 불평도 없이 오직 승리를 위해 한마음으로 뭉친 그때의 우리 선수 모두에게 감사의 마음을 전한다.

귀로는 마지막 경기 장소인 오사카에서 규슈까지 약 1800톤이 넘는 여객선을 타고 이동했는데, 일본에서도 유명한 '세토나이카이'를 지나는 잔잔한 바닷길은 그 경치가 매우 아름다웠다. 규슈의 온천도시 벳푸를 거쳐, 하카다에서 360톤의 관부연락선을 타고 이튿날 아침 부산에 무사히 도착했다. 그러나 몸은 그다지 무사하지 못했다. 현해탄의 악명 높은 파도는 우리 선수단이 탄 작은 연락선을 밤새도록 사정없이 흔들어 놓아 모두 심한 구토로 인해 기진맥진해 있었기 때문이다. 여객 터미널에서는 서울에서 마중 나온 학교와 농구협회 관계자의 환영을 받고 동래 온천에서 하루를 쉬고 이튿날 이른 아침 부산역을 떠나 서울로 향했다.

7월 5일 오후, 화창한 초여름, 우리 일행이 무궁화호 기차 편으로 서울역에 막 조착할 즈음, 역 플랫폼이 너무 시끄러운 것이 아닌가. 밴드 소리가 요란했고, 많은 사람들이 운집해 있었다. 무슨 일인가 하고 차창 밖을 무심코 내다보니, '경축 경복고등학교 농구단 전승 환영'이라는 플래카드가 보였고, 모교 밴드부가 '승리의 노래'를 힘차게 연주하고 있었다. 모두 우리를 환영하러 나온 인파였다. 이어서 많은 기자들이 취재하느라 여념이 없었고, 사진기자들은 사진 찍기에 바빴다. 그제야 우리가 엄청난 일을 해냈구나 하는 생각이 들었다. 일본에 대한 좋지 않은 감정이 아직 많이 남아있던 시절, 일본 적지에서 우리 경복고 농구단이 전승하고 개선했다는 것이 우리 국민에게 엄청난 기쁨과 자긍심과 용기를 주었다는 것을 깨닫기까지는 얼마 걸리지 않았다. 축제, 그야말로 축제 그 자체였다.

다음날, 환송식 때와 마찬가지로 교내에서 대대적인 환영식이 열렸으며, 각 신문사 기자회견과 방송국 인터뷰 요청이 끊이질 않았다. 그 중에서도 한 가지 특기할 만한 사항은, 당시 국가재건최고회의 부의장인 박정희 소장이 바쁜 일정 가운데서도 우리 농구단을 충무로 최고회의 공관으로 초청하여 다과를 베풀고 전 국민에게 희망과 용기를 불어

넣어 준 것에 대하여 기뻐하며, 같이 기념 촬영을 했던 기억이 난다.

이제 어느 덧 50년의 세월이 흘러 그때 그 모습대로 있을 수는 없지만, 지금도 모교에 대한 사랑과 모교 농구단에 대한 자랑 만큼은 영원히 간직하려고 한다. 오래 전의 기억을 되살리며 각종 기억과 자료를 모으는 데 도움을 준 37회동기인 송영택 동문과 송준일 동문께 감사의 뜻을 전한다. 특히 송영택 동문이 소중하게 간직하고 있는 50년 전의 일기장의 기록이 많은 도움이 되었음은 말할 것도 없다. 또한 미국에 있는 이병구 동문에게도 소식을 전하고 싶다. 한 가지 아쉬운 점은, 하도 오래된 일이라 기억이 가물가물하여 약 20일간의 여행기를 좀 더 실감나게 글로 전하지 못한 점을 양해해 주기 바란다.

마지막으로, 우리 농구단을 열렬히 응원해 준 경복가족 여러분과, 특히 37회 동기 여러분께 감사의 말씀을 드리며, 우리의 경복고등학교와 그 농구단의 무궁한 발전을 기원한다.

〈북악37, 2012년 봄〉

부록 3

농구대표 선수단 미국 전지훈련 현황

선수단 13명(임원 3명, 선수 10명)

임원 : 조동재 이경재 고스폴

선수 : 김무현 이인표 김인건 신동파 신현수 최종규 박한 김정훈 곽현채 유희형

기간 : 1968. 1. 28.(일) - 3. 2.(토) 35일간

장소 : 캐나다, 미국

1968년 1월 28일(일) 맑음

오전 8시 김포공항 도착. 오후 4시 출발 후 일본 Tazigawa 공항 도착. 12시간 후 오전 6시 선발대 4명(조동재, 김무현, 곽현채, 유희형) 대형 수송기 타고 12시간 비행 끝에 미국 시애틀 군 공항 도착.

선수단 9명 샌프란시스코 도착.

*당초 1월 20일 출발 예정이었으나 무슨 이유인지 8일 후 출발.

1월 29일(월) 흐림 경기 1차전 패(85:101) 1패

선발대 4명 시애틀 공항에서 12시간을 기다린 후 새벽 6시에 Western Motel 투숙. 오후 4시 시애틀 공항에서 후속 팀과 합류. 곧바로 캐나다 밴쿠버로 이동, 경기 1시간 전 도착.

Simon Fraser 대학과 1차전, 101:85로 대패.

1월 30일(화) 흐림 경기 2차전 패(84:92) 2패

밴쿠버의 명문 UBC대학과 경기 2차전, 전반 5포인트 리드 당함. 종료 4분 전 7포인트 한국 팀 리드, 뒷심 부족, 92:84 패

*전반전 후 코트 중앙에 모금함 놓고 후원 부탁.

1월 31일(수) 비 경기 3차전 패(83:87) 3패

Simon Fraser 대학과 재경기, 역시 뒷심 부족으로 83:87로 패배. 캐나다 일정 마침.

2월 1일(목) 비 경기 없음

오전 수족관 관람, 오후 이 목사님 댁에서 환송 파티. 식사 후 승리의 노래와 만세 3창으로 송별회 종료.

교포 차량 4대로 미국 벨링햄(Bellingham) 6시간 만에 도착.

2월 2일(금) 흐림 경기 없음

Western Washington State College 체육관에서 훈련.

2월 3일(토) 맑음 경기 없음

오늘도 경기 없어 모처럼 쇼핑함. 내일 경기를 위해 훈련도 안 함.

2월 4일(일) 맑음 경기 4차전 패(76:85) 4패

미국에서의 첫 경기이기 때문에 비장한 각오로 경기에 임함. 더블 포스트 플레이(Double Post Play)를 막지 못하고 아쉽게 76:85로 패배.
* 처음으로 홈스테이. 대학교수 집에 혼자 묵음.

2월 5일(월) 맑음 경기 5차전 패(75:93) 5패

오전 7시 Bellingham 출발, 그레이하운드 버스로 8시간 만에 체니(Cheney) 도착. 휴식 없이 곧바로 경기에 임함. Estern 대학에 후반 막판에 대량득점 허용. 75:93으로 대패. 5연패 기록.

2월 6일(화) 맑음 경기 6차전 패(81:98) 6패

Central 대학이 있는 Yakima로 출발. 최다관중 속에 전반 38:33으로 한국 팀 리드. 후반에 체력 열세로 81:98로 대패. 6연패. 경기 후 대학 기숙사에 투숙.

2월 7일(수) 맑음 경기 없음

Yakima에서 Fort Lewis로 출발. 3시간 후 도착. 미군 부대 숙소에 짐을 푼 후 장교 식당에 가서 멕시코 요리 주문. 이상한 냄새 때문에 먹지 못함. 박한 선수 나오면서 "똥 잘 먹었습니다."로 응수함.

2월 8일(목) 맑음 경기 7차전 승(89:79) 1승6패

미군 부대 팀에 89:79로 전지훈련 10일 만의 첫 승리. 경기 내용도 좋았고, 내일 귀국하는 조동재 선생님에게 1승이라는 좋은 선물 드림.

2월 9일(금) 맑음 경기 없음

부대 숙소에서 무료하게 보냄. 극장 조와 술집 바에 가는 조로 나뉘어 시간 보냄.

2월 10일(토) 맑음 경기 없음

Fort Lewis를 떠나 St. Martins 대학이 있는 곳으로 이동. (도시 이름 기재 안함)

2월 11일(일) 맑음 경기 8차전 패(20점 차) 1승7패

ST. Martins 대학과 8차전 경기. 전반 40:35로 리드. 그러나 워낙 강팀인지라 후반에 대패(스코어 기재 안함)

2월 12일(월) 맑음 경기 없음

시애틀 공항에서 비행기 편으로 샌프란시스코 도착. YMCA 호텔 투숙. 차이나타운에서 중국 음식(점심)과 한국 음식점에서 모처럼 푸짐한 한식 먹음(저녁).

2월 13일(화) 맑음 경기 9차전 승(121:87) 2승7패

샌프란시스코에 거주하는 중국 대표와 경기에서 121:87로 대승함. 동네 농구 실력임. 많은 교포들이 열렬히 응원함.

2월 14일(수) 흐림 경기 없음

4명(이인표, 김인건, 곽현채, 유희형) 군부대 숙소로 이동하고, 나머지 6명 헌혈하기 위해 병원으로 감. 헌혈 후 김정훈 선수 비리비리함. 송 목사님 댁 방문, 한식 마음껏 먹음.

2월 15일(목) 맑음 경기 없음

총영사관 방문, 오랜만에 한국 신문 읽음. 국가대표 농구팀 6연패 기사가 눈에 보임.

2월 16일(금) 맑음 경기 10차전 패(62:98) 2승8패

미국 Army 대표 팀에 62:98로 대패. 경기 후 NBA 경기 관전(샌프란시스코 : 로스앤젤레스 레이커스). 제리 웨스트, 엘진 베일러 등 화려한 플레이에 흠뻑 빠짐. 1점 차로 샌프란시스코 승리.

2월 17일(토) 흐림 경기 없음

People to People 임원 댁 방문.

2월 18일(일) 맑음 경기 11차전 승(132:60) 3승8패

일요일이라 송 목사님 교회 방문하여 예배드림. 오후에 일본 교포 팀에 132:60으로 승리(전반전 75:27).

2월 19일(월) 맑음 경기 12차전 패(76:79) 3승9패

비행기 편으로 온타리올에 도착, 오랜만에 호텔 투숙. U. C. R(University of California Riverside)과의 경기에서 심판의 편파적인 휘슬로 아쉬운 패배(76:79). LA에서 응원 온 교포들이 흥분하여 경기 후 코트에 난입하여 난리친 후 애국가를 부르며 눈물 흘림.

2월 20일(화) 맑음 경기 없음

리버사이드에서 LA 도착. 경기가 없어 한국 음식점에 가서 한식을 먹음.

2월 21일(수) 맑음 경기 13차전 승(109:90) 4승9패

LA를 떠나 San Diego에 12시 도착. 저녁에 California Western University와의 경기에서 109:90으로 통쾌한 승리를 거둠. 모든 플레이가 매끄럽게 잘 이루어졌고 전지훈련의 성과가 점점 나타나는 느낌임. 유희형 처음으로 스타팅 멤버로 기용됨.

2월 22일(목) 맑음 경기 없음

샌디애고의 두 번째 경기 팀인 University of California San Diego 대학의 기숙사에 투숙함.

2월 23일(금) 맑음 경기 없음

오전에 미국에서 제일 크다는 동물원(San Diego Zoo) 구경함. 엄청난 크기와 넓이에 기가 질림. 오후에는 2차대전 때 전역한 미국 군함 인수 차 온 함대에 가서 이발도 하고 견학함. 200여 장병의 환영을 받음.

2월 24일(토) 맑음 경기 14차전 승(96:84) 5승9패

UCSD 대학과의 경기에서 2차 연장전 끝에 96:84로 승리. 경기 내용도 좋고 끝까지 물고 늘어지는 근성 발휘. 경기 종료 2초 전 김인건 선수의 득점으로 연장전 돌입. 자유투 22개 중 21개 성공. 200여 한국 해군의 열렬한 응원에 보답.

2월 25일(일) 맑음 경기 없음
LA에서 오신 교포의 승용차로 LA에 도착. 할리우드를 방문하여 스타들의 족적이 새겨진 것을 봄.

2월 26일(월) 맑음 경기 15차전 패(76:83) 5승10패
미국 서부지역에서의 마지막 경기를 Pasadena College와 가짐. 장신의 벽을 넘지 못하고 76:83으로 패배.

2월 27일(화) 맑음 경기 없음
LA를 출발하여 하와이 도착(오후 1시30분). 군부대 숙소에 여장을 푼 후 이경재 선생님의 제안으로 버스를 타고 와이키키 해변 도착(이경재, 김무현, 곽현채, 유희형). 늘씬한 비키니 감상 후 숙소로 출발. 아무도 숙소 주소 모름. 이리저리 헤매다가 밤 12시 넘어 겨우 도착함.

2월 28일(수) 맑음 경기 16차전 승(119:114) 6승10패
군 팀 중에서 가장 강하다는 Hawaii Air Force 팀과의 경기에서 119:114로 승리. 후반 6분 전에 10점 리드 당함. 그 후 하프 코트 존 프레스로 추격하여 5점차로 승리.

2월 29일(목) 맑음 경기 17차전 패(96:102) 6승 11패

하와이의 Army Service Center 팀과 원정 마지막 경기. 장신 숲을 막지 못하고 96:102로 아쉬운 패배. 6승11패로 원정 경기 모두 마침. 대학 팀에 2승, 군 팀에 2승, 교포 팀에 2승하였고, 대학 팀에 9패, 군 팀에 2패의 전적을 기록함.

3월 1일(금) 맑음 경기 없음

하와이 공항 출발, 일본 하네다 공항 도착.

3월 2일(토) 맑음

6승 11패의 성적을 거두고 35일 만에 귀국.

* 장신 대비 훈련의 성과가 나타날 것으로 확신한다.

허진석

서울에서 태어나 동국대학교 국어국문학과를 졸업하고 동국대학교 대학원에서 이학박사학위를 취득했다. 주요 저서로 『농구 코트의 젊은 영웅들』(1994), 『타이프라이터의 죽음으로부터 불법적인 섹스까지』(1994), 『농구 코트의 젊은 영웅들 2』(1996), 『길거리 농구 핸드북』(1997), 『X-레이 필름 속의 어둠』(2001), 『스포츠 공화국의 탄생』(2010), 『스포츠 보도의 이론과 실제』(2011), 『그렇다, 우리는 호모 루덴스다』(2012), 『미디어를 요리하라』(2012 · 공저), 『아메리칸 바스켓볼』(2013), 『우리 아버지 시대의 마이클 조던, 득점기계 신동파』(2014), 『놀이인간』(2015), 『휴먼 피치』(2016) 등이 있다.

맘보 김인건
ⓒ 허진석 2017

초판 1쇄 발행 2017년 12월 18일
초판 2쇄 발행 2018년 3월 26일

지은이 허진석
펴낸이 최종숙
책임편집 이태곤
편집 권분옥 홍혜정 박윤정 문선희 추다영
디자인 안혜진 홍성권
마케팅 박태훈 안현진 이승혜

펴낸곳 글누림출판사
출판등록 제303-2005-000038호(등록일 2005년 10월 5일)
주소 서울 서초구 동광로46길 6-6 문창빌딩 2층(우06589)
대표전화 02-3409-2055 | **팩스** 02-3409-2059 | **전자우편** nurim3888@hanmail.net
홈페이지 www.geulnurim.co.kr
블로그 blog.naver.com/geulnurim
북트레블러 post.naver.com/geulnurim

정가 20,000원
ISBN 978-89-6327-466-9 03990

* 이 도서의 국립중앙도서관 출판예정도서목록(CIP)은 서지정보유통지원시스템 홈페이지(http://seoji.nl.go.kr)와 국가자료공동목록시스템(http://www.nl.go.kr/kolisnet)에서 이용하실 수 있습니다. (CIP제어번호: CIP2017032569)